AF888437

Die Realteilung von Personengesellschaften im Einkommensteuerrecht

Christoph Bock

Die Realteilung von Personengesellschaften im Einkommensteuerrecht

Unter besonderer Berücksichtigung der Übertragung stiller Reserven

PETER LANG
Frankfurt am Main · Berlin · Bern · Bruxelles · New York · Oxford · Wien

Bibliografische Information der Deutschen Nationalbibliothek
Die Deutsche Nationalbibliothek verzeichnet diese Publikation in der Deutschen Nationalbibliografie; detaillierte bibliografische Daten sind im Internet über http://dnb.d-nb.de abrufbar.

Zugl.: Osnabrück, Univ., Diss., 2010

Umschlaggestaltung:
© Olaf Glöckler, Atelier Platen, Friedberg

Umschlagabbildung:
© Ulrich Rückriem

Gedruckt auf alterungsbeständigem, säurefreiem Papier.

D 700
ISBN 978-3-631-61679-6

© Peter Lang GmbH
Internationaler Verlag der Wissenschaften
Frankfurt am Main 2011
Alle Rechte vorbehalten.

Das Werk einschließlich aller seiner Teile ist urheberrechtlich geschützt. Jede Verwertung außerhalb der engen Grenzen des Urheberrechtsgesetzes ist ohne Zustimmung des Verlages unzulässig und strafbar. Das gilt insbesondere für Vervielfältigungen, Übersetzungen, Mikroverfilmungen und die Einspeicherung und Verarbeitung in elektronischen Systemen.

www.peterlang.de

Für meine Eltern.

Inhaltsverzeichnis

Abkürzungsverzeichnis

a.A.	anderer Ansicht
a.a.O.	am angegebenen Ort
Abs.	Absatz
AK	Anschaffungskosten
AL	Alternativlösung
Ap	Anpassungsbetrag
AS	Ausgangssituation
AuP	Ausgleichsposten
Az	Ausgleichszahlung (Spitzenausgleich)
BMF	Bundesministerium der Finanzen
BStBl.	Bundessteuerblatt
BGB	Bürgerliches Gesetzbuch
BGBl.	Bundesgesetzblatt
Bw	Buchwert
BwAp	Buchwertanpassung
DB	Der Betrieb
DBA	Doppelbesteuerungsabkommen
Diss.	Dissertation
DStR	Deutsches Steuerrecht
DStZ	Deutsche Steuerzeitung
EK	Eigenkapital
ESt	Einkommensteuer
EStG	Einkommensteuergesetz
EStR	Einkommensteuer-Richtlinien
FR	Finanz-Rundschau
gl. A.	gleicher Ansicht
gW	gemeiner Wert (Verkehrswert)

HGB	Handelsgesetzbuch
i.d.F.	in der Fassung
i.d.R.	in der Regel
INF	Die Information über Steuer und Wirtschaft
KapAp	Kapitalkontenanpassung
m.w.N.	mit weiteren Nachweisen
OHG	Offene Handelsgesellschaft
R	Richtlinie
Rz.	Randziffer
SS	Schlusssituation nach Anpassung
StbJb.	Steuerberater-Jahrbuch
StEntlG	Steuerentlastungsgesetz
stR	stille Reserven
StSenkG	Steuersenkungsgesetz
StuB	Steuer- und Bilanzpraxis
StuW	Steuer und Wirtschaft
Tb	Teilbetrieb
UmwStG	Umwandlungssteuergesetz
UntFtFG	Unternehmenssteuerfortentwicklungsgesetz
VG	Veräußerungsgewinn
Vorb.	Vorbemerkung
vgl.	vergleiche

Symbolverzeichnis

α	Beteiligungsquote des Gesellschafters A
AK_{BMF}	Anschaffungskosten nach der Auffassung der Finanzverwaltung
AK_{AL}	Anschaffungskosten nach der alternativen Lösung
Ap_i^{KapAp}	Anpassungsbetrag des Gesellschafters i bei der Kapitalkontenanpassungsmethode
Ap_i^{BwAp}	Anpassungsbetrag des Gesellschafters i bei der Buchwertanpassungsmethode
$Ap_i^{(1.Stufe)}$	Anpassungsbetrag des Gesellschafters i der 1. Stufe
$Ap_i^{(2.Stufe)}$	Anpassungsbetrag des Gesellschafters i der 2. Stufe
$Ap_i^{(gesamt)}$	Anpassungsbetrag des Gesellschafters i nach der 1. und 2. Stufe
Aup_i	Ausgleichsposten des Gesellschafters i
Aup_i^{aktiv}	aktiver Ausgleichsposten des Gesellschafters i
Aup_i^{passiv}	passiver Ausgleichsposten des Gesellschafters i
Az_i	Ausgleichszahlung des Gesellschafters i
Az_{ESt}	Ausgleichszahlung des Gesellschafters i für steuerliche Belastungsdivergenzen
β	Beteiligungsquote des Gesellschafters B; bei zwei Gesellschaftern gilt: $\beta = 1-\alpha$
Bw_{Tbj}	Buchwert des Teilbetriebes j
$Bw_{Tbj}^{(1.Stufe)}$	Buchwert des Teilbetriebes j nach der Buchwertanpassung der 1. Stufe
Bw_{Tbj}^{SS}	Buchwert des Teilbetriebes j nach der Buchwertanpassung der 2. Stufe in der Schlusssituation
$\Delta\, stR_i$	Unterschiedsbetrag der stillen Reserven des Gesellschafters i zwischen der Ausgangs- und Schlusssituation nach Kapitalkontenanpassung

$\Delta\, stR_i^{(1.Stufe)}$	Unterschiedsbetrag der stillen Reserven des Gesellschafters i zwischen der Ausgangssituation und der Kapitalkontenanpassung der 1. Stufe
$\Delta\, stR_i^{(2.Stufe)}$	Unterschiedsbetrag der stillen Reserven des Gesellschafters i zwischen der Schlusssituation nach Kapitalkontenanpassung der 2. Stufe und der Kapitalkontenanpassung der 1. Stufe
$\Delta\, stR_i^{(gesamt)}$	Unterschiedsbetrag der stillen Reserven des Gesellschafters i zwischen der Schlusssituation nach Kapitalkontenanpassung der 2. Stufe und der Ausgangssituation
$\Delta\, stR_{Tbj}$	Unterschiedsbetrag der stillen Reserven des Teilbetriebes j zwischen der Ausgangs- und Schlusssituation nach Buchwertanpassung
$\Delta\, stR_{Tbj}^{(1.Stufe)}$	Unterschiedsbetrag der stillen Reserven des Teilbetriebes j zwischen der Ausgangssituation und der Buchwertanpassung der 1. Stufe
$\Delta\, stR_{Tbj}^{(2.Stufe)}$	Unterschiedsbetrag der stillen Reserven des Teilbetriebes j zwischen der Schlusssituation nach Buchwertanpassung der 2. Stufe und der Buchwertanpassung der 1. Stufe
$\Delta\, stR_{Tbj}^{(gesamt)}$	Unterschiedsbetrag der stillen Reserven des Teilbetriebes j zwischen der Schlusssituation nach Buchwertanpassung der 2. Stufe und der Ausgangssituation
EK_i	Eigenkapital des Gesellschafters i
EK_i^{AS}	Eigenkapital des Gesellschafters i in der Ausgangssituation
EK_i^{SS}	Eigenkapital des Gesellschafters i in der Schlusssituation nach Kapitalkontenanpassung
gW_{Tbj}	gemeine Wert des Teilbetriebes j
stR_i	stille Reserven des Gesellschafters i
stR_{Tbj}	stille Reserven des Teilbetriebes j
$stR_i^{(1.Stufe)}$	stille Reserven des Gesellschafters i nach der Anpassung in der 1. Stufe
$stR_{Tbj}^{(1.Stufe)}$	stille Reserven des Teilbetriebes j nach der Anpassung in der 1. Stufe
stR_i^{AS}	stille Reserven des Gesellschafters i in der Ausgangssituation
stR_i^{SS}	stille Reserven des Gesellschafters i in der Schlusssituation nach Anpassung
stR_{Tbj}^{AS}	stille Reserven des Teilbetriebes j in der Ausgangssituation

stR_{Tbj}^{SS}	stille Reserven des Teilbetriebes j nach der Buchwertanpassung in der Schlusssituation
δ	Quotient aus dem Spitzenausgleich und dem gemeinen Wert
VG_{BMF}	Veräußerungsgewinn nach der Auffassung der Finanzverwaltung
VG_{AL}	Veräußerungsgewinn nach der alternativen Lösung

i = Gesellschafter A und B
j = 1 und 2

Einführung

I. Zum Problem

Die Besteuerung der Realteilung von Personengesellschaften hat in den letzten Jahren mehrere einschneidende Veränderungen erfahren. Bis 1998 wurde ihre steuerliche Behandlung ausschließlich durch Richterrecht bestimmt. Gesetzliche Regelungen wurden im Steuerrecht erstmals mit dem Steuerentlastungsgesetz 1999/2000/2002 vom 24.03.1999[1] in § 16 Abs. 3 S. 2 ff. EStG eingeführt. Mit dem Unternehmenssteuerfortentwicklungsgesetz vom 20.12.2001[2] fand diese gesetzliche Kodifizierung allerdings rückwirkend für Realteilungen nach dem 31.12.2000 eine Änderung, indem sie den Regelungen in § 6 Abs. 5 S. 3-5 EStG in der Fassung des Steuersenkungsgesetzes vom 23.10.2000[3] angepasst wurde.

Die Realteilung ist ein nicht unbedeutendes Instrumentarium bei Unternehmensumstrukturierungen, Auseinandersetzungen von Gesellschaftern, Trennung von Gesellschafterstämmen und Erbauseinandersetzungen. Der Gesetzgeber hat sich von dem Grundgedanken leiten lassen, bei mittelständischen Personenunternehmen sowohl die Umstrukturierung des Unternehmensvermögens als auch personelle Änderungen auf der Unternehmerebene steuerlich nicht durch Aufdeckung stiller Reserven zu behindern. Hierbei geht es insbesondere darum, die Beendigung von Personengesellschaften im Wege der Realteilung steuerlich nicht zu behindern. Unter Realteilung versteht man die Aufteilung des Betriebsvermögens einer Personengesellschaft auf die Gesellschafter, wobei diese das Betriebsvermögen im eigenen Betrieb übernehmen. Bei der Auflösung und Beendigung einer Personengesellschaft durch Aufteilung des Gesellschaftsvermögens unter die Gesellschafter sowie auch beim Ausscheiden aus einer Personengesellschaft gegen Abfindung mit Wirtschaftsgütern des Gesamthandsvermögens entstehen immer wieder schwierige einkommensteuerrechtliche Probleme. Weder die gesetzliche Implementierung der Realteilung als Betriebsaufgabe nach § 16 Abs. 3 S. 2-4 EStG noch das am

1 Steuerentlastungsgesetz 1999/2000/2002 (StEntlG) vom 24.03.1999, BGBl. I 1999, S. 402, BStBl. I 1999, S. 304.

2 Gesetz zur Fortentwicklung des Unternehmenssteuerrechtes (Unternehmenssteuerfortentwicklungsgesetz – UntStFG) vom 20.12.2001, BGBl. I 2001, S. 3858, BStBl. I 2002, S. 35.

3 Gesetz zur Senkung der Steuersätze und zur Reform der Unternehmensbesteuerung (Steuersenkungsgesetz – StSenkG) vom 23.10.2000, BGBl. I 2000, S. 1433, BStBl. I 2000, S. 1428.

28.02.2006 ergangene Schreiben des Bundesfinanzministeriums[4] hat hierzu eine abschließende Klarheit gebracht.

Nach § 16 Abs. 3 S. 2 EStG sind bei einer Realteilung einer Mitunternehmerschaft, bei der Teilbetriebe, Mitunternehmeranteile oder einzelne Wirtschaftsgüter in das jeweilige Betriebsvermögen der einzelnen Mitunternehmer übertragen werden, bei der Ermittlung des Gewinns der Mitunternehmerschaft die Wirtschaftsgüter mit den Werten anzusetzen, die sich nach den Vorschriften der Gewinnermittlung ergeben, sofern die Besteuerung der stillen Reserven sichergestellt ist. Der übernehmende Mitunternehmer ist an diese Werte gebunden (Buchwertfortführung). Die Sätze 3 und 4 des § 16 Abs. 3 EStG sehen für die Übertragung von Einzelwirtschaftsgütern Ausnahmen von der Buchwertfortführung vor. Die Veräußerung oder Entnahme von Grund und Boden, Gebäuden und anderen wesentlichen Betriebsgrundlagen innerhalb einer dreijährigen Sperrfrist (Behaltefrist) und die Übertragung auf Körperschaften, Personenvereinigungen oder sonstiger Vermögensmassen führen zum Ansatz des gemeinen Wertes bei der Realteilung (Körperschaftsklausel).

In der Praxis führt die Aufteilung des Gesellschaftsvermögens mit unterschiedlichen Buchwerten der einzelnen Wirtschaftsgüter in der Regel zu einer nicht anteilsgerechten Aufteilung der stillen Reserven unter den Realteilern mit der Folge, dass die Gesellschafter mit unterschiedlichen Steuerzahlungen belastet werden. Aufgrund wertmäßiger Inkongruenz der Buchwerte im Verhältnis zu den einzelnen Kapitalkonten der Mitunternehmer ergibt sich regelmäßig ein bilanzieller Anpassungsbedarf in dem übernehmenden Betriebsvermögen der Realteiler. Hier kommen unterschiedliche Ansätze zur Lösung dieses Problems in Betracht. Rechtsprechung und Finanzverwaltung stellen das bilanzielle Ungleichgewicht mit Hilfe der Kapitalkontenanpassungsmethode her.[5] Danach erfolgt eine Buchwertanpassung des Eigenkapitalkontos in den Fortführungsbilanzen der Realteiler, wenn die Summe der Buchwerte der übernommenen Wirtschaftsgüter nicht dem bisherigen Buchwert des Eigenkapitals des Gesellschafters entspricht. Hierdurch kommt es in Verbindung mit dem gesetzlichen Zwang zur Buchwertfortführung regelmäßig zu einer interpersonellen Verlagerung der stillen Reserven zwischen den Realteilern und damit zu einem Verstoß gegen das einkommensteuerrechtliche Subjektprinzip, da ein Teil der stillen Reserven nicht bei dem Gesellschafter versteuert wird, dem diese stillen Reserven aufgrund der Beteiligungsverhältnisse zuzurechnen wären.

Des Weiteren führt die Aufteilung des Gesellschaftsvermögens oftmals zu nicht gleichen Wertverhältnissen der Gesellschafter untereinander mit der Kon-

---

4 BMF-Schreiben betr. Realteilung; Anwendung von § 16 Abs. 3 Satz 2 bis 4 EStG vom 28.02.2006, BStBl. I 2006, S. 228.

5 BFH-Urteil vom 10.12.1991, BStBl. II 1992, S. 385; BMF-Schreiben vom 28.02.2006, a.a.O.

sequenz, dass ein Wert- oder Spitzenausgleich zwischen den Gesellschaftern zu leisten ist. Hierbei stellen sich unterschiedliche Fragestellungen zur steuerlichen Behandlung hinsichtlich der Ermittlung des Veräußerungsgewinns des ausgleichsberechtigten sowie der Anschaffungskosten des ausgleichsverpflichteten Realteilers, deren Beantwortung wesentlichen Einfluss auf die intersubjektive Verlagerung stiller Reserven zwischen den Mitunternehmern hat.

Die Finanzverwaltung hat nunmehr nach gut sieben Jahren nach der gesetzlichen Einführung versucht, mit einem BMF-Schreiben die verschiedenen steuerlichen Probleme bei der Realteilung zu lösen. Das BMF-Schreiben vom 28.02.2006[6] beschäftigt sich mit der Auslegung der gesetzlichen Regelung hinsichtlich der Definition von Begriffen sowie verschiedener Abgrenzungs- und Auslegungsfragen, so dass es zumindest auf einige wichtige Fragen eine Antwort gibt. Auf einige Fragestellungen gibt das BMF-Schreiben allerdings keine zufrieden stellenden Antworten. Hier ist insbesondere die oben genannte Problematik der anteilgerechten Besteuerung durch interpersonelle Verlagerung der stillen Reserven nach einer Realteilung zu nennen. Das Problem des Überspringens stiller Reserven ist in der Finanzverwaltung und Literatur weitestgehend ungeklärt.

II. Forschungsstand

In der Fachliteratur wurde die bis einschließlich 1998 auf der Rechtsprechung beruhende steuerliche Behandlung der Realteilung vielfach diskutiert und die Fortentwicklung der Rechtsprechung analysiert. Daraus zog die Praxis ihre Schlussfolgerungen.[7]

---

6 BMF-Schreiben vom 28.02.2006, a.a.O.

7 Zum Beispiel: Leingärtner, Einkommensteuerliche Fragen beim Ausscheiden von Gesellschaftern aus Personengesellschaften, insbesondere im Falle der Sachwertabfindung und der Realteilung, FR 1975, S. 181-188; Lehmann, Die Rechtsfolge der Realteilung des gesamthänderischen Betriebsvermögens einer Personengesellschaft. Ein Beitrag zur konzeptionellen Rechtsanwendung (Arbeitspapier des Schwerpunktes Finanzwissenschaft, Betriebswirtschaftliche Steuerlehre / Universität Trier, 8), 1986; Kleineidam, Optimale Wahlrechtsausübung bei der Realteilung von Personengesellschaften, DB 1986, S. 1783-1790; Jakob, Die bilanzielle Durchsetzbarkeit der (gewinnneutralen) Realteilung von Mitunternehmerschaften, BB 1987, S. 2400-2412; Fellmeth, Spitzenausgleich bei der Realteilung einer Personengesellschaft im Bilanzsteuerrecht, BB 1991, S. 2184-2192; ders., Neue Erkenntnisse zur Realteilung von Personengesellschaften – Anmerkungen zum BFH-Urteil vom 1.12.1992 – VIII R 57/90, BB 1993, S. 2192-2196; Bordewin, Neues von der Realteilung, DStZ 1992, S. 353-358; Fromm, Realteilung mit Spitzenausgleich und Reinvestitionsrücklage, BB 1994, S. 1042-1045; Reiß, Die einkommensteuerliche Behandlung der Realteilung gewerblich tätiger Personengesellschaften, StuW, 1995, S. 199-212; Brönner, Die Besteuerung der Gesellschaften, S. 518 ff.

Die gesetzliche Neuregelung im Jahr 1999 beschäftigte erneut die Fachliteratur.[8] Da der Gesetzgeber es unterlassen hatte, den Begriff der steuerlichen Realteilung gesetzlich zu definieren, führte die Neuregelung zu verschiedenen Auslegungsfragen und Interpretationsmöglichkeiten. In der Fachliteratur wurden einerseits positive Elemente der gesetzlichen Regelung herausgestellt und andererseits ungeklärte Fragestellungen hervorgehoben sowie die bisher ergangene Rechtsprechung vergleichend gegenüber gestellt. Die überwiegende Zahl an Fachaufsätzen widmet sich entweder einer umfassenden allgemein gehaltenen – zum Teil kritisch betrachtenden – Darstellung und Systematisierung der Realteilung[9] oder analysiert nur Einzelprobleme.[10] Darüber hinaus wird das Thema in unterschiedlicher Ausgestaltung in der einschlägigen Kommentarliteratur bearbeitet.[11]

Die Finanzverwaltung versuchte schließlich, die ungeklärten Fragen zu beantworten, und gab am 28.02.2006 ein erstes Anwendungsschreiben heraus,[12] das zumindest die wichtigsten Fragen klärte. Gegenstand des Schreibens sind die Definition der Realteilung, die Abgrenzung zum Ausscheiden gegen Sachwertabfindung, der Gegenstand der Realteilung, die Erläuterung des Begriffs „in das jeweilige Betriebsvermögen der einzelnen Mitunternehmer“, die Realteilung bei Spitzenausgleich, der Wertansatz des übernommenen Betriebsvermögens, die Sperrfrist und die Folgen einer Veräußerung oder Entnahme während der Sperr-

8 Zu nennen sind hier insbesondere: Wacker, Die Realteilung von Personengesellschaften nach dem Steuerentlastungsgesetz 1999/2000/2002, BB 1999, Beil. 5 zu H. 16/1999 und StB 1999, Beil. 2 zu H. 5/1999; Sonneborn, Realteilung einer Personengesellschaft nach dem Steuersenkungsgesetz, DStZ 2001, S. 579-585; Wacker, Realteilung einer Personengesellschaft. Überblick und Grundfragen zum Ertragsteuerrecht (§ 16 Abs. 3 Sätze 2-4 EStG i.d.F. UntStFG, StBJb. 2003/2004, S. 81-100; Seitz, Realteilung von Personengesellschaften im Ertragsteuerrecht, StBJb. 2004/2005, S. 201-226; Heß, Die Realteilung einer Personengesellschaft – Anmerkungen zum BMF-Schreiben vom 28.2.2006, DStR 2006, S. 777-782; Rogall/Stangl, Die Realteilung einer Personengesellschaft. Anmerkungen zum BMF, Schr. v. 28.2.2006, FR 2006, S. 345-357; Schulze zur Wiesche, Die Realteilung einer Personengesellschaft unter Berücksichtigung des BMF-Schreibens vom 28.2.2006, DB 2006, S. 921-923.

9 So zum Beispiel: Wacker, Realteilung von Personengesellschaften, BB 1999, Beil. 5 zu H. 16/1999 und StB 1999, Beil. 2 zu H. 5/1999; ders., Realteilung einer Personengesellschaft, StBJb. 2003/2004, S. 81-100; Seitz, Realteilung von Personengesellschaften, StBJb. 2004/2005, S. 201-226.

10 So zum Beispiel: Engl, Realteilung auch mit Einzelwirtschaftsgütern rückwirkend ab 1.1.2001 nach UntStFG ohne Behaltefrist steuerneutral möglich, DStR 2002, S. 119-122; Schulze zur Wiesche, Ausscheiden eines Gesellschafters aus einer Personengesellschaft gegen Sachwertabfindung, Stbg 2006, S. 374-379; Stuhrmann, Zur Realteilung durch Bar- und Sachwertabfindung, DStR 2005, S. 1355-1357.

11 Siehe insbesondere Schmidt, Einkommensteuergesetz, 25. Aufl., München 2006.

12 BMF-Schreiben vom 28.02.2006, a.a.O.

frist. Die Fachliteratur hat hierauf reagiert und kritisch Stellung bezogen.[13] Eine umfassende Gesamtdarstellung zur Realteilung auf der Grundlage der gesetzlichen Neuregelung existiert jedoch bisher nicht.

Hinsichtlich bilanzieller Anpassungsmaßnahmen bezieht sich das BMF-Schreiben auf die vom BFH zugelassene Kapitalkontenanpassungsmethode als praxisgerechten Lösungsansatz und toleriert schlichtweg den Übergang stiller Reserven zwischen den Realteilern, oder das Problem ist in dieser Form sogar unerkannt. Das Problem des Überspringens stiller Reserven wird auch in der Literatur kaum diskutiert[14] und scheint unter Anwendung anderer finanzieller Ausgleichsregelungen zwischen den Realteilern hingenommen zu werden. Insbesondere ist das mit dem Überspringen verbundene Problem des Verstoßes gegen das einkommensteuerrechtliche Subjektprinzip bisher unbeachtet geblieben.

In der Forschung wurde das Thema Realteilung bisher kaum behandelt. Folgende Autoren können hier nur genannt werden: Meynert beschäftigte sich 1970 kurz mit dem Problem der anteilgerechten Besteuerung.[15] Kungl untersuchte in seiner Arbeit von 1971 zur älteren Rechtsprechung die Realteilung und Prinzipien der Gewinnverwirklichung[16] und Schmidt 1982 hauptsächlich das Problem der Gewinnauswirkung.[17] Schließlich hat zuletzt Fasold in ihrer Arbeit über „Die einkommensteuerliche Problematik der Buchwertfortführung“ die Realteilung mit abgehandelt und bilanzielle Anpassungsmöglichkeiten kurz angesprochen.[18]

Wosnitza[19] hat im Jahr 2006 im Rahmen nicht veröffentlichter Vorlesungs- und Vortragsunterlagen die grundsätzliche Vorgehensweise bei der Realteilung modelltheoretisch analysiert. Das Ergebnis seiner Arbeiten bestand in der – vom Verfasser verwendeten – Formulierung des allgemeinen Modells der zweigliedrigen Realteilung ohne und mit Spitzenausgleich, der Untersuchung und Kritik der von BFH und BMF vorgeschlagenen einkommensteuerlichen Behandlung der Realteilung mit Spitzensausgleich mittels der Kapitalkontenanpassungsmethode,

---

13 Zum Beispiel: Heß, Realteilung einer Personengesellschaft, DStR 2006, S. 778-782; Schell, Realteilung i.S.d. § 16 Abs. 3 Satz 2 bis 4 EStG. Anmerkung zum BMF-Schreiben vom 28.2.2006, BB 2006, S. 1026-1030; Schulze zur Wiesche, Realteilung, DB 2006, S. 921-923.

14 Siehe zum Beispiel: Engl, Realteilung mit Einzelwirtschaftsgütern, DStR 2002, S. 119-122.

15 Meynert, Die einkommensteuerliche Behandlung der Realteilung von Personengesellschaften, Augsburg 1970 (Diss. jur. Münster 1970).

16 Kungl, Die Realteilung von Mitunternehmerschaften. Gewinnverwirklichung und Bilanzierung, Diss. München 1971.

17 Schmidt, Die Realteilung von Mitunternehmerschaften im Einkommensteuerrecht, Frankfurt/M., Bern 1982.

18 Fasold, Die einkommensteuerliche Problematik der Buchwertfortführung. Übertragung stiller Reserven und Gewinnrealisierung im Einkommensteuerrecht, Frankfurt/M. u.a. 2005, S. 71-91.

19 Prof. Dr. Michael Wosnitza ist Inhaber des Lehrstuhls Betriebswirtschaftslehre/Bilanz-, Steuer- und Prüfungswesen des Fachbereichs Wirtschaftswissenschaften der Universität Osnabrück.

der Identifizierung der Ursache für das Überspringen stiller Reserven in der fehlenden bzw. falschen Anschaffungskostendefinition sowie in der Formulierung des Alternativvorschlages der modifizierten Kapitalkontenanpassungsmethode, die ein Überspringen stiller Reserven zwischen den Realteilern verhindert.[20]

III. Gegenstand und Fragestellung

Nachdem die Realteilung ab dem Jahr 1999 gesetzlich kodifiziert ist, ergeben sich eine Reihe von Rechtsfragen, die in der Literatur und in der Finanzverwaltung kontrovers diskutiert werden. Das BMF-Schreiben vom 28.02.2006[21] gibt inzwischen zumindest auf die wichtigen Fragen eine Antwort.

In der vorliegenden Arbeit sollen die Aussagen der Finanzverwaltung auf ihre Gesetzeskonformität überprüft werden. Gegenstand sind zunächst die Definitionen der Realteilung, die Abgrenzung zum Ausscheiden gegen Sachwertabfindung, die Voraussetzungen einer steuerneutralen Realteilung sowie die Besonderheiten bei der Realteilung mit Spitzenausgleich.

Der Forschungsschwerpunkt liegt in der mathematischen Modellanalyse der Methoden der bilanziellen Anpassung. Hierbei wird insbesondere die Problematik der anteilgerechten Besteuerung der stillen Reserven bei der von der Rechtsprechung und Finanzverwaltung bevorzugten Kapitalkontenanpassungsmethode aufgezeigt und nach einer alternativen Methodik gesucht. Auf der Grundlage der von Wosnitza[22] entwickelten Ergebnisse wurden insbesondere folgende Vertiefungen bzw. Erweiterungen vorgenommen:

1. Die vertiefende Analyse der Eigenschaften der modifizierten Kapitalkontenanpassungsmethode hinsichtlich der allgemeinen Bedingungen für die Anpassungsbeträge der beiden Stufen im Rahmen der Realteilung mit Spitzenausgleich und der Höhe der zwischen den Realteilern überspringenden stillen Reserven.

---

20 Diese Ergebnisse sind Grundlage der vertiefenden Analyse des Verfassers in Kapitel C., S. 103 ff. Das gilt insbesondere für die modelltheoretische Darstellung der Ausgangssituation, Kapitel C. II., S. 107 f. sowie die Analyse der Kapitalkontenanpassungsmethode bei der Realteilung ohne Spitzenausgleich in Kapitel C. III. 1.-3., S. 108-123. Im Rahmen der weiteren Analyse dienten diese Ergebnisse auch der Untersuchung der Realteilung mit Spitzenausgleich in Kapitel C. IV. S. 156 ff. Insbesondere die Analyse der Kapitalkontenanpassungsmethode nach der Auffassung des BFH und BMF baut hierauf auf, Kapitel C. IV. 3. a) und b), S. 161-186. Die Darstellung der alternativen Lösung in Kapitel C. IV. 3. c), S. 186 ff. basiert auf den Ergebnissen von Wosnitza.

21 BMF-Schreiben vom 28.02.2006, a.a.O.

22 Zur Abgrenzung der Ergebnisse von Wosnitza siehe unter Einführung Kapitel II, S. 23 f.

2. Die entsprechende modelltheoretische Untersuchung der Buchwertanpassungsmethode für die Realteilung ohne und mit Spitzenausgleich sowie der Kapitalausgleichskontenmethode für die Realteilung ohne Spitzenausgleich.
3. Der Vergleich der Ergebnisse der modifizierten Kapitalkontenanpassungsmethode und der Buchwertanpassungsmethode für die Realteilung mit Spitzenausgleich.
4. Die normative Analyse und Kritik der untersuchten bilanziellen Anpassungsmethoden vor dem Hintergrund des bestehenden Systems von Grundsätzen ordnungsgemäßer Buchführung und Bilanzierung.

Auf dieser Grundlage wird anhand einer modelltheoretischen Analyse die interpersonelle Verlagerung stiller Reserven zwischen den Realteilern bei Anwendung der Kapitalkontenanpassungsmethode im Rahmen der Realteilung ohne und mit Spitzenausgleich untersucht und der Buchwertanpassungsmethode gegenüber gestellt. Durch die Untersuchung wird belegt, dass unter den jeweils zugrunde gelegten Prämissen weder das von der Rechtsprechung noch von der Finanzverwaltung vorgeschlagene Verfahren ein generelles Überspringen stiller Reserven verhindern kann. Wie zu zeigen sein wird, liegt die Ursache in beiden Fällen in einer unzutreffenden Definition des Veräußerungsgewinns des ausgleichsberechtigten Realteilers und damit gleichzeitig der Anschaffungskosten des Ausgleichsverpflichteten. Durch Ansatz des zutreffenden Veräußerungsgewinns lässt sich analytisch zeigen, dass dieses unerwünschte Ergebnis verhindert werden kann.

Um das Grundverständnis zu erleichtern, soll das Problem des Überspringens stiller Reserven bei Anwendung der Kapitalkontenanpassungsmethode zunächst anhand des nachfolgenden einführenden Beispiels zur Realteilung ohne Spitzenausgleich verdeutlicht werden. In der nachfolgenden Untersuchung wird – ohne Beschränkung der Allgemeinheit – von zwei Gesellschaftern einer Personengesellschaft ausgegangen, die im Rahmen der Realteilung entweder Einzelwirtschaftsgüter (Grundstücke) oder Teilbetriebe als Zusammenfassung von jeweils aktiven und passiven Wirtschaftsgütern übernehmen und in ihren jeweiligen Einzelunternehmen weiterführen.

Beispiel 1:

An der AB-OHG sollen die beiden Gesellschafter A und B zu gleichen Teilen sowohl am Gewinn als auch am Kapital beteiligt sein. Die Schlussbilanz der OHG zeigt folgendes Bild:

AB-OHG: Bilanz vor Realteilung

	Buchwert	gemeiner Wert		Buchwert	gemeiner Wert
Grundstück 1	10	100	Kapital A	20	100
Grundstück 2	30	100	Kapital B	20	100
	40	200		40	200

Im Rahmen der Auseinandersetzung der AB-OHG beschließen die Gesellschafter, die Gesellschaft durch Aufteilung des Gesellschaftsvermögens aufzulösen und zu beenden. Die Gesellschaft besitzt zwei Grundstücke, die jeweils einen gleich hohen gemeinen Wert von 100, aber unterschiedliche Buchwerte haben. Die Kapitalkonten beider Gesellschafter sind identisch. Beiden Gesellschaftern sind stille Reserven von jeweils 80 zuzurechnen. Im Rahmen der Auseinandersetzung erhält Gesellschafter A das Grundstück 1 und Gesellschafter B das Grundstück 2. Beide Gesellschafter führen die Buchwerte der Grundstücke in ihren Einzelunternehmen fort. Ihre Kapitalkonten werden entsprechend angepasst.

Bilanz des Einzelunternehmens des A *nach* Realteilung

	Buchwert	gemeiner Wert		Buchwert	gemeiner Wert
Grundstück 1	10	100	Kapital A	10	100
	10	100		10	200

Das Kapitalkonto des Gesellschafters A wird erfolgsneutral „abgestockt". Während ihm vorher stille Reserven von 80 zuzurechnen waren, betragen diese nunmehr 90. Bei einer Versteuerung der stillen Reserven wird Gesellschafter A stärker belastet als vorher.

Bilanz des Einzelunternehmens des B *nach* Realteilung

	Buchwert	gemeiner Wert		Buchwert	gemeiner Wert
Grundstück 1	30	100	Kapital B	30	100
	30	100		30	100

Das Kapitalkonto des Gesellschafters B wird erfolgsneutral „aufgestockt". Während ihm vorher stille Reserven von 80 zuzurechnen waren, besitzt B dagegen nach der Realteilung nur noch stille Reserven von 70, d.h. er hat stille Reserven in Höhe von 10 verloren. Bei einer Versteuerung der stillen Reserven wird Gesellschafter B weniger belastet als vorher. Aufgrund der erfolgsneutralen Anpassung der Kapitalkonten mit Buchwertfortführung sind demnach stille Reserven von 10 erfolgsneutral von B nach A „übergesprungen".

A. Terminologie und Abgrenzungen

I. Rechtsentwicklung und Systematik

1. Rechtslage bis 1998

Bis 1998 basierte die Realteilung auf Richterrecht.[23] Wurde eine gewerbliche Personengesellschaft in der Weise aufgelöst und beendet, dass – im Gegensatz zur normalen Liquidation – jeder Gesellschafter Teile des Gesellschaftsvermögens erhielt, so erfüllte diese „Naturalteilung“ als „reale Vermögensteilung“ den Tatbestand der Betriebsaufgabe. Der BFH[24] räumte hierbei ein Wahlrecht ein, entweder einen Aufgabegewinn der Gesellschaft zu versteuern und dann in ihren Bilanzen den Teilwert der ihnen zugeteilten Wirtschaftsgüter anzusetzen oder – wenn die Besteuerung der stillen Reserven sichergestellt war – den Buchwert dieser Wirtschaftsgüter fortzuführen. Der VIII. Senat des BFH hat damit die Bilanzbündeltheorie als zwingenden Buchwertansatz aufgegeben und mit Urteil vom 10.12.1991[25] seine Grundsätze zur Realteilung von Personengesellschaften weiterentwickelt. Danach wurde das Wahlrecht zur Buchwertfortführung nicht nur für Realteilungen, bei der Teilbetriebe zugeteilt wurden, sondern auch bei Einzelwirtschaftsgütern unter reziproker Anwendung des § 24 UmwStG ausgedehnt (Realteilung als der umgekehrte Fall der Einbringung).[26]

---

23 Schoor, Die Neuregelung der Realteilung von Mitunternehmerschaften ab 1.1.2001, INF 2002, S. 173-178.

24 BFH-Urteil vom 19.01.1982, BStBl. II 1982, S. 456.

25 BFH-Urteil vom 10.12.1991, a.a.O.; vgl. auch BMF-Schreiben betr. Umwandlungssteuergesetz 1995 (UmwStG 1995); Zweifels- und Auslegungsfragen vom 25.03.1998, BStBl. I 1998, S. 268, Tz. 24.18; geändert durch BMF-Schreiben vom 21.08.2001, BStBl. I 2001, S. 543.

26 Reiß, Realteilung gewerblich tätiger Personengesellschaften, StuW 1995, S. 199-212, hier S. 204; Felix/Strahl, Realteilung von Mitunternehmerschaften mit realgeteilten Mitunternehmeranteilen, BB 1996, S. 2221-2223; siehe auch BMF-Schreiben betr. Ertragsteuerliche Behandlung der Erbengemeinschaft und ihrer Auseinandersetzung vom 11.01.1993, BStBl. I 1993, S. 62. Die Finanzverwaltung folgte damit der Rechtsprechung des BFH und ließ das Wahlrecht zur Buchwertfortführung bei Realteilungen von Erbengemeinschaften über Betriebsvermögen nicht nur bei Teilbetrieben, sondern auch durch Übertragung einzelner Wirtschaftsgüter des Betriebsvermögens auf die Miterben ausdrücklich zu. Mit BMF-Schreiben vom 11.08.1994, BStBl. I 1994, S. 603, hat die Finanzverwaltung die in den Rz.10-22 des BMF-Schreibens vom 11.01.1993 geregelten Grundsätze zur

Nach § 24 UmwStG können Betriebe, Teilbetriebe oder Mitunternehmeranteile im Rahmen einer Einzel- oder Gesamtrechtsnachfolge gegen Gewährung von Gesellschaftsrechten steuerneutral zu Buch-, Zwischen- oder Teilwerten in das Gesamthandsvermögen einer Personengesellschaft eingebracht werden. Die Rechtsprechung definierte die Realteilung in diesem Zusammenhang als „Ausbringung" im Gegensatz zur „Einbringung" nach § 24 UmwStG.

Waren die Buchwerte der Wirtschaftsgüter höher oder niedriger als die bisherigen Kapitalkonten, mussten diese in den Eröffnungsbilanzen der Realteiler erfolgsneutral den Buchwerten der einzelnen Wirtschaftsgüter angepasst werden (sog. Kapitalkontenanpassungsmethode) mit der Folge, dass stille Reserven – in von der Rechtsprechung und Finanzverwaltung geduldeter Weise – teilweise von einem Gesellschafter auf einen anderen „überspringen" konnten.

2. Rechtslage 1999/2000

Mit der Einführung des § 16 Abs. 3 S. 2 EStG in der Fassung des Steuerentlastungsgesetzes 1999/2000/2002 vom 24.03.1999 hat die steuerliche Behandlung der Realteilung wiederum einen völligen Umschwung erlitten. Danach galt die Realteilung einer Mitunternehmerschaft als Aufgabe eines Anteils im Sinne des § 16 Abs. 1 Nr. 2 EStG, wenn die bisherigen Mitunternehmer weder einen Teilbetrieb noch einen Mitunternehmeranteil, sondern nur einzelne Wirtschaftsgüter erhalten haben. Soweit sich die Realteilung auf die Übertragung von Teilbetrieben oder Mitunternehmeranteilen richtete, war § 6 Abs. 3 EStG anzuwenden, wonach die Buchwertfortführung bei der unentgeltlichen Übertragung eines Betriebes, Teilbetriebes oder Anteils eines Mitunternehmers an einem Betrieb gilt. Diese gesetzliche Einschränkung führte zu nicht unerheblichen praktischen Erschwernissen bei Unternehmensumstrukturierungen, Trennung von Gesellschafterstämmen und Erbauseinandersetzungen.[27]

Hinsichtlich der systematischen Einordnung stand die Neuregelung vor allem im Zusammenhang mit der Abschaffung des sog. Mitunternehmererlasses[28] und der gesetzlichen Kodifizierung des § 6 Abs. 5 S. 3 EStG 1999. Durch die Beseitigung

---

Erbauseinandersetzung über Betriebsvermögen für Realteilungen von Personengesellschaften ertragsteuerlich als grundsätzlich für anwendbar erklärt. Mit Schreiben vom 14.03.2006, BStBl. I 2006, S. 253, hat die Finanzverwaltung das Schreiben betreffend die ertragsteuerliche Behandlung der Erbengemeinschaft und ihrer Auseinandersetzung überarbeitet und insbesondere an die gesetzliche Normierung der Realteilung in § 16 Abs. 3 S. 2-4 EStG angepasst. Die Grundaussagen bleiben unverändert, die Beispiele wurden ergänzt und zum Teil verändert.

27 Schoor, Die Neuregelung der Realteilung, INF 2002, S. 173-178, hier S. 174.

28 Koordinierter Ländererlass des Senates für Finanzen Bremen vom 20.12.1977 betr. Besteuerung der Mitunternehmer von Personengesellschaften (Mitunternehmererlass), BStBl. I 1978, S. 8.

des Wahlrechts zur Buchwertfortführung bei Überführung von Einzelwirtschaftsgütern aus dem Gesamthandsvermögen in das (Sonder-)Betriebsvermögen des Gesellschafters gem. § 6 Abs. 5 S. 3 EStG 1999 schränkte der Gesetzgeber den auf der finalen Entnahmelehre der Rechtsprechung beruhenden Mitunternehmererlass ein. Diese Wertentscheidung hatte durch die erstmalige Kodifizierung der Realteilung durch § 16 Abs. 3 S. 2 EStG i.d.F. des StEntlG 1999/2000/2002 zur Folge, dass entsprechend der Vorschrift des § 6 Abs. 3 EStG i.d.F. des StEntlG 1999/2000/2002 die personelle Verlagerung stiller Reserven – bedingt durch die Kapitalkontenanpassung – an die Zuweisung von Teilbetrieben oder Mitunternehmeranteilen gebunden war.

Die Rechtsfolgen dieses Systemansatzes führten zu einer zwingenden Aufdeckung der stillen Reserven bei Zuweisung von Einzelwirtschaftsgütern im Gegensatz zum Buchwertzwang bei Zuweisung von Teilbetrieben und Mitunternehmeranteilen. § 16 Abs. 3 S. 2 EStG i.d.F. des StEntlG 1999/2000/2002 musste im Zusammenhang mit § 6 Abs. 5 S. 3 EStG i.d.F. des StEntlG 1999/2000/2002 gesehen werden, mit dem das auf den sog. Mitunternehmererlass beruhende Wahlrecht zwischen Buchwert- und Teilwertansatz bei der Übertragung von Einzelwirtschaftsgütern bei Mitunternehmerschaften aufgehoben wurde. Mit der Einführung des § 16 Abs. 3 Satz 2 EStG i.d.F. des StEntlG 1999/2000/2002 wurde eine Regelungslücke geschlossen, die dazu führte, dass der Analogie zu § 24 UmwStG die Grundlage entzogen wurde. Somit konnte der Grundsatz, dass stille Reserven in der Person des Steuerpflichtigen aufzudecken und zu versteuern seien, lediglich noch bei der Zuweisung von Teilbetrieben und Mitunternehmeranteilen Ausnahmen erfahren.[29]

Durch das Steuersenkungsgesetz vom 23.10.2000[30] erfolgte wiederum eine Rückkehr zu den Regelungen des sog. Mitunternehmererlasses. Durch die Änderung des § 6 Abs. 5 S. 3 EStG i.d.F. des StSenkG wurde auch für die Übertragung von Einzelwirtschaftsgütern im Rahmen von Mitunternehmerschaften der Buchwertzwang unterstellt, sofern sie nach dem 31.12.2000 unentgeltlich oder gegen Gewährung von Gesellschaftsrechten vollzogen wurde. Allerdings hat der Gesetzgeber zunächst an der restriktiven Handhabung der Regelungen zur Realteilung in § 16 Abs. 3 S. 2 EStG i.d.F. des StEntlG 1999/2000/2002 festgehalten, jedoch diese Ungleichbehandlung schließlich erkannt und im Rahmen des Unternehmenssteuerfortentwicklungsgesetzes vom 20.12.2001[31] beseitigt. § 16 Abs. 3 S. 2-4 EStG wurde konsequenterweise rückwirkend für Realteilungen nach dem 31.12.2000[32] den Regelungen in § 6 Abs. 5 S. 3-5 EStG i.d.F. des StSenkG

29 Seitz, Realteilung von Personengesellschaften, StbJb. 2004/2005, S. 201-226.
30 StSenkG vom 23.10.2000, a.a.O.
31 UntStFG vom 20.12.2001, a.a.O.
32 § 52 Abs. 34 S. 4 EStG.

vom 23.10.2000 angeglichen. Angesichts der wirtschaftlichen Ähnlichkeit beider Regelungen war diese Anpassung unverzichtbar.[33]

3. Rechtslage ab 2001

Nach Maßgabe des § 16 Abs. 3 S. 2-4 EStG i.d.F. des UntStFG vom 20.12.2001 wurde der Buchwertzwang in Realteilungsfällen auf Einzelwirtschaftsgüter ausgedehnt und entsprechend den Regelungen des § 6 Abs. 5 EStG mit einer Körperschaftsklausel (§ 16 Abs. 3 S. 4 EStG) und einer Sperrfrist (§ 16 Abs. 3 S. 3 EStG) versehen.[34] Die Angleichung des § 16 Abs. 3 S. 2-4 EStG i.d.F. des UntStFG folgte der grundsätzlichen „Wiedereinführung des sog. Mitunternehmererlasses" in § 6 Abs. 5 S. 3 EStG i.d.F. des StSenkG vom 23.10.2000 und konnte rückwirkend für alle Realteilungen nach dem 31.12.2000 angewandt werden.[35]

Bei der Realteilung einer Mitunternehmerschaft nach dem 31.12.2000 sind somit prinzipiell die Buchwerte zwingend fortzuführen, wenn die Wirtschaftsgüter in das jeweilige Betriebsvermögen der einzelnen Realteiler übertragen werden und die Besteuerung der stillen Reserven sichergestellt ist (§ 16 Abs. 3 S. 2 EStG).

Durch diese gesetzessystematische Angleichung führt der Buchwertzwang in beiden Vorschriften zu einer personellen Verlagerung stiller Reserven bei Einzelwirtschaftsgütern. Die gesetzliche Angleichung der Realteilung an die Vorschrift des § 6 Abs. 5 EStG führt aber dazu, dass dem systematischen Ansatz der Rechtsprechung bis 1998 durch reziproke Anwendung des § 24 UmwStG die Grundlage entzogen ist.[36]

---

33 Wacker, Realteilung einer Personengesellschaft, StbJb. 2003/2004, S. 81-100.

34 Siehe dazu: Schoor, Die Neuregelung der Realteilung, INF 2002, S. 173-178; Brandenberg, Personengesellschaftsbesteuerung nach dem Unternehmenssteuerfortentwicklungsgesetz – Teil I, II und III, in: DStZ 2002, S. 511-518 und S. 551-559 und 594-598; Sauter/Heurung/Oblau, Probleme bei der Realteilung nach der Neuregelung durch die Unternehmenssteuerreform, FR 2002, S. 1101-1109; Bauschatz, Realteilung mitunternehmerischer Besitzgesellschaften, FR 2004, S. 571-575; Röhrig, Die „neue" Realteilung nach dem UntStFG – Änderungen und Zweifelsfragen auf Grund der Neufassung; EStB 2002, S. 231-235; Hubert, Die Realteilung von Mitunternehmerschaften bei Beteiligung von natürlichen Personen, StuB 2005, S. 1041-1044.

35 Zur grundsätzlichen Wiedereinführung des Mitunternehmererlasses siehe z.B. Düll/Fuhrmann/Eberhard, Unternehmenssteuerreform 2001: Die Neuregelung des § 6 Abs. 5 Satz 3 EStG – sog. Wiedereinführung des Mitunternehmererlasses, DStR 2000, S. 1713-1718; Melchior, Übersicht über die Änderungen durch das Gesetz zur Fortentwicklung des Unternehmenssteuerrechts (Unternehmenssteuerfortentwicklungsgesetz), DStR 2002, S. 1-10, hier S. 2-5; Schmitt/Franz, Die Umstrukturierung von Personenunternehmen im Lichte des Berichts zur Fortentwicklung des Unternehmenbssteuerrechts, BB 2001, S. 1278-1287.

36 So auch Wacker, Realteilung einer Personengesellschaft, StbJb. 2003/2004, S. 81-100; Seitz, Realteilung von Personengesellschaften, StbJb. 2004/2005, S. 201-226.

II. Die einkommensteuerliche Einordnung

1. Formen der Auseinandersetzung

a) Auflösung und Beendigung der Personengesellschaft

Wird eine Personengesellschaft aufgelöst, ist sie grundsätzlich zu liquidieren, d.h. die laufenden Geschäfte werden beendet, Forderungen eingezogen, das übrige Vermögen in Geld umgesetzt, die Verbindlichkeiten beglichen und ein etwaiger Überschuss an die Gesellschafter verteilt.[37]

Die Gründe für die Auflösung einer Personengesellschaft sind gesetzlich geregelt (§§ 723 ff. BGB; § 131 HGB). Nach Auflösung der Gesellschaft findet die Liquidation statt, sofern nicht eine andere Art der Auseinandersetzung von den Gesellschaftern vereinbart ist (§ 145 HGB). Der Sinn und Zweck der Auflösung durch Liquidation besteht in der Herstellung eines reinen Geldvermögens (§733 Abs. 3 BGB; § 149 HGB). Dessen Verteilung erfolgt für Personenhandelsgesellschaften gem. § 155 HGB nach dem Verhältnis der Kapitalanteile, für die BGB-Gesellschaft gem. § 734 BGB nach dem Verhältnis der Gesellschafteranteile am Gewinn.[38]

Die Gesellschafter können bei Auflösung bzw. Auseinandersetzung der Personengesellschaft auch die Naturalteilung vereinbaren. Die Gründe dafür können unterschiedlich sein. Die Naturalteilung wird insbesondere in den Fällen gewählt, in denen ein oder mehrere Gesellschafter nach der Auseinandersetzung mit Teilen des Betriebsvermögens weiterhin gewerblich tätig sein möchten. Die Ausgestaltung der Naturalteilung liegt ganz im Belieben der Gesellschafter. So ist auch eine Kombination zwischen geldmäßiger Auseinandersetzung und Naturalteilung denkbar.

Im Rahmen der Naturalteilung werden jedem Gesellschafter die Bestandteile des Gesellschaftsvermögens übertragen, die er erhalten soll.[39] Im typischen Fall wird somit Gesamthandsvermögen zum Alleineigentum der einzelnen Gesellschafter. Nach der Naturalteilung hört die aufgelöste, und damit beendete Personengesellschaft auf zu existieren. Es gibt insoweit keine Identität mehr zwischen der vormaligen Personengesellschaft und den durch die Naturalteilung hervorgegangenen neuen Unternehmen.

Von dieser Art der Auflösung und Beendigung einer Personengesellschaft sind die Fälle des Umwandlungs- und Umwandlungssteuerrechtes abzugrenzen.

---

37 Sprau, in: Palandt, Bürgerliches Gesetzbuch, 65. Aufl., 2006, Vorb. vor § 723, Rz. 1 ff.

38 Meynert, Guido, Die einkommensteuerrechtliche Behandlung der Realteilung von Personengesellschaften, Augsburg 1970, S. 9 ff.

39 Reiß, Realteilung gewerblich tätiger Personengesellschaften, StuW 1995, S. 199-212, hier S. 200.

So kann eine Personengesellschaft auch dann fortfallen, wenn sie – in der Regel unter Wahrung der Identität – in eine andere Personen- oder Kapitalgesellschaft oder ein Einzelunternehmen nach den Vorschriften des Umwandlungs- bzw. Umwandlungssteuergesetzes umgewandelt wird. Die Umwandlung ist keine Auseinandersetzung, die die Gesellschafter betrifft, sondern ein reiner Vorfall auf der Ebene des Betriebes. Bei der Umwandlung einer Personen- in eine Kapitalgesellschaft entstehen die gleichen steuerlichen Probleme wie bei der Einbringung eines Einzelunternehmens in eine Kapitalgesellschaft. Diese Vorgänge sind nicht Gegenstand der nachfolgenden Untersuchung.

Die Beendigung einer Personengesellschaft durch Umwandlung in ein Einzelunternehmen führt dagegen zu einer Auseinandersetzung der Gesellschafter. Der einfachste Fall dieser Art ist der, dass Gesellschafter einer mehrgliedrigen Personengesellschaft gegen Abfindung ausscheiden und der allein verbleibende Gesellschafter den Geschäftsbetrieb der Personengesellschaft als Einzelunternehmen fortführt. Die derartige Übernahme des Betriebes durch einen Gesellschafter verwirklicht sich nach dem Grundsatz der Anwachsung (§ 738 BGB).[40]

Nicht zuletzt kann eine Personengesellschaft derart aufgelöst und beendet werden, indem die Gesellschaft ihren Geschäftsbetrieb oder ihre Einzelwirtschaftsgüter vollständig veräußert und der erzielte Veräußerungserlös unter den Gesellschaftern entsprechend aufgeteilt wird.

b) Das Ausscheiden von Gesellschaftern

Ist die Personengesellschaft auf unbestimmte Zeit errichtet worden, kann jeder Gesellschafter sie jederzeit kündigen (§ 723 Abs. 1 S. 1 BGB). Bei einer befristet gegründeten Personengesellschaft ist die vorzeitige Kündigung zulässig, wenn ein wichtiger Grund vorliegt (§ 723 Abs. 1 S. 2 BGB). Scheidet also ein Gesellschafter durch Kündigung aus der Personengesellschaft nach § 723 Abs. 1 BGB aus, wird die Gesellschaft dadurch aufgelöst und muss nach Maßgabe der §§ 733 ff. BGB abgewickelt werden. Da es sich hierbei um dispositives Recht handelt, kann von dieser gesetzlichen Regelung auch abgedungen werden. Enthält der Gesellschaftsvertrag eine Fortsetzungsklausel, kommt es nach dem Ausscheiden eines Gesellschafters durch Kündigung zu einem Fortbestand der Gesellschaft zwischen den übrigen Gesellschaftern.[41]

Bei einer Personenhandelsgesellschaft (OHG, KG) wurde zum 01.07.1998 durch das Handelsrechtsreformgesetz sowohl die Systematik als auch der Inhalt des § 131 HGB zu den Auflösungsgründen einer Gesellschaft wesentlich verändert.[42]

---

40 Sprau, in: Palandt, BGB, § 738 Rz. 1, 2.

41 Sprau, in: Palandt, BGB, § 723 Rz. 1 ff.

42 Stuhlfelner/Selder, in: Heidelberger Kommentar zum Handelsgesetzbuch, § 131 Rz. 1.

Denn in dem neu gefassten § 131 Abs. 1 HGB i.d.F. des Handelsrechtsreformgesetzes sind die Auflösungsgründe durch Ausscheiden eines Gesellschafters durch Tod, den Konkurs über das Vermögen des Gesellschafters oder durch Kündigung weggefallen.

Nach Maßgabe des § 131 Abs. 3 HGB werden nunmehr sechs Gründe für das Ausscheiden eines Gesellschafters bestimmt, sofern der Gesellschaftsvertrag keine abweichenden Bestimmung vorsieht. Das Ausscheiden eines Gesellschafters führt somit bei einer Personenhandelsgesellschaft nicht zur Liquidation, sondern zu einer isolierten Auseinandersetzung mit dem ausgeschiedenen Gesellschafter, insbesondere zu dessen Abfindung.

Der Anteil des ausscheidenden Gesellschafters am Gesellschaftsvermögen wächst den verbliebenen Gesellschaftern zu, so dass es keiner Übertragung des Gesellschaftsvermögens bedarf. Die Personenhandelsgesellschaft wird nicht aufgelöst und beendet.

Der ausscheidende Gesellschafter hat grundsätzlich einen Anspruch auf Abfindung, in der Regel auf eine Barabfindung gegenüber der fortbestehenden Gesellschaft oder dem Gesellschafter, der den Betrieb allein fortführt. Die Gesellschafter können aber auch eine Abfindung durch Sachwerte des Gesellschaftsvermögens vereinbaren. Bei einer solchen Sachwertabfindung darf es sich allerdings nicht um wesentliche Betriebsgrundlagen handeln, da es sich dabei um eine Auflösung und Beendigung der Gesellschaft durch Naturalteilung handeln könnte.

c) *Steuerliche Beurteilung der Liquidation und des Ausscheidens gegen Barabfindung*

Die steuerliche Behandlung der Auflösung und Beendigung einer Personengesellschaft durch Liquidation richtet sich nach den allgemeinen Grundsätzen über die Besteuerung des Gewinns aus Betriebsveräußerungen (§ 16 Abs. 1 EStG) und Betriebsaufgaben (§ 16 Abs. 3 EStG).

Die Auflösung und Beendigung der Personengesellschaft durch Liquidation führt steuerlich zu einer Betriebsaufgabe i.S.d. § 16 Abs. 3 EStG, soweit es sich nicht um eine allmähliche Abwicklung zum Beispiel durch die Veräußerung des Warenbestandes über lange Zeit handelt. Diese führt zwar ebenfalls zu einer (sukzessiven) Gewinnrealisierung, ist aber auf Grund nicht zeitlich konzentrierter und zusammengeballter Realisierung des Aufgabegewinns nicht nach Maßgabe der §§ 16, 34 EStG begünstigt.

Die Aufgabe des Gewerbebetriebs durch Auflösung und Beendigung der Personengesellschaft gilt nach § 16 Abs. 3 S. 1 EStG als Veräußerung. Sofern der ganze Gewerbebetrieb veräußert wird, liegt ein Veräußerungstatbestand i.S.d. § 16 Abs. 1 Nr. 1 EStG vor.

Das Ausscheiden eines Gesellschafters gegen Barabfindung erfüllt nicht die Voraussetzungen einer Realteilung. Es führt als Aufgabe des Mitunternehmeranteils einkommensteuerlich zu einem Sonderfall der Betriebsveräußerung nach § 16 EStG. Dieser unterscheidet nach der Veräußerung des gesamten Mitunternehmeranteils (§ 16 Abs. 1 Nr. 2 EStG) und der Aufgabe des Mitunternehmeranteils (§ 16 Abs. 3 S. 1 EStG). Während diese beiden gesetzlichen Tatbestände zu einem steuerlich begünstigten Gewinn führen, sind hingegen ab dem 01.01.2002 Gewinne aus der Veräußerung eines Teils des Mitunternehmeranteils als laufende Einkünfte aus Gewerbebetrieb zu versteuern. Das Ausscheiden eines Gesellschafters gegen Barabfindung führt für diesen somit zu einem Gewinnrealisierungstatbestand durch Veräußerung des Mitunternehmeranteils nach § 16 Abs. 1 Nr. 2 EStG, der nach Maßgabe der §§ 16, 34 EStG begünstigt ist.[43]

Für die verbliebenen Gesellschafter ist die Abfindung i.d.R. ein Entgelt für den Anteil an den Vermögenswerten des ausscheidenden Gesellschafters. Für sie ist die Abfindung der Anschaffungspreis für deren anteilig erworbenen Wirtschaftsgüter.

Zusammenfassend ist also festzuhalten, dass sich die steuerliche Beurteilung der Auflösung und Beendigung einer Personengesellschaft nach der Form der Auseinandersetzung richtet. Die Liquidation erfüllt i.d.R. die Tatbestandsvoraussetzungen des § 16 EStG als Betriebsaufgabe (§ 16 Abs. 3 EStG) oder Betriebsveräußerung (§ 16 Abs. 1 Nr. 1 EStG). Das Ausscheiden von Gesellschaftern ist der Vollständigkeit halber als Form der Auseinandersetzung zu nennen, führt aber i.d.R. nicht zur Auflösung und Beendigung der Personengesellschaft und ist insoweit bei Barabfindungen steuerlich unproblematisch. Lediglich beim Ausscheiden von Gesellschaftern gegen Barabfindung aus einer zweigliedrigen Personengesellschaft kommt es zur Auflösung und Beendigung der Gesellschaft. Hier sind die Tatbestandsvoraussetzungen des § 16 EStG einschlägig und sollen hier nicht weiter vertieft werden.

Im Gegensatz zur „Versilberung“ des Gesellschaftsvermögens steht die Auseinandersetzung durch Naturalteilung, indem das Gesellschaftsvermögen auf die einzelnen Gesellschafter übertragen wird. Dies führt grundsätzlich auch zu einer Aufgabe des Gewerbebetriebes i.S.d. § 16 Abs. 3 S. 1 EStG. Als lex specialis für die Aufgabe der Personengesellschaft regelt § 16 Abs. 3 S. 2-4 EStG die Möglichkeiten zur steuerneutralen Übertragung von Betrieben, Teilbetrieben und Einzelwirtschaftsgütern. Die einkommensteuerliche Beurteilung der Auflösung und Beendigung von Personengesellschaften durch Aufteilung des Gesellschaftsvermögens unter die Gesellschafter fällt unter den Begriff der Realteilung.

43 Stuhrmann, Realteilung, DStR 2005, S. 1355-1357.

2. Zum Begriff der Realteilung

a) Gesetzliche Regelung

In § 16 Abs. 3 S. 2 EStG i.d.F. des StEntlG 1999/2000/2002[44] verwendet das Gesetz erstmals den Begriff der Realteilung. Der Gesetzgeber hat es jedoch unterlassen, diesen Begriff zu definieren. Der durch das UntStFG[45] nochmals geänderte Gesetzeswortlaut des § 16 Abs. 3 S. 2-4 EStG hat folgenden Regelungsinhalt:

> Werden im Zuge der Realteilung einer Mitunternehmerschaft Teilbetriebe, Mitunternehmeranteile oder einzelne Wirtschaftsgüter in das jeweilige Betriebsvermögen der einzelnen Mitunternehmer übertragen, so sind bei der Ermittlung des Gewinns der Mitunternehmerschaft die Wirtschaftsgüter mit den Werten anzusetzen, die sich nach den Vorschriften über die Gewinnermittlung ergeben, sofern die Besteuerung der stillen Reserven sichergestellt ist; der übernehmende Mitunternehmer ist an diese Werte gebunden. Dagegen ist für den jeweiligen Übertragungsvorgang rückwirkend der gemeine Wert anzusetzen, soweit bei einer Realteilung, bei der einzelne Wirtschaftsgüter übertragen worden sind, zum Buchwert übertragener Grund und Boden, übertragene Gebäude oder andere übertragene wesentliche Betriebsgrundlagen innerhalb einer Sperrfrist nach der Übertragung veräußert oder entnommen werden; diese Sperrfrist endet drei Jahre nach Abgabe der Steuererklärung der Mitunternehmerschaft für den Veranlagungszeitraum der Realteilung. Satz 2 ist bei einer Realteilung, bei der einzelne Wirtschaftsgüter übertragen werden, nicht anzuwenden, soweit die Wirtschaftsgüter unmittelbar oder mittelbar auf eine Körperschaft, Personenvereinigung oder Vermögensmasse übertragen werden; in diesem Fall ist bei der Übertragung der gemeine Wert anzusetzen. (§ 16 Abs. 3 S. 2-4 EStG)

b) Meinungsstand in Literatur und Rechtsprechung

Bezüglich der Definition der Realteilung und ihrer Abgrenzung zu wirtschaftlich ähnlichen Sachverhalten herrschen im Schrifttum unterschiedliche Auffassungen.[46] Die Gesellschafter einer Personengesellschaft können vereinbaren, dass die Auseinandersetzung der Gesellschaft anstelle einer Liquidation durch Zuteilung der einzelnen Vermögensgegenstände an die Gesellschafter vorgenommen wird (Realteilung). Unter Realteilung verstehen Schulze zur Wiesche und Wacker die Aufteilung des Gesellschaftsvermögens einer Personengesellschaft auf ihre Gesellschafter, wobei diese das Betriebsvermögen (i.d.R.) in einen eigenen Betrieb über-

44 StEntlG vom 24.03.1999, a.a.O.

45 UntStFG vom 20.12.2001, a.a.O.

46 Wacker, in: Schmidt, EStG, § 16 Rz. 535; ders., Realteilung einer Personengesellschaft, StbJb. 2003/2004, S. 81-100, hier S. 85; Stuhrmann, Realteilung, DStR 2005, S. 1355-1357; Fasold, Die einkommensteuerliche Problematik der Buchwertfortführung, S. 71 f.; Winkemann, Die Realteilung – eine Zwischenbilanz, BB 2004, S 130-136; Rogall/Stangl, Die Realteilung einer Personengesellschaft, FR 2006, S. 345-357.

nehmen.[47] Von einer Realteilung einer Personengesellschaft ist also auszugehen, wenn die Mitunternehmerschaft beendet und deren Gesamthandsvermögen auf die bisherigen Gesellschafter verteilt wird. Die Realteilung vollzieht sich auf der Ebene der Gesellschaft. Auf der Gesellschafterebene ist der Vorgang entweder als Betriebsaufgabe oder als Realteilung individuell für jeden Gesellschafter zu ermitteln.[48]

Der Bundesfinanzhof orientiert sich bei der Begriffsabgrenzung im Wesentlichen an den jeweils den Streitfällen zugrunde liegenden zivilrechtlichen Hintergründen. Im Urteil vom 19.01.1982[49] qualifiziert er den vorliegenden Sachverhalt als eine „andere Art der Auseinandersetzung einer Personengesellschaft nach § 145 Abs. 1 HGB, die im Anschluss an den Liquidationsbeschluss der Gesellschafter stattfinde“. Durch die Naturalteilung der Gesellschaft konstatiert der BFH steuerlich eine Aufgabe des Betriebes durch die Personengesellschaft.[50] Auch in seinem Urteil vom 10.12.1991[51] hat der BFH die zuvor genannten Grundsätze uneingeschränkt bestätigt. Er stellt klar, dass die Realteilung nach Steuerrecht an die Realteilung nach Gesellschaftsrecht anknüpft, allerdings mit dem Unterschied, dass die übernommenen Wirtschaftsgüter bei den Realteilern weiterhin Betriebsvermögen bleiben.[52] Der Begriff der Realteilung ist nach Auffassung des BFH somit als sog. Funktionsbegriff ertragssteuerrechtlich zu bestimmen, und dies ungeachtet der Anknüpfung an die zivilrechtliche Naturalteilung. Der Terminus ist durch den auf der Stufe der Gesellschaft verwirklichten Tatbestand der Betriebsaufgabe gekennzeichnet.[53]

In dem Rechtsstand 1999/2000 galt die Realteilung nach § 16 Abs. 3 S. 2 EStG i.d.F. des StEntlG 1999/2000/2002 entgegen der bis dahin gültigen Rechtsprechung als Aufgabe eines Mitunternehmeranteils. Nach Meinung der Literatur war aber an der Auffassung, der Begriff der Realteilung sei durch eine Betriebsaufgabe gekennzeichnet, trotz der Verlagerung der Rechtsfolgen auf die mitgliedschaftliche Ebene des Gesellschafters nach § 16 Abs. 3 S. 2 EStG i.d.F. des StEntlG 1999/2000/2002 festzuhalten.[54] Der Meinungsstreit bezüglich der Betriebsaufgabe bei der Realteilung dürfte jedenfalls ab dem Veranlagungszeitraum

---

47 Schulze zur Wiesche, Die steuerliche Behandlung von Spaltungs- und Ausgliederungsvorgängen im Rahmen von Personengesellschaften, DStZ 2004, S. 366-372; Wacker, in: Schmidt, EStG, § 16 Rz. 535,

48 Schulze zur Wiesche, Ausscheiden gegen Sachwertabfindung, Stbg 2006, S. 374-379.

49 BFH-Urteil vom 19.01.1982, a.a.O.

50 A.a.O.

51 BFH-Urteil vom 10.12.1991, a.a.O.

52 Sonneborn, Realteilung , DStZ 2001, S. 579-585.

53 Wacker, in: Schmidt, EStG, § 16 Rz. 535.

54 A.a.O.

2001 durch § 16 Abs. 3 S. 2 EStG i.d.F. des UntStFG i.d.F. der Rechtsprechung zur Rechtslage bis 1998 erledigt sein. Nach der geänderten gesetzlichen Regelung knüpfen die Realteilungsfolgen nicht mehr an die Aufgabe des Mitunternehmeranteils des Realteilers an, sondern sind nach § 16 Abs. 3 S. 2 EStG bei der „Ermittlung des Gewinns der Mitunternehmerschaft" zu erfassen. Das gilt unbeschadet dessen, dass der Aufgabegewinn der Mitunternehmer an personen- und objektbezogene Merkmale[55] (z.B. fortdauernde Steuerverstrickung, Behaltefrist oder Körperschaftsklausel) gebunden ist.[56]

c) Formen der Realteilung

Nach der Auffassung im Schrifttum[57] wird eine Personengesellschaft real, also natural, geteilt, wenn

(1) jeder Gesellschafter einer zwei- oder mehrgliedrigen Personengesellschaft bei Auflösung und Beendigung derselben und ihres Betriebes einen Teil des Gesellschaftsvermögens übernimmt;
(2) eine Personengesellschaft in der Weise aufgelöst und beendet wird, dass das Betriebsvermögen zerschlagen oder in Teilbetriebe auf zwei (oder mehrere) Folgegesellschaften verteilt wird;[58]
(3) die Gesellschafter einer fortbestehenden Personengesellschaft eine zweite beteiligungs- und gesellschafteridentische Personengesellschaft gründen und auf diese Teile des Gesellschaftsvermögens übertragen.[59]

Gemeinsames Merkmal der vorstehend dargestellten Realteilungsmöglichkeiten ist die Betriebsaufgabe der Gesellschaft, wobei die Naturalteilung durch Übertragung auf eine Schwesterpersonengesellschaft als besondere Form der Realteilung gesehen wird. Hieraus ergibt sich, dass das Ausscheiden eines Gesellschafters gegen Abfindung mit einzelnen Wirtschaftsgütern aus einer fortbestehenden Gesellschaft keinen Realteilungsfall darstellt. Ein solcher liegt ebenfalls dann nicht vor, wenn die Gesellschaft selbst aufgelöst, der Betrieb im Ganzen an einen Dritten oder an einen Gesellschafter veräußert wird oder eine dieser Personen sämtliche Anteile im Sinne der Anwachsung übernimmt.

---

55 Siehe dazu Seitz, Realteilung von Personengesellschaften, StbJb. 2004/2005, S. 201 ff., der sich kritisch mit der personen- und objektbezogenen Betrachtung auseinandersetzt.

56 Wacker in: Schmidt, EStG, § 16 Rz. 540.

57 Z.B. Wacker, in: Schmidt, EStG § 16 RZ. 535; ders. Realteilung einer Personengesellschaft, StbJb. 2003/ 2004, S. 81-100; Sonneborn, Realteilung, DStZ 2001, S. 579-585.

58 Vgl. BMF-Schreiben vom 25.03.1998, a.a.O., Tz. 24.18.

59 Wacker in: Schmidt, EStG, § 16 Rz. 535, m.w.N.; siehe dazu auch B. I. 3. d) Übertragung zwischen Schwesterpersonengesellschaften, S. 64 ff.

Ertragsteuerlich kann die Realteilung in unterschiedlicher Form erfolgen:

(1) Die Personengesellschaft wird in der Weise real geteilt, dass von den Gesellschaftern ausschließlich Teilbetriebe (einschließlich 100prozentiger Beteiligung an Kapitalgesellschaften) oder Mitunternehmeranteile übernommen werden.
(2) Die Gesellschafter übernehmen bei der Realteilung nur einzelne Wirtschaftsgüter.
(3) Mindestens ein Gesellschafter erhält einen Teilbetrieb, während die übrigen Gesellschafter in ihrer Gesamtheit oder einzelne Wirtschaftsgüter übernehmen.
(4) Die Realteilung kann mit oder ohne Wertausgleich aus Eigenvermögen der Gesellschafter in Geld- oder Sachwerten unternommen werden.

Die Realteilung erfolgt zwingend zu Buchwerten. Bei der Überführung von Wirtschaftsgütern in das Privatvermögen oder bei Verstoß gegen Behaltefristen gem. § 16 Abs. 3 S. 3 EStG gilt zwingend der Ansatz des gemeinen Wertes nach Maßgabe des § 16 Abs. 3 S. 8 EStG. Für eine gewinnneutrale Realteilung ist es erforderlich, dass die übertragenen Wirtschaftsgüter in das jeweilige Betriebsvermögen einschließlich Sonderbetriebsvermögen des einzelnen Mitunternehmers unter Sicherstellung der Besteuerung der stillen Reserven überführt werden. Dabei ist unerheblich, ob der Betrieb des Realteilers erst im Zuge der Realteilung entsteht.[60] Hieraus ergibt sich zum einen eine personendifferenzierende Betrachtung durch die Tatbestandsvoraussetzung der Übertragung in das „jeweilige Betriebsvermögen der einzelnen Mitunternehmer“. Zum anderen erfolgt eine objektdifferenzierende Betrachtung hinsichtlich der einzelnen dem Gesellschafter zugewiesenen Wirtschaftsgüter (Übertragung zum Teil in Betriebsvermögen, zum Teil in Privatvermögen oder Verstoß gegen Behaltefrist).[61]

d) Auffassung der Finanzverwaltung

Die Finanzverwaltung nennt in ihrem BMF-Schreiben vom 28.02.2006[62] als Tatbestandsmerkmale der Realteilung die Beendigung der Mitunternehmerschaft und die Zugehörigkeit mindestens einer wesentlichen Betriebsgrundlage zum Betriebsvermögen eines Realteilers, und dies unter Beachtung der Beschränkungen des § 16 Abs. 3 Sätze 3 und 4 EStG. Nach der Auffassung der Finanzverwaltung ist die Realteilung also durch die Betriebsaufgabe auf der Ebene der Mitunternehmer-

60 Stuhrmann, Realteilung, DStR 2005, S. 1355-1357; Paus, Der rückwirkende Ansatz des gemeinen Werts im Rahmen der Realteilung, FR 2002, S. 866-874.

61 Wacker in: Schmidt, EStG § 16 Rz. 540

62 BMF-Schreiben vom 28.02.2006, a.a.O.

schaft gekennzeichnet. § 16 Abs. 3 EStG hat Vorrang vor den Regelungen des § 6 Abs. 3 und 5 EStG. Die Zahlung eines Spitzen- oder Wertausgleichs ist unschädlich für die Annahme einer Realteilung. Wesentliche Betriebsgrundlage des verbleibenden Betriebsvermögens sind Wirtschaftsgüter, in denen erhebliche stille Reserven ruhen (quantitative Betrachtungsweise), oder solche, die zur Erreichung des Betriebszwecks erforderlich sind und denen ein besonderes wirtschaftliches Gewicht für die Betriebsführung zukommt (funktionale Betrachtungsweise). Es ist nicht erforderlich, dass jeder Realteiler wesentliche Betriebsgrundlagen des Gesamthandsvermögens erhält.[63]

III. Abgrenzung zwischen Realteilung und Ausscheiden eines Gesellschafters gegen Sachwertabfindung

1. Veräußerung oder Aufgabe des Mitunternehmeranteils

Die Realteilung ist eine besondere Form der Auseinandersetzung und setzt damit nach der Auffassung der Rechtsprechung und der Finanzverwaltung zwingend die Beendigung der betrieblichen Tätigkeit als Betriebsaufgabe voraus.[64] Allerdings ist diese Voraussetzung vor dem Hintergrund der Zielsetzung des Rechtsinstituts der Realteilung, gewünschte und sinnvolle Unternehmensumstrukturierungen steuerlich nicht zu behindern, wenig überzeugend. Letztlich geht es um die Übertragung von stillen Reserven und die Sicherstellung deren Versteuerung, so dass bei einer Realteilung nicht zwingend die Einstellung der unternehmerischen Tätigkeit der Personengesellschaft erforderlich wäre – zumal § 16 Abs. 3 S. 2 EStG die zwingende Buchwertfortführung anordnet und nicht die Betriebsaufgabe fordert. Die Vorschrift des § 16 Abs. 3 S. 1 EStG behandelt ausdrücklich nicht nur die Aufgabe des Gewerbebetriebes als Ganzen, sondern eben auch die Aufgabe eines Mitunternehmeranteils, die keineswegs die Beendigung der Personengesellschaft zur Folge hat. Der Gesetzeswortlaut lässt aber auch die gegenteilige Interpretation zu, da die Wirtschaftsgüter im Rahmen der Realteilung in das jeweilige Betriebsvermögen der einzelnen Mitunternehmer übertragen werden müssen.[65] Nach der Auffassung von Rechtsprechung und Finanzverwaltung ist jedenfalls Definitionsbestandteil der Realteilung das Erlöschen der ursprünglichen Mitunternehmerschaft bzw. die Beendigung der betrieblichen Tätigkeit als Betriebsaufgabe.

---

63 A.a.O.

64 BFH-Urteil vom 01.12.1992, BStBl. II 1994, S. 607; dem folgend: BMF-Schreiben vom 28.02.2006, a.a.O. Die Voraussetzung der Betriebsaufgabe ist im Schrifttum umstritten. So z.B. Stuhrmann, Realteilung, DStR 2005, S. 1355-1357.

65 Zur ausführlichen Auseinandersetzung der Betriebsaufgabe siehe unter B. I. 1, S. 53 ff.

Demnach liegt keine Realteilung vor, wenn aus einer mehrgliedrigen und fortbestehenden Personengesellschaft ein Gesellschafter ausscheidet und als Abfindung Teile des Betriebsvermögens zur eigenbetrieblichen Nutzung erhält. Eine genaue Abgrenzung der Realteilung von der Sachwertabfindung ist deshalb unumgänglich.[66] Denn diese fällt nicht unter die Vorschrift des § 16 Abs. 3 S. 2 EStG. Das Ausscheiden eines Gesellschafters aus einer Mitunternehmerschaft gegen Sachwertabfindung ist vielmehr ein Tatbestand der Veräußerung bzw. Aufgabe eines Mitunternehmeranteils i.S.d. § 16 Abs. 1 Nr. 2 oder § 16 Abs. 3 S. 1 EStG.

Eine Veräußerung des Mitunternehmeranteils nach § 16 Abs. 1 Nr. 2 EStG ist dann anzunehmen, wenn der ausscheidende Gesellschafter einen auf Geld gerichteten Abfindungsanspruch hat.[67] Die Sachwertabfindung in diesem Zusammenhang erfolgt dann an Erfüllungs Statt. Von der Aufgabe des Mitunternehmeranteils nach § 16 Abs. 3 S. 1 EStG ist auszugehen, wenn sich der Abfindungsanspruch auf Leistung eines Sachwertes richtet.

Beim Ausscheiden eines Gesellschafters gegen Sachwertabfindung wird die Mitunternehmerschaft nicht aufgelöst, sondern von den verbleibenden Mitunternehmern fortgeführt. Im Schrifttum wird kontrovers diskutiert, ob eine Sachwertabfindung ein Fall der Realteilung oder des § 6 Abs. 5 S. 3 EStG ist.[68]

Die Finanzverwaltung nimmt dagegen in ihrem BMF-Schreiben vom 28.02.2006[69] eine klare Abgrenzung vor. Sie unterscheidet die Realteilung von der Veräußerung oder Aufgabe eines Mitunternehmeranteils bei Fortbestehen der Mitunternehmerschaft. Eine Realteilung liegt auch dann nicht vor, wenn der ausscheidende Mitunternehmer wesentliche Betriebsgrundlagen des Gesamthandsvermögens erhält. Nach Auffassung der Finanzverwaltung handelt es sich in diesen Fällen um die Veräußerung oder die Aufgabe eines Mitunternehmeranteils nach § 16 Abs. 1 S. 2 Nr. 2 oder § 16 Abs. 3 S. 1 EStG. Der ausscheidende Mitunternehmer überträgt seinen Gesellschaftsanteil gegen einen Abfindungsanspruch an die verbleibenden Gesellschafter[70], der grundsätzlich auf Zahlung von Geld gerichtet ist (§ 738 Abs. 1 Satz 2 BGB). Bei dem Ausscheiden gegen Sachwertabfindung wird der Abfindungsanspruch durch die Hingabe eines oder mehrerer Wirtschaftsgüter aus dem Gesamthandsvermögen befriedigt. In diesen Fällen ist gege-

---

66 Heß, Die Realteilung einer Personengesellschaft, DStR 2006, S. 777-782.

67 Stuhrmann, Realteilung, DStR 2005, S. 1355-1357.

68 Rogall/Stangl, Die Realteilung einer Personengesellschaft, FR 2006, S. 345-357; Stuhrmann, Realteilung, DStR 2005, S. 1355-1357; Wacker, Realteilung einer Personengesellschaft, StBJb. 2003/2004, S. 81-100; Schulze zur Wiesche, Ausscheiden gegen Sachwertabfindung, Stbg. 2006, S. 374-379; Seitz, Realteilung von Personengesellschaften, StBJb. 2004/2005, S. 201-226.

69 BMF-Schreiben vom 28.02.2006, a.a.O.

70 Heß, Realteilung einer Personengesellschaft, DStR 2006, S. 777-782.

benenfalls eine Buchwertfortführung nach Maßgabe der §§ 6 Abs. 3 oder 5 EStG unter den dort genannten Voraussetzungen möglich.[71] Hier wird in der Literatur jedoch zum Teil angezweifelt, ob dies auch dann gilt, wenn der Ausscheidende einen Teilbetrieb übernimmt, diesen fortführt und somit die Personengesellschaft einen Teil ihrer bisherigen Tätigkeit aufgibt.[72] In diesem Fall könnten wiederum die Grundsätze der Realteilung Anwendung finden, da es sich insoweit um eine (Teil-)Betriebsaufgabe handelt.

Nach Auffassung der Finanzverwaltung gilt die zwingende Buchwertfortführung nach § 6 Abs. 3 oder Abs. 5 EStG insbesondere im Fall des Ausscheidens eines Mitunternehmers aus einer zweigliedrigen Mitunternehmerschaft unter Fortführung des Betriebs als Einzelunternehmen durch den verbleibenden Mitunternehmer.[73] Der verbleibende Gesellschafter einer zweigliedrigen Personengesellschaft übernimmt also den Anteil des ausscheidenden Gesellschafters.[74] Da er den Restbetrieb fortführt, liegt keine Realteilung, sondern ein Ausscheiden gegen Sachwertabfindung vor.[75] Die Auffassung der Finanzverwaltung kann insofern in Frage gestellt werden, als bei einem Ausscheiden eines Mitunternehmers aus einer zweigliedrigen Mitunternehmerschaft diese ebenfalls endet und wirtschaftlich kein anderes Ergebnis eintritt, als wenn anstelle einer Sachwertabfindung mit Anwachsung eine reguläre Realteilung erfolgen würde.[76]

Scheidet ein Mitunternehmer aus einer mehrgliedrigen Mitunternehmerschaft in der Weise aus, dass sein Anteil allen verbleibenden Mitunternehmern anwächst und er einen Abfindungsanspruch gegen die Gesellschaft erhält (Sachwertabfindung), liegt nach Ansicht der Verwaltung[77] ebenfalls kein Fall der Realteilung vor. Die Finanzverwaltung verweist auf die Rechtsprechung, nach der eine entgeltliche oder unentgeltliche Übertragung des Gesellschaftsanteils des vorletzten Gesellschafters auf den anderen Gesellschafter mit anschließender Anwachsung nicht als Realteilung zu sehen ist.[78] Der Erlass differenziert nicht zwischen dem Ausscheiden gegen Geld oder gegen Übertragung von Sachwerten. Während bei einer Geldabfindung nach der Verwaltungsmeinung wohl eine reguläre Anteilsveräußerung vorliegt, sollte dagegen bei einer Sachwertabfindung – bei Vorliegen der dort genannten Voraussetzungen – § 6 Abs. 5 Satz 3 EStG anwendbar sein.

---

71 Vgl. BMF-Schreiben vom 28.02.2006, a.a.O.

72 Schulze zur Wiesche, Ausscheiden gegen Sachwertabfindung, Stbg 2006, S. 374-379.

73 BMF-Schreiben vom 28.02.2006, a.a.O.; vgl. BFH-Urteil vom 10.03.1998, BStBl. II 1999, S. 269.

74 BFH-Urteil vom 10.03.1998, a.a.O.

75 A.a.O.; siehe auch Schulze zur Wiesche, Ausscheiden gegen Sachwertabfindung, Stbg 2006, S. 374-379.

76 Vgl. auch Rogall/Stangl, Die Realteilung einer Personengesellschaft, FR 2006, S. 345-357.

77 BMF-Schreiben vom 28.02.2006, a.a.O.

78 BFH-Urteil vom 10.03.1998, a.a.O.

2. Ausscheiden gegen Sachwertabfindung

a) Überführung der Wirtschaftsgüter in das Privatvermögen

Scheidet ein Gesellschafter aus einer Personengesellschaft gegen Abfindung mit einem Sachwert aus und werden die übereigneten Wirtschaftsgüter Privatvermögen des ausgeschiedenen Gesellschafters, so liegen zwei steuerlich relevante Rechtsvorgänge vor:

(1) Zum einen eine (begünstigte) Veräußerung oder Aufgabe eines Mitunternehmeranteils durch den Ausgeschiedenen in Verbindung mit dem gleichzeitigen Erwerb dieses Mitunternehmeranteils durch die verbleibenden Gesellschafter. Analog der Veräußerung eines Mitunternehmeranteils gegen Geld entsteht ein Veräußerungsgewinn i.S.d. § 16 Abs. 1 Nr. 2 EStG. Übersteigt die Sachwertabfindung den Buchwert des Kapitalkontos, so werden die anteiligen stillen Reserven aufgelöst. Das gilt auch hinsichtlich des Wirtschaftsgutes, das der Abfindung dient.

(2) Zum anderen liegt die (nicht begünstigte) Veräußerung des zum Gesellschaftsvermögen gehörenden Sachwertes durch die verbliebenen Gesellschafter in Verbindung mit dem Erwerb dieses Sachwertes durch den Ausgeschiedenen vor.

Der ausgeschiedene Gesellschafter erzielt also einen Gewinn aus der Veräußerung eines Mitunternehmeranteils.[79] Der Veräußerungspreis ist der Nennwert des auf Geld gerichteten Abfindungsanspruchs, wenn die Leistung an Erfüllungs Statt im Rahmen der Sachwertabfindung erfolgt. Hingegen ist bei der Aufgabe des Mitunternehmeranteils der gemeine Wert des Sachwertes, der mit dem des untergegangenen Gesellschaftsanteils identisch ist und Ausdruck im Nennwert des auf Geld gerichteten Abfindungsanspruchs findet, zugrunde zu legen.[80] Die verbleibenden Gesellschafter erwerben die Anteile an den Wirtschaftsgütern des Gesellschaftsvermögens des ausgeschiedenen Gesellschafters einschließlich derer, die diesem als Abfindung übereignet werden.[81] Die Anschaffungskosten entsprechen dem Nennwert der auf Geld bzw. dem gemeinen Wert der auf Leistung eines Sachwertes gerichteten Abfindungsschuld. Die verbleibenden Gesellschafter veräußern somit die als Abfindung übereigneten Sachwerte mit der Folge, dass ein laufender Gewinn in Höhe der Differenz zwischen der Abfindungsschuld und dem um den anteiligen Aufstockungsbetrag erhöhten Buchwert dieser Wirt-

79 Brönner, Die Besteuerung der Gesellschaften, S. 512 ff.
80 Wacker, in: Schmidt, EStG, § 16 Rz. 521.
81 A.a.O.

schaftsgüter entspricht. Hierbei sind steuerliche Begünstigungsvorschriften wie z.B. § 6b EStG zu beachten.

Beispiel 2:

An der ABC-OHG sollen die drei Gesellschafter A, B und C zu gleichen Teilen sowohl am Gewinn als auch am Kapital beteiligt sein. Die stillen Reserven betragen insgesamt 150. A, B und C haben jeweils stille Reserven von 50.

Die Schlussbilanz der OHG zeigt folgendes Bild:

ABC-OHG: Bilanz vor Ausscheiden

	Buchwert	gemeiner Wert		Buchwert	gemeiner Wert
Grundstück 1	40	100	Kapital A	30	80
Grundstück 2	20	80	Kapital B	30	80
Sonstige Aktiva	30	60	Kapital C	30	80
	90	240		90	240

A scheidet aus der OHG aus und erhält als Abfindung das Grundstück 2, das wertmäßig dem gemeinen Wert seines Mitunternehmeranteils entspricht. Der Gewinn aus der Veräußerung des Mitunternehmeranteils beträgt für A 80 ./. 30 = 50 (⅓ der stillen Reserven des Grundstücks 2 = 20 + ⅓ der stillen Reserven aus Grundstück 1 = 20 und der sonstigen Aktiva = 10).

Die Abfindungsschuld gegenüber dem ausscheidenden Gesellschafter beträgt 80. Die verbleibenden Gesellschafter erwerben die Anteile an den Wirtschaftsgütern des ausgeschiedenen Gesellschafters einschließlich des als Abfindung übereigneten Wirtschaftsgutes und haben die Buchwerte der Aktiva um die anteilig erworbenen stillen Reserven aufzustocken. Die Anschaffungskosten der verbleibenden Gesellschafter entsprechen dem Veräußerungsgewinn des A und betragen somit für Grundstück 1 = 20 für Grundstück 2 = 20 und für die sonstige Aktiva = 10 (Stufe 1). Der laufende Gewinn für die verbleibenden Gesellschafter ergibt sich aus der Differenz zwischen der Abfindungsschuld in Höhe von 80 und dem um den anteiligen Aufstockungsbetrag erhöhten Buchwert des abgehenden Wirtschaftsgutes in Höhe von 40. Der laufende Gewinn für die verbleibenden Gesellschafter beträgt somit 40 (Stufe 2).

ABC-OHG: Bilanz nach Ausscheiden (Stufe 1)

	Buchwert	gemeiner Wert		Buchwert	gemeiner Wert
Grundstück 1	60	100	Kapital B	30	80
Grundstück 2	40	80	Kapital C	30	80
Sonstige Aktiva	40	60	Schuld gegenüber A	80	80
	140	240		140	240

ABC-OHG: Bilanz nach Ausscheiden (Stufe 2)

	Buchwert	gemeiner Wert		Buchwert	gemeiner Wert
Grundstück 1	60	100	Kapital B	30	80
Sonstige Aktiva	40	60	Kapital C	30	80
			Gewinn aus Veräußerung Grundstück 2	40	
	100	160		100	160

b) Überführung des Sachwertes in ein eigenes Betriebsvermögen

aa) Rechtslage bis 1998

Bei der Rechtslage bis 1998 konnten die Gesellschafter zwischen den Grundsätzen zur Sachwertabfindung ins Privatvermögen und denjenigen zur Buchwertfortführung entsprechend der wirtschaftlich ähnlichen Realteilung einer Personengesellschaft ohne Wertausgleich wählen.[82] Bei der Buchwertfortführung wurden weder beim Ausgeschiedenen noch beim Verbliebenen stille Reserven der zur Abfindung übereigneten Wirtschaftsgüter realisiert, wenn der Ausgeschiedene die Buchwerte der übernommenen Wirtschaftsgüter in seinem Betriebsvermögen fortführte und die verbliebenen Gesellschafter unter Fortführung der Buchwerte der zurückbehaltenen Wirtschaftsgüter ihre Kapitalkonten erfolgsneutral diesen Buchwerten anpassten. Folge dieser erfolgsneutralen Sachwertabfindung ins Betriebsvermögen war das Überspringen stiller Reserven zwischen den Gesellschaftern. Das nachfolgende Beispiel soll dies verdeutlichen.

82 Wacker, in: Schmidt, EStG, § 16 Rz. 522, m.w.N.; BMF-Schreiben vom 11.01.1993, a.a.O. – ersetzt durch BMF-Schreiben vom 14.03.2006, a.a.O.

Beispiel 3:

Die Ausgangssituation ist identisch mit dem Beispiel 2.[83]

A scheidet aus der OHG aus und erhält als Abfindung das Grundstück 2, das wertmäßig dem gemeinen Wert seines Mitunternehmeranteils entspricht. Die Gesellschafter A, B und C haben jeweils stille Reserven von 50. A führt den Buchwert des Grundstücks 2 in seinem Einzelunternehmen fort. Sein Kapitalkonto bei der OHG wird beim Ausscheiden erfolgsneutral „abgestockt". B und C führen die Buchwerte von Grundstück 1 und der sonstigen Aktiva fort. Ihre Kapitalkonten werden in Anpassung an diese Buchwerte erfolgsneutral auf jeweils 35, insgesamt 70, „aufgestockt".

ABC-OHG: Bilanz nach Ausscheiden des A

	Buchwert	gemeiner Wert		Buchwert	gemeiner Wert
Grundstück 1	40	100	Kapital B	35	80
Sonstige Aktiva	30	60	Kapital C	35	80
	70	160		70	160

B und C haben nunmehr jeweils stille Reserven von 45 und A von 60 (vorher jeweils 50). Der Anteil des B und C an den stillen Reserven des Grundstücks 2 ($\frac{2}{3}$ von 60 = 40) ist erfolgsneutral auf A und der Anteil von A an den stillen Reserven des Grundstücks 1 und der sonstigen Aktiva ($\frac{1}{3}$ von 90 = 30) erfolgsneutral auf B und C „übergesprungen".

Die Bilanz des Einzelunternehmers A hat folgendes Bild:

Bilanz des Einzelunternehmers A

	Buchwert	gemeiner Wert		Buchwert	gemeiner Wert
Grundstück 2	20	80	Kapital A	20	80
	20	80		20	80

bb) Rechtslage 1999/2000

In der Rechtslage 1999/2000 galten die Realteilungsgrundsätze lediglich bei der Übertragung von Teilbetrieben und Mitunternehmeranteilen sowie von als Teilbetrieb geltenden 100prozentigen Beteiligungen an Kapitalgesellschaften. In diesen

83 Vgl. Beispiel 2 auf S. 45.

Fällen galt der Zwang zur Buchwertfortführung bei der Sachwertabfindung mit Teilbetrieben, wenn die Übertragung des wirtschaftlichen Eigentums nach 1998 erfolgte. Bei dem Ausscheiden von Gesellschaftern gegen Abfindung mit Einzelwirtschaftsgütern galt eine zwingende Gewinnrealisierung, wenn das Ausscheiden nach dem 31.12.1998 rechtswirksam vereinbart wurde.

cc) Rechtslage ab 2001

Scheidet ein Gesellschafter aus einer Personengesellschaft gegen Sachwertabfindung aus, ist der Tatbestand der Realteilung i.S.d. § 16 Abs. 3 S. 2 EStG n.F. nicht gegeben. Bei der Übertragung von Einzelwirtschaftsgütern zur Erfüllung des Sachwertabfindungsanspruchs nach dem 31.12.2000 ist nach Auffassung der Finanzverwaltung und der Literatur § 6 Abs. 5 EStG n.F. anzuwenden.[84] Die Übertragung erfolgt zwingend mit dem Buchwertansatz und unter Anpassung der Kapitalkonten.

Wird ein einzelnes Wirtschaftsgut unentgeltlich oder gegen Gewährung oder Minderung von Gesellschaftsrechten aus einem Betriebsvermögen des Mitunternehmers in das Gesamthandsvermögen einer Mitunternehmerschaft und umgekehrt übertragen, ist dabei zwingend der Wert anzusetzen, der sich nach den Vorschriften der Gewinnermittlung (Buchwertübertragung) ergibt, sofern die Besteuerung der stillen Reserven sichergestellt ist (§ 6 Abs. 5 S. 3 Nr. 1 EStG).[85]

Bei der Übertragung von Wirtschaftsgütern auf der betrieblichen Vermögenssphäre einer Mitunternehmerschaft sind nach § 6 Abs. 5 S. 3 EStG folgende Fälle zu unterscheiden[86]:

- Übertragung von Wirtschaftsgütern aus einem Sonderbetriebsvermögen in das Gesamthandsvermögen und umgekehrt,
- Übertragung von Wirtschaftsgütern zwischen verschiedenen Sonderbetriebsvermögen,
- Übertragung von Wirtschaftsgütern aus dem Gesamthandsvermögen oder einem Sonderbetriebsvermögen in das Betriebsvermögen eines Gesellschafters und umgekehrt,

---

84 BMF-Schreiben vom 28.02.2006, a.a.O.; Wacker, in: Schmidt, EStG, § 16 Rz. 524; Heß, Realteilung einer Personengesellschaft, DStR 2006, S. 777-782; Brönner hält dagegen die Grundsätze der Realteilung weiterhin für anwendbar, wenn der Betrieb, aus dem die Sachwertabfindung stammt, wirtschaftlich betrachtet ein neuer Betrieb ist. Diese Abgrenzung ist aber nicht ganz überzeugend und dürfte Schwierigkeiten mit der Voraussetzung der Betriebsaufgabe hervorrufen, die nach Auffassung der Finanzverwaltung nunmehr zwingende Voraussetzung für die Realteilung ist. Siehe Brönner, Die Besteuerung der Gesellschaften, S. 515 ff.;

85 Vgl. auch Schulze zur Wiesche, Ausscheiden gegen Sachwertabfindung, Stbg 2006, S. 374-379.

86 Vgl. Wellisch, Besteuerung von Erträgen, München 2002, S. 270 ff.

- Übertragung von Wirtschaftsgütern aus einem anderen Betriebsvermögen eines Mitunternehmers in das Gesamthandsvermögen oder ein Sonderbetriebsvermögen der Personengesellschaft und umgekehrt.

Der Gesetzeswortlaut von § 6 Abs. 5 S. 3 EStG stellt jedoch klar, dass bei unentgeltlichen Übertragungen von Wirtschaftsgütern

- aus einem Betriebsvermögen eines Mitunternehmers in das Gesamthandsvermögen einer Mitunternehmerschaft und umgekehrt (§ 6 Abs. 5 S. 3 Nr. 1 EStG)
- aus dem Sonderbetriebsvermögen eines Mitunternehmers in das Gesamthandsvermögen derselben Mitunternehmerschaft oder einer anderen Mitunternehmerschaft, an der er beteiligt ist, und umgekehrt (§ 6 Abs. 5 S. 3 Nr. 2 EStG)
- zwischen den Sonderbetriebsvermögen verschiedener Mitunternehmer derselben Mitunternehmerschaft (§ 6 Abs. 5 S. 3 Nr. 3 EStG)

die Buchwerte fortzuführen und somit keine stillen Reserven aufzudecken sind. Durch die Übertragung von Wirtschaftsgütern zu Buchwerten wird das steuerliche Subjektprinzip allerdings verletzt. Der Gesetzgeber scheint dies aber billigend in Kauf zu nehmen.

Werden Wirtschaftsgüter zu fremdüblichen Bedingungen entgeltlich übertragen, so werden die in ihnen verhafteten stillen Reserven vollumfänglich aufgedeckt und versteuert. Dagegen sind die Buchwerte bei einer Übertragung gegen Gewährung von Gesellschaftsrechten nach § 6 Abs. 5 EStG fortzuführen.

Eine Übertragung gegen Gewährung von Gesellschaftsrechten liegt vor, wenn die Erhöhung des Vermögens der Mitunternehmerschaft dem Kapitalkonto des Gesellschafters gutgeschrieben wird, das für seine Beteiligung am Gesellschaftsvermögen maßgebend ist. Bei Übertragungen von Wirtschaftsgütern gegen Gewährung oder Minderung von Gesellschaftsrechten

- aus einem Betriebsvermögen des Mitunternehmers in das Gesamthandsvermögen einer Mitunternehmerschaft und umgekehrt (§ 6 Abs. 5 S. 3 Nr. 1 EStG)
- aus dem Sonderbetriebsvermögen eines Mitunternehmers in das Gesamthandsvermögen derselben Mitunternehmerschaft oder einer anderen Mitunternehmerschaft, an der er beteiligt ist, und umgekehrt (§ 6 Abs. 5 S. 3 Nr. 2 EStG)

sind die Buchwerte der Wirtschaftsgüter ebenfalls fortzuführen.

Bei dem Ausscheiden von Gesellschaftern gegen Sachwertabfindung wird es sich i.d.R. nicht um eine unentgeltliche Übertragung handeln, die nur dann anzunehmen ist, wenn die Sachwertübertragung unabhängig vom Wert des Auseinandersetzungsanspruchs erfolgt.[87] Die hingegebenen Wirtschaftsgüter sind dann

87 Schulze zur Wiesche, Ausscheiden gegen Sachwertabfindung, Stbg 2006, S. 374-379; Wacker, in: Schmidt, EStG, Rz. 526.

aus dem Betriebsvermögen entnommen, woraus ein Entnahmegewinn bei den verbliebenen Gesellschaftern entsteht.

Die Übertragung von Einzelwirtschaftsgütern zur Erfüllung des Sachwertabfindungsanspruchs erfolgt also nach den Vorschriften des § 6 Abs. 5 S. 3 EStG zur entgeltlichen Übertragung gegen Minderung der Gesellschaftsrechte mit dem Buchwert.

Gegenstand der Übertragung nach § 6 Abs. 5 S. 3 EStG sind allerdings nur Einzelwirtschaftsgüter, nicht dagegen Teilbetriebe oder Mitunternehmeranteile. Ebenfalls nicht unter § 6 Abs. 5 S. 3 EStG fällt die Übertragung von Einzelwirtschaftsgütern aus dem Gesamthandsvermögen der Personengesellschaft in das einer anderen, deren Gesellschafter der Einbringende ist (Schwesterpersonengesellschaften). In diesem Fall ist stets das übertragene Wirtschaftsgut mit dem Teilwert anzusetzen.

Wird dagegen im Rahmen des Ausscheidens gegen Sachwertabfindung ein Teilbetrieb übertragen, ist eine Realteilung nach Ansicht der Finanzverwaltung[88] und der wohl überwiegenden Literatur[89] nur dann gegeben, wenn die Personengesellschaft insgesamt aufgelöst wird. Wird die Gesellschaft zwischen den verbliebenen Gesellschaftern fortgeführt, liegt nach Auffassung der Finanzverwaltung kein Fall der Realteilung vor.[90] Gegebenenfalls ist hier eine Buchwertfortführung nach § 6 Abs. 3 oder Abs. 5 EStG unter den dort genannten Voraussetzungen vorzunehmen.[91] Nach Maßgabe des § 6 Abs. 3 EStG sind die Buchwerte fortzuführen, wenn ein Betrieb, Teilbetrieb oder Mitunternehmeranteil unentgeltlich übertragen wird. § 6 Abs. 5 Satz 3 EStG kommt allerdings bei der Übertragung von Teilbetrieben als Abfindung nicht in Betracht, weil diese Vorschrift nur die Übertragung von Einzelwirtschaftsgütern regelt. Die unentgeltliche Übertragung von Teilbetrieben regelt § 6 Abs. 3 EStG, nicht jedoch die Übertragung gegen Minderung von Gesellschaftsrechten, so wie das beim Ausscheiden gegen Sachwertabfindung von Teilbetrieben der Fall ist.

Die Übertragung von Teilbetrieben gegen Minderung der Gesellschaftsrechte ist kein unentgeltliches Rechtsgeschäft. Für sie sind weder § 6 Abs. 3 noch § 6 Abs. 5 S. 3 EStG anwendbar. Hier besteht eine Gesetzeslücke.[92] Auch die Finanzverwaltung hat diese nicht erkannt – zumindest in ihrem BMF-Schreiben vom 28.02.2006[93] nicht ausgeräumt. In ihm heißt es zur Abgrenzung der Realteilung und

88 BMF-Schreiben vom 28.02.2006, a.a.O.

89 Reiß in Kirchhof, ESt Kompakt-Kommentar, 5. Aufl., § 16 Rz. 340; Schulze zur Wiesche, Ausscheiden gegen Sachwertabfindung, Stbg 2006, S. 374-379.

90 BMF-Schreiben vom 28.02.2006, a.a.O.

91 So nach dem Wortlaut des BMF-Schreibens vom 28.02.2006, a.a.O.

92 So auch z.B. Schulze zur Wiesche, Ausscheiden gegen Sachwertabfindung, Stbg 2006, S. 374-379.

93 BMF-Schreiben vom 28.02.2006, a.a.O.

dem Ausscheiden eines Gesellschafters gegen Sachwertabfindung lediglich, dass gegebenenfalls eine Buchwertfortführung nach § 6 Abs. 3 oder Abs. 5 EStG unter den dort genannten Voraussetzungen vorzunehmen ist. Es bleibt ungeklärt, ob die Finanzverwaltung diese Regelungslücke übersehen hat oder bewusst hinnimmt. Ersteres wünscht sich die Praxis, letzteres ist zu befürchten. Die Übertragung von Teilbetrieben im Rahmen des Ausscheidens eines Gesellschafters gegen Sachwertabfindung ist durch Buchwertübertragung nicht möglich. Der Teilwertansatz und damit die Gewinnrealisierung wären zwingend.

Nach der Auffassung der Rechtsprechung und Finanzverwaltung ist Definitionsbestandteil der Realteilung die Aufgabe des Betriebes der Mitunternehmerschaft.[94] Vor dem Hintergrund der Zielsetzung des Rechtsinstituts der Realteilung, gewünschte und sinnvolle Unternehmensumstrukturierungen steuerlich nicht zu behindern, ist diese Voraussetzung allerdings wenig überzeugend.[95]

Es stellt sich die Frage, ob die Übernahme eines Teilbetriebes im Rahmen des Ausscheidens gegen Sachwertabfindung wie eine Teilbetriebsaufgabe behandelt werden muss.[96] Die Besonderheit der steuerneutralen Realteilung besteht darin, dass die Personengesellschaft selbst zerschlagen wird, die gewerbliche Tätigkeit jeweils von den Gesellschaftern unter Übernahme von Teilen des Betriebsvermögens fortgeführt wird. Die Aufgabe eines Teilbetriebes und die eines Mitunternehmeranteils sind allerdings der Betriebsaufgabe gleichgestellt. Das Ausscheiden eines Gesellschafters aus einer Personengesellschaft gegen Sachwertabfindung stellt grundsätzlich eine Anteilsveräußerung dar. Das gilt auch dann, wenn das Wirtschaftsgut in ein anderes Betriebsvermögen überführt wird. Das Ausscheiden gegen Sachwertabfindung ist nur dann anders zu werten, wenn unabhängig von der Beurteilung der Realteilung die Voraussetzungen einer Aufgabe eines Teilbetriebes oder Mitunternehmeranteils gegeben sind. Bei dem Ausscheiden eines Gesellschafters gegen Sachwertabfindung durch Übertragung eines Teilbetriebes handelt es sich insoweit um eine Teilbetriebsaufgabe der Personengesellschaft. Eine Betriebsaufgabe bei der Gesellschaft und damit eine Realteilung ist nur dann anzunehmen, wenn der Ausscheidende einen oder mehrere (aber nicht alle) Teilbetriebe der Personengesellschaft zur weiteren betrieblichen Nutzung übernimmt.[97] Somit erfüllt die Aufspaltung eines Teilbetriebes die Voraussetzungen einer Realteilung. Der Teilbetrieb kann auch dann Gegenstand einer Realtei-

94 BFH-Urteil vom 19.01.1982, a.a.O.; BFH-Urteil vom 10.12.1991, a.a.O.; BFH-Urteil vom 01.12.1992, a.a.O.; BMF-Schreiben vom 28.02.2006, a.a.O.

95 Siehe hierzu Kapitel B. I. 1., in dem die Forderung der Betriebsaufgabe kritisch hinterfragt wird, S. 53 ff.

96 Schulze zur Wiesche, Ausscheiden gegen Sachwertabfindung, Stbg 2006, S. 374-379.

97 Wacker in: Schmidt, EStG, § 16 Rz. 356, Sonneborn, Realteilung, DStZ 2001, S. 579-585; Schulze zur Wiesche, Ausscheiden gegen Sachwertabfindung, Stbg 2006, S. 374-379.

lung sein, wenn er als Ganzes auf einen Gesellschafter übergeht oder die Gesellschafter wesentliche Grundlagen aus dem Teilbetrieb erwerben und diese in jeweils einen Betrieb übertragen.[98] Somit ist eine steuerneutrale Buchwertübertragung von Teilbetrieben im Rahmen der Sachwertabfindung gewährleistet. Ob die Finanzverwaltung dieser Sichtweise allerdings folgt, bleibt unklar.

98 Schulze zur Wiesche, Ausscheiden gegen Sachwertabfindung, Stbg 2006, S. 374-379.

B. Die einkommensteuerliche Behandlung der Realteilung

I. Voraussetzungen der steuerneutralen Realteilung

1. Realteilung und Betriebsaufgabe

Die Realteilung i.S.d. § 16 Abs. 3 S. 2 EStG ist nach Auffassung der Finanzverwaltung durch den auf der Ebene der Mitunternehmerschaft verwirklichten Tatbestand der Betriebsaufgabe gekennzeichnet.[99] Die Notwendigkeit der Betriebsaufgabe auf der Ebene der Mitunternehmerschaft ist in der Literatur und Rechtsprechung jedoch umstritten.[100] Die Rechtsprechung und ein Teil der Literatur sieht die Realteilung als eine besondere Form der Betriebsaufgabe und setzt damit die Beendigung der betrieblichen Tätigkeit voraus.[101]

Nach der bisherigen Rechtsprechung war Voraussetzung einer Realteilung stets die Beendigung der Mitunternehmerschaft.[102] Die Realteilung ist nach Meinung des BFH eine andere Art der Auseinandersetzung. Er knüpft damit an das Zivilrecht an und unterscheidet die Realteilung von der Naturalteilung im Wesentlichen dadurch, dass die übernommenen Wirtschaftsgüter weiterhin Betriebsvermögen – nunmehr bei den Realteilern – bleiben.[103] Diese Rechtsprechung ist allerdings zur Rechtslage vor der gesetzlichen Neuregelung der Realteilung durch § 16 Abs. 3 EStG ergangen.

In der Literatur wurde das Realteilungsurteil vom 19.01.1982[104] – nach der Verabschiedung der Bilanzbündeltheorie – begrüßt.[105] Allerdings wurde die

99 BMF-Schreiben vom 28.02.2006, a.a.O.

100 Zustimmend Sonneborn, Realteilung, DStZ 2001, S. 579-585; Heß, Realteilung einer Personengesellschaft, DStR 2006, S. 777-782; a.A. Stuhrmann, Realteilung, DStR 2005, S. 1355-1357, m.w.N.

101 BFH-Urteil vom 01.12.1992, a.a.O.; Heß, Realteilung einer Personengesellschaft, DStR 2006, S. 777-782.

102 BFH-Urteil vom 19.01.1982, a.a.O.; BFH-Urteil vom 10.12.1991, a.a.O.; BFH-Urteil vom 01.12.1992, a.a.O.

103 A.a.O.

104 BFH-Urteil vom 19.01.1982, a.a.O.

Betriebsaufgabe nach dem damaligen § 16 Abs. 3 S. 4 EStG a.F.[106] in diesem Zusammenhang unterschiedlich diskutiert. Fellmeth ist bei genauer Untersuchung des § 16 Abs. 4 EStG a.F. zu dem Ergebnis gekommen, dass die Personengesellschaft hierin gar nicht angesprochen werde, sondern nur die am Gewerbebetrieb beteiligten Personen. Die Übertragung der Selbständigkeit der Personengesellschaft, wie sie aus § 15 Abs. 1 Nr. 2 EStG abgeleitet wird, auf den Regelungsinhalt des § 16 EStG sei nicht möglich. Immer wenn es um existenzielle Vorgänge der Gesellschaft ginge, bleibe die Gesellschaft als solche aus dem Spiel.[107] Döllerer und Knobbe-Keuk weisen zu Recht darauf hin, dass § 16 Abs. 3 S. 4 EStG a.F. dem Verständnis der Aufgabegewinne der Gesellschafter als Anteile an einem einheitlichen Aufgabegewinn der Gesellschaft nicht entgegenstehe.[108]

Demgegenüber wird auch in der jüngeren Literatur vermehrt die Auffassung vertreten, dass eine Realteilung nicht mehr die Beendigung der gemeinsamen unternehmerischen Tätigkeit voraussetze, weil § 16 Abs. 3 S. 2 EStG die Realteilung unter den dort genannten Voraussetzungen nicht als Betriebsaufgabe qualifiziere, sondern die Buchwertfortführung anordne.[109] Der Gesetzeswortlaut lässt allerdings auch eine gegenteilige Interpretation zu, da die Wirtschaftsgüter im Rahmen der Realteilung in das jeweilige Betriebsvermögen der einzelnen Mitunternehmer übertragen werden müssen. Da die Realteilung auch nach den zivil- und handelsrechtlichen Regelungen als eine besondere Form der Auflösung und Beendigung einer Personengesellschaft zu verstehen ist, bleibt auch nach Seitz wenig Raum für eine anders lautende Interpretation.[110]

Der Gesetzgeber wollte eine Regelung schaffen, um personelle Veränderungen auf der Unternehmerebene sowie Umstrukturierungen des Unternehmens-

---

105 Knobbe-Keuk, Bilanz- und Unternehmenssteuerrecht, 8. Auflage, Köln 1991, S. 764 ff.; Fellmeth, Spitzenausgleich bei der Realteilung einer Personengesellschaft im Bilanzsteuerrecht, BB 1991, S. 2184-2192; Wiesler, Spitzenausgleich bei Realteilungen Gewinnrealisierungstatbestand?, DB 1988, S. 2589-2592.

106 Der genaue Wortlaut des § 16 Abs. 3 S. 4 EStG a.F. ist: „Bei Aufgabe eines Gewerbebetriebes, an dem mehrere Personen beteiligt waren, ist für jeden einzelnen Beteiligten der gemeine Wert der Wirtschaftsgüter anzusetzen, die er bei der Auseinandersetzung erhalten hat.“ Der Wortlaut dieses Satzes ist auch nach der gesetzlichen Neuregelung identisch, allerdings ist er nunmehr im Satz 8 des § 16 Abs. 3 EStG platziert.

107 Fellmeth, Spitzenausgleich bei Realteilung, BB 1991, S. 2184-2192, hier S. 2185.

108 Döllerer, Zur Realteilung bei Personenhandelsgesellschaften – Anmerkungen zu dem BFH-Urteil vom 19. Januar 1982 VIII R 21/77 –, DStZ 1982, S. 267-272; Knobbe-Keuk, Bilanz- und Unternehmensteuerrecht, a.a.O., S. 765.

109 Ostermayer/Riedel, Übertragung von Einzelwirtschaftsgütern einschließlich Schulden zwischen Schwestergesellschaften – Anwendung der Realteilung als „Königsweg“?, BB 2003, S. 1305-1309, hier S. 1308; Winkemann, Die Realteilung, BB 2004, S. 130-136, hier S. 133 f.; Seitz, Realteilung von Personengesellschaften, StBJb. 2004/2005, S. 201-226.

110 So auch Seitz, Realteilung von Personengesellschaften, StBJb. 2004/2005, S. 201-226.

vermögens nicht zu behindern. Allerdings soll die Vorschrift auch steuerliche Erleichterungen für Unternehmensumstrukturierungen bei Personengesellschaften ermöglichen. Vor diesem Hintergrund erscheint es nicht dem Sinn und Zweck der Vorschrift zu entsprechen, für die Realteilung stets die Betriebsaufgabe durch Auflösung und Beendigung der Personengesellschaft zu fordern. Denn die Realteilung ist auch eine Form der Spaltung mit der Folge, dass die vorherige Personengesellschaft in gespaltener Form weiter bestehen darf und trotzdem für den abgespaltenen Teil die Buchwertfortführung möglich ist.[111] § 16 Abs. 3 S. 2-4 EStG könnte ohne die Voraussetzung der Betriebsaufgabe für Spaltungen angewandt werden, bei denen nicht die Voraussetzungen des Umwandlungssteuergesetzes erfüllt sind, da beispielsweise im Rahmen der Spaltung nur einzelne Wirtschaftsgüter übertragen werden. Vor diesem Hintergrund hätte der Realteilungserlass auch dazu genutzt werden können, das bereits von der Rechtsprechung entwickelte Erfordernis der Betriebsaufgabe aufzugeben, um somit Umstrukturierungen bei Personengesellschaften steuerlich weiter zu erleichtern. Danach wären nicht nur Spaltungen außerhalb des Umwandlungssteuergesetzes möglich, sondern auch Realteilungen durch Übertragung von Einzelwirtschaftsgütern auf gesellschafteridentische Schwesterpersonengesellschaften. Dies ist nach derzeitiger Auffassung der Finanzverwaltung grundsätzlich nicht möglich. Offen bleibt hierbei die Frage, ob die Finanzverwaltung diese Lücke absichtlich nicht schließen wollte. Dadurch werden in der Praxis Unternehmensumstrukturierungen behindert und Umweggestaltungen erforderlich gemacht.

Die Auffassung der Finanzverwaltung, eine Realteilung könne nur angenommen werden, wenn die Voraussetzungen einer Betriebsaufgabe erfüllt sind,[112] lässt sich letztlich weder aus dem Wortlaut noch aus dem Sinn und Zweck der Bestimmung ableiten.[113] Die gesetzlichen Regelungen zur Realteilung nach § 16 Abs. 3 S. 2-4 EStG gehen zwar als Spezialvorschrift denjenigen zur Betriebsaufgabe vor, das kann aber nicht bedeuten, dass eine Realteilung nur in den Fällen der Betriebsaufgabe angenommen werden kann.[114] Zumal § 16 Abs. 3 S. 1 EStG ausdrücklich nicht nur die Aufgabe des Gewerbebetriebes als Ganzen behandelt, sondern auch die Aufgabe eines Mitunternehmeranteils, die eben nicht die Beendigung der Personengesellschaft zur Folge hat.[115] Der Begriff der

111 Schulze zur Wiesche, Die Behandlung von Spaltungs- und Ausgliederungsvorgängen, DStZ 2004, S. 366- 372.

112 BMF-Schreiben vom 28.02.2006, a.a.O.

113 So auch Paus, Offene Fragen bei der Realteilung von Personengesellschaften. Anmerkungen zum BMF-Schreiben vom 28.02.2006, IV B2 – S 2242-6/06, BStBl. 2006, DStZ 2006, S. 285-290.

114 A.a.O.

115 So auch Paus, Realteilung von Personengesellschaften, DStZ 2006, S. 285-290.

Betriebsaufgabe ist überdies nicht gesetzlich definiert. Vermutlich ist der Gesetzgeber davon ausgegangen, dass sein Inhalt durch die Rechtsprechung geklärt ist.

Bezüglich der vorausgesetzten Betriebsaufgabe geht es auch um das Konkurrenzverhältnis zu § 6 Abs. 5 EStG.[116] Nach Maßgabe des § 6 Abs. 5 S. 3 EStG erfolgt die Übertragung von Einzelwirtschaftsgütern im Rahmen von Mitunternehmerschaften gegen Gewährung von Gesellschaftsrechten zwingend zu Buchwerten. Das gilt jedoch nur, soweit keine Verbindlichkeiten mit übertragen werden. Bei der Übernahme von Verbindlichkeiten liegt insoweit ein teilentgeltliches Rechtsgeschäft vor, dass zur anteiligen Aufdeckung der stillen Reserven zwingt. Bei der Realteilung nach § 16 Abs. 3 S. 2-4 EStG führt die Übernahme von Verbindlichkeiten dagegen nicht zur teilweisen Aufdeckung der stillen Reserven. Diese Unterscheidung rechtfertigt wiederum die Annahme einer Betriebsaufgabe bei Realteilungen, weil bei ihr Verbindlichkeiten regelmäßig zur Verteilungsmasse gehören.[117]

Durch den Erlass zur Realteilung[118] hat dieser Meinungsstreit jedenfalls insoweit ein Ende gefunden, als die Finanzverwaltung sich eindeutig auf die bereits von der Rechtsprechung des BFH konstatierte Voraussetzung der Betriebsaufgabe festgelegt hat. Für die Praxis wäre sicherlich eine Lockerung dieser Voraussetzung wünschenswert gewesen, da somit Umstrukturierungsmaßnahmen bei Personengesellschaften steuerlich erleichtert worden wären.

Vor diesem Hintergrund ist auch die Unsicherheit hinsichtlich der Wertansätze beseitigt. Die Frage der zugrunde zu legenden Werte hat zweierlei Bedeutung. Einerseits ist eine einheitliche Wertermittlung als Basis der Auseinandersetzung zwischen den Gesellschaftern zu finden. Andererseits ist der für die Besteuerung maßgebende Wert zu ermitteln, wenn die Buchwertfortführung durch Verletzung der gesetzlichen Voraussetzungen des § 16 Abs. 3 S. 2 ff. EStG nicht in Betracht kommt. Da die Realteilung eine Form der Aufgabe des Gewerbebetriebes darstellt, sind hier zur Ermittlung der Vermögenswerte die gemeinen Werte i.S.d. § 16 Abs. 3 S. 7 EStG zugrunde zu legen.[119]

Der BFH spricht grundsätzlich auch von den gemeinen Werten (Verkehrswerten) bei Realteilungen, meint hier jedoch die Werte zur Ermittlung des Aufgabegewinns bei Realteilungen mit Gewinnrealisierung.[120] Nach der älteren Rechtsprechung, die zu Sachverhalten vor der gesetzlichen Kodifizierung der

---

116 Seitz, Realteilung von Personengesellschaften, StBJb. 2004/2005, S. 201-226.

117 Seitz, Realteilung von Personengesellschaften, StBJb. 2004/2005, S. 201-226; Reiß, Realteilung gewerblich tätiger Personengesellschaften, StuW 1995, S. 199-212.

118 BMF-Schreiben vom 28.02.2006, a.a.O.

119 Der Begriff des gemeinen Wertes entspricht grundsätzlich der Definition des § 9 Abs. 2 BewG und meint den Verkehrswert bzw. Einzelveräußerungspreis.

120 BFH-Urteil vom 19.01.1982, a.a.O.; BFH-Urteil vom 01.12.1992, a.a.O.

Realteilung ergangen sind, gewährte der BFH ein Wahlrecht zur Realteilung mit Buchwertfortführung und Gewinnrealisierung. Im Falle des Aufgabegewinns und der Übertragung von Wirtschaftsgütern in ein anderes Betriebsvermögen sei dann der Teilwert anzusetzen.[121] Bei Eröffnung eines Betriebes entspreche dieser in der Regel dem gemeinen Wert.[122]

Die gesetzliche Teilwertdefinition ist in § 6 Abs. 1 Nr. 1 S. 3 EStG und in § 10 BewG kodifiziert. Danach ist der Teilwert der Betrag, den ein Erwerber des ganzen Betriebs im Rahmen des Gesamtkaufpreises für das einzelne Wirtschaftsgut ansetzen würde.[123] Wesentliche Voraussetzung dieser Teilwertdefinition ist die gedankliche Unternehmensfortführung. So stellt sich bei der Zerschlagung der Personengesellschaft die Frage einer ganzheitlichen Betrachtung. Letztlich ist hier die Wertfindung im Einzelnen erforderlich und nicht im Rahmen einer Gesamtbewertung bei Unternehmensfortführung. Hierbei stellt sich die Frage, ob dann nicht wiederum doch der Teilwert nach Maßgabe des § 6 Abs. 1. Nr. 4 EStG für Entnahmen maßgeblich sein müsste. Diese Vorschrift bewertet aber nur einzelne Wirtschaftsgüter, die aus dem bestehenden, fortgeführten Unternehmen herausgelöst werden und nicht die ganzheitliche Auseinandersetzung. Hier ist der Wert für den potentiellen Erwerber bei Unternehmensfortführung maßgebend. Vor dem Hintergrund der Zerschlagung der Mitunternehmerschaft und gleichzeitiger Fortführung von Teilen des Betriebes in den Einzelunternehmen der Realteiler tritt der Teilwert hier in den Hintergrund. Deshalb kann bei der Realteilung nur der gemeine Wert im Sinne des § 9 Abs. 2 BewG wie bei einer Betriebsaufgabe nach Maßgabe des § 16 EStG in Betracht kommen. Die Zugrundelegung dieses Verkehrswertes ist nicht nur für die Gesellschafter zur Wertfindung eine zutreffende Wertgröße, sondern entspricht auch den Grundsätzen der Besteuerung von Aufgabevorgängen. Auch die Finanzverwaltung spricht in ihren BMF-Schreiben zutreffend von gemeinen Werten (Verkehrswerten).[124] Nach Einführung des gesetzlichen Buchwertzwangs und der seitens der Finanzverwaltung konstatierten Betriebsaufgabe findet der Begriff des Teilwertes bei Realteilungen jedenfalls keine Anwendung mehr.

2. Gegenstand der Realteilung

Die Realteilung einer Mitunternehmerschaft kann nach Maßgabe des § 16 Abs. 3 S. 2 EStG durch Übertragung oder Überführung von Teilbetrieben, Mitunterneh-

121 BFH-Urteil vom 19.01.1982, a.a.O.; BFH-Urteil vom 10.12.1991, a.a.O.

122 BFH-Urteil vom 07.12.1978, BStBl. II 1979, S. 729.

123 § 6 Abs. 1 Nr. 1 S. 3 EStG.

124 BMF-Schreiben vom 28.02.2006, a.a.O.; BMF-Schreiben vom 14.03.2006, a.a.O.

meranteilen oder Einzelwirtschaftsgütern erfolgen.[125] Gegenstand einer Realteilung ist dabei das gesamte Betriebsvermögen, einschließlich des Sonderbetriebsvermögens der einzelnen Realteiler.[126]

Unter einem Teilbetrieb wird allgemein ein mit einer gewissen Selbständigkeit ausgestatteter, organisatorisch geschlossener Teil eines Gesamtbetriebes verstanden, der für sich selbständig lebensfähig ist.[127] § 16 Abs. 3 S. 2 EStG setzt voraus, dass der Teilbetrieb mit seinen sämtlichen wesentlichen Betriebsgrundlagen auf einen der Realteiler übergeht.[128] Die Abgrenzung der Wesentlichkeit erfolgt dabei nach der funktionalen oder quantitativen Betrachtungsweise.[129] Letztere qualifiziert diejenigen Wirtschaftsgüter als wesentlich, in denen erhebliche stille Reserven ruhen. Bei der funktionalen Betrachtungsweise erfolgt die Abgrenzung danach, ob die Wirtschaftsgüter zur Erreichung des Betriebszwecks erforderlich sind und ihnen ein besonderes wirtschaftliches Gewicht für die Betriebsführung zukommt.[130]

Im Rahmen der Realteilung können auch Teile von Mitunternehmeranteilen übertragen werden.[131] Nach der Auffassung der Finanzverwaltung stellt dies keinen Fall der Übertragung von Einzelwirtschaftsgütern dar.[132] Diese Aussage ist allenfalls für Teile von Mitunternehmeranteilen von Bedeutung, da steuerrechtlich der Gesellschaftsanteil kein Wirtschaftsgut darstellt.

Das BMF-Schreiben ordnet damit Teile von Mitunternehmeranteilen dem § 16 Abs. 3 S. 2 EStG zu. Diese Klarstellung ist mit dem im Vergleich zu § 16 Abs. 1 EStG abweichenden Wortlaut in § 16 Abs. 3 S. 1 EStG zu begründen.[133] Die Zuordnung hat Bedeutung für die Anwendung der Sperrfrist nach § 16 Abs. 3 S. 3 EStG und für die Übertragung auf Körperschaften nach § 16 Abs. 3 S. 4 EStG, die damit nicht zur Anwendung kommen.

Die Abgrenzung zwischen der Übertragung von Einzelwirtschaftsgütern und der von Mitunternehmeranteilen und Teilbetrieben ist auf Grund der in § 16 Abs. 3 S. 3 EStG für bestimmte Wirtschaftsgüter vorgesehenen Behaltefrist erforderlich. Die Finanzverwaltung nimmt aber nicht explizit dazu Stellung, ob sämtliche Wirtschaftsgüter des gesamten Betriebsvermögens auch als Einzel-

---

125 BMF-Schreiben vom 28.02.2006, a.a.O.; Rogall/Stangl, Die Realteilung einer Personengesellschaft, FR 2006, S. 345-357, hier S. 350.

126 BMF-Schreiben vom 28.02.2006, a.a.O.; so auch Wacker, in: Schmidt, EStG, § 16 Rz. 543; Rogall/Stangl, Die Realteilung einer Personengesellschaft, FR 2006, S. 345-357, hier S. 350.

127 R 16.3 EStR 2008; Winkemann, Die Realteilung, BB 2004, S. 130-136, hier S. 131.

128 Winkemann, Die Realteilung, BB 2004, S. 130-136, hier S. 131.

129 BMF-Schreiben vom 28.02.2006, a.a.O.

130 BMF-Schreiben vom 28.02.2006, a.a.O.; vgl. auch Wacker, in: Schmidt, EStG, § 16 Rz. 101.

131 BMF-Schreiben vom 28.02.2006, a.a.O.

132 A.a.O.

133 Heß, Realteilung einer Personengesellschaft, DStR 2006, S. 777-782, hier S. 778.

wirtschaftsgüter Gegenstand der Realteilung sein können. Nach der allgemeinen Auffassung im Schrifttum gehören zu den positiven und negativen Einzelwirtschaftsgütern nicht nur liquide Mittel, sondern auch Schulden der Mitunternehmerschaft.[134] Somit können also – im Gegensatz zu § 6 Abs. 5 EStG – auch Verbindlichkeiten Gegenstand der Realteilung sein, ausgenommen sind allerdings solche, die erst durch die Realteilung entstehen – wie zum Beispiel eine Wertausgleichsschuld.[135] Es ist unerheblich, ob die übernommenen Schulden im wirtschaftlichen Zusammenhang mit den vom Realteiler übernommenen aktiven Wirtschaftsgütern stehen. Dies gilt unabhängig davon, ob es sich um die Übertragung von Einzelwirtschaftsgütern, Teilbetrieben und Mitunternehmeranteilen handelt oder die Schulden dem rechnerischen Anteil des Gesellschafters am Gesamthandsvermögen entsprechen. Auch die inkongruente Übernahme von Verbindlichkeiten oder liquider Mittel ist unschädlich und kein Entgelt im Sinne einer Veräußerung.[136]

Es handelt sich aber nicht um eine Realteilung, sondern um eine entgeltliche Veräußerung eines Mitunternehmeranteils (Sachwertabfindung) gegen Geld, wenn ein Gesellschafter nur oder fast nur liquide Mittel erhält.[137]

Nach der Auffassung der Finanzverwaltung ist die Übertragung einer 100prozentigen Beteiligung an einer Kapitalgesellschaft im Rahmen der Realteilung als Übertragung eines Teilbetriebes zu behandeln.[138] Diese Auffassung stellt zwar eine für den Steuerpflichtigen begünstigende Regelung dar, ist aber im Schrifttum umstritten. Hess ist der Auffassung, dass dem nicht zuzustimmen ist, da eine 100prozentige Beteiligung an einer Kapitalgesellschaft grundsätzlich kein Teilbetrieb, sondern ein Einzelwirtschaftsgut sei.[139] Nur durch die gesetzliche Fiktion in § 16 Abs. 1 Nr. 1 S. 2 EStG werde sie bei der Veräußerung als Teilbetrieb behandelt. Im Gegensatz dazu beinhalten die Regelungen zur Realteilung keine Teilbetriebsfiktion einer 100prozentigen Beteiligung an einer Kapitalgesellschaft.[140] Durch die gesetzliche Fiktion nach § 16 Abs. 1 Nr. 1 S. 2 EStG soll bei

---

134 Vgl. beispielsweise Wacker, in: Schmidt, EStG, § 16 Rz. 545; ders., Realteilung einer Personengesellschaft, StBJb. 2003/2004, S. 81-100, hier S. 89 f.

135 Rogall/Stangl, Die Realteilung einer Personengesellschaft, FR 2006, S. 345-357, hier S. 350; Wacker, in: Schmidt, EStG, § 16 Rz. 545.

136 Wacker, Realteilung einer Personengesellschaft, StBJb. 2003/2004, S. 81-100, hier S. 90.

137 A.a.O. Mit Verweis auf das BFH-Urteil vom 20.02.2003, BStBl. II 2003, S. 700. Wacker hält dieses Urteil aber für bedenklich, soweit es im Falle der Fortführung des Betriebes einer beendeten Personengesellschaft durch einen Gesellschafter ein faktisches Wahlrecht zwischen Betriebsveräußerung durch die Personengesellschaft und Veräußerung von Mitunternehmeranteilen anerkennt. Siehe auch B. II. 5. a), S. 91 ff.

138 BMF-Schreiben vom 28.02.2006, a.a.O.

139 Heß, Realteilung einer Personengesellschaft, DStR 2006, S. 777-782, hier S. 779.

140 Heß, Realteilung einer Personengesellschaft, DStR 2006, S. 777-782; zustimmend Wacker, in: Schmidt, EStG, § 16 Rz. 554; Gragert, Die ertragsteuerliche Behandlung der Realteilung, NWB, Fach 3, S. 13887.

der Veräußerung einer 100prozentigen Beteiligung an einer Kapitalgesellschaft lediglich § 16 Abs. 2 EStG zur Ermittlung des Veräußerungsgewinns sowie insbesondere § 16 Abs. 4 EStG zur Anrechnung des Freibetrages Anwendung finden. Vor diesem Hintergrund ist fraglich, ob seitens der Finanzverwaltung dem Normzweck des § 16 Abs. 3 S. 2-4 EStG entsprochen wird. Denn nach dieser Auffassung kann eine 100prozentige Beteiligung an einer Kapitalgesellschaft zum Buchwert auf einen Realteiler übertragen werden, auch wenn dieser kein weiteres Betriebsvermögen besitzt. Die Sperrfrist des § 16 Abs. 3 S. 3 EStG findet keine Anwendung mit der Folge, dass die 100prozentige Beteiligung an einer Kapitalgesellschaft auch nach der Realteilung veräußerbar ist, ohne dass es zum rückwirkenden Ansatz des gemeinen Wertes zum Zeitpunkt der Realteilung und damit zu einem Zinsnachteil kommt. Dies erweitert die Gestaltungsmöglichkeit für Realteiler, denn die 100prozentige Beteiligung an einer Kapitalgesellschaft führt bei isolierter Zuweisung an einen Realteiler zwingend zu Betriebsvermögen. Hat dieser kein weiteres Betriebsvermögen, müssten bei der Annahme eines Einzelwirtschaftsgutes die stillen Reserven bei der Realteilung aufgedeckt werden.

3. Buchwertfortführung

a) Zur Begründung der Buchwertfortführung

Die Rechtsprechung des BFH hat mit Zustimmung des Schrifttums die Auffassung vertreten, dass die Gesellschafter nach Auflösung der Gesellschaft durch Realteilung die Buchwerte der Wirtschaftsgüter fortführen dürfen.[141] Die Buchwertfortführung gilt allerdings nur in dem Umfang, in dem kein Spitzenausgleich geleistet wird.[142] Die ältere Rechtsprechung hatte die Buchwertfortführung damit begründet, dass die Realteilung nicht als eine Veräußerung zu betrachten sei.[143] Diese These ist allerdings später als nicht überzeugend fallen gelassen worden.[144] Der VIII. Senat des BFH hat in seinem Urteil vom 19.01.1982 festgestellt, dass die Realteilung einer Personengesellschaft einen gewinnrealisierenden Vorgang im Sinne von § 16 Abs. 3 EStG darstellt[145], allerdings die Bilanzbündeltheorie als Begründung zu einem zwingenden Buchwertansatz aufgegeben.[146] Diese besagte, dass eine Personengesellschaft einkommensteuerrechtlich als Bündelung von

141 BFH-Urteil vom 10.02.1972, BStBl. II 1972, S. 419; BFH-Urteil vom 19.01.1982, a.a.O.

142 A.a.O.

143 BFH-Urteil vom 10.02.1972, a.a.O.

144 Fasold, Die einkommensteuerliche Problematik der Buchwertfortführung, S. 72 ff.

145 BFH-Urteil vom 19.01.1982, a.a.O.

146 A.a.O.

Einzelunternehmen ihrer Mitglieder zu verstehen sei.[147] Ihre Aufgabe bedeutet im Umkehrschluss aber nicht, dass die Buchwertfortführung ausgeschlossen, sondern nur nicht mit Hilfe der Bilanzbündeltheorie zu begründen ist.[148]

In der Fortentwicklung der Rechtsprechung hat der VIII. Senat des BFH in seinem Urteil vom 10.12.1991 die Begründung in der Analogie zu § 24 UmwStG gesucht.[149] Danach galten die vom BFH entwickelten Grundsätze für die Realteilung nicht nur bei Teilbetrieben, sondern auch bei Einzelwirtschaftsgütern unter Gewährung eines Wahlrechts für die Gesellschafter, einen Aufgabegewinn nach § 16 Abs. 3 EStG zu versteuern oder die Buchwerte der Wirtschaftsgüter in den Bilanzen der Realteiler fortzuführen.[150] Dieses Wahlrecht ließe sich analog zu § 24 UmwStG 1977[151] herleiten. Die Realteilung einer Personengesellschaft sei ihrem Wesen nach der umgekehrte Fall einer Einbringung nach § 24 UmwStG 1977. Wie bei dieser werden auch im Falle der „Ausbringung" die Rechtsfolgen des § 16 Abs. 3 EStG durch § 24 UmwStG eingeschränkt. Wie bei dem möglichen Buchwertansatz bei der Einbringung eines Betriebes, Teilbetriebes oder Mitunternehmeranteils in eine Personengesellschaft gegen Gewährung von Gesellschaftsrechten nach § 24 UmwStG kann bei der Ausbringung von Betriebsvermögen dieses mit dem Buchwert angesetzt werden, wenn der Ausbringende seine Mitunternehmerstellung verliert.[152]

Fraglich ist allerdings die rechtssystematische Rechtfertigung der Analogie zu § 24 UmwStG. Es war gerade die gesetzliche Regelungslücke, die für einen vergleichbaren Sachverhalt geschlossen werden konnte.[153] Darüber hinaus darf nicht übersehen werden, dass sich § 24 UmwStG zu einer Einbringung nur einzelner Wirtschaftsgüter nicht äußert. Dies entspricht allerdings dem Sinn und Zweck des Paragraphen, der lediglich Umstrukturierungsmaßnahmen auf der Gesellschaftsebene von Personengesellschaften begünstigen soll und eben nicht die Übertragung von Einzelwirtschaftsgütern zwischen verschiedenen Betriebsvermögen. Vor diesem Hintergrund kann die Analogie nicht überzeugen.[154]

---

147 BFH-Urteil vom 14.01.1958, BStBl. III 1958, S. 75; Fasold, Die einkommensteuerliche Problematik der Buchwertfortführung, S. 73, m.w.N.

148 A.a.O.

149 BFH-Urteil vom 10.12.1991, a.a.O.

150 BFH-Urteil vom 10.12.1991, a.a.O.; BFH-Urteil vom 19.01.1982, a.a.O.; BFH-Urteil vom 10.02.1972, a.a.O.

151 Gesetz über steuerliche Maßnahmen bei Änderung der Unternehmensform (Umwandlungssteuerrecht – UmwStG 1977, BGBl. I 1976, S. 2641; BStBl. I 1976, S. 476.

152 BFH-Urteil vom 10.12.1991, a.a.O.

153 Vgl. auch Reiß, Realteilung gewerblich tätiger Personengesellschaften, StuW 1995, S. 199-212, hier S. 204, der sich kritisch zu der reziproken Analogie des § 24 UmwStG äußert.

154 So auch Fasold, Die einkommensteuerliche Problematik der Buchwertfortführung, S. 75; Reiß, Realteilung gewerblich tätiger Personengesellschaften, StuW 1995, S. 199-212, hier S. 204.

Der diesbezügliche Meinungsstreit hat allerdings durch die gesetzliche Kodifizierung der zwingenden Buchwertfortführung ein Ende gefunden. Mit der Einführung des § 16 Abs. 3 S. 2 EStG i.d.F. des StEntlG 1999/2000/2002 wurde der Analogie zu § 24 UmwStG die Grundlage entzogen.[155] Die Buchwertfortführung wurde zunächst unter analoger Anwendung des § 6 Abs. 3 EStG auf die Übertragung eines Betriebes, Teilbetriebes oder Anteils eines Mitunternehmers an einem Betrieb beschränkt. Die Übertragung von Einzelwirtschaftsgütern war ausgenommen. Erst mit der Änderung des § 16 Abs. 3 EStG durch das UntStFG vom 20.12.2001 wurde der Buchwertzwang in Realteilungsfällen auf Einzelwirtschaftsgüter ausgedehnt und entsprechend den Regelungen des § 6 Abs. 5 EStG versehen.[156] Die Buchwertfortführung war somit entsprechend der BFH-Rechtsprechung, die zur Rechtslage vor 1998 ohne gesetzliche Regelung ergangen war, vorgeschrieben. Durch die Einführung des § 16 Abs. 3 S. 2-4 EStG wurde die Regelungslücke geschlossen. Die gesetzliche Angleichung der Realteilung an § 6 Abs. 5 EStG hat dazu geführt, dass dem systematischen Ansatz der Rechtsprechung zur Rechtslage bis 1998 durch reziproke Anwendung des § 24 UmwStG die Grundlage entzogen wurde.

b) Sicherstellung der Versteuerung der stillen Reserven

Die nicht in der Bilanz ausgewiesene Differenz zwischen dem Buchwert eines Wirtschaftsgutes und dessen Teilwert bzw. gemeinen Wert stellt die stillen Reserven in dem betreffenden Wirtschaftsgut dar. Die Buchwertfortführung bei Realteilungen nach Maßgabe des § 16 Abs. 3 S. 2-4 EStG kommt nur insoweit zum Tragen, als die stillen Reserven weiterhin steuerverhaftet bleiben.[157] Eine erfolgsneutrale Realteilung erfordert also, dass die Besteuerung der stillen Reserven sichergestellt ist. Dies ist insbesondere dann nicht der Fall, wenn die Wirtschaftsgüter in eine ausländische Betriebsstätte überführt werden, deren Einkünfte durch ein DBA freigestellt sind.[158] Im Übrigen verweist die Finanzverwaltung in ihrem Realteilungserlass auf die sogenannte aufgeschobene Besteuerung im Rahmen des Betriebsstättenerlasses.[159] Es wäre allerdings wünschenswert gewesen, wenn die Finanzverwaltung hierzu nähere Erläuterungen gegeben hätte. Denn das Zusammenspiel der „Verstrickungsklausel“ mit der Methode der aufgeschobenen Besteuerung ist im Detail unklar, was auch die im Rahmen des § 6 Abs. 5 EStG diesbezüglich geführte Diskussion zeigt.[160]

---

155 StEntlG vom 24.03.1999, a.a.O.

156 UntStFG vom 20.12.2001, a.a.O.

157 BMF-Schreiben vom 28.02.2006, a.a.O.

158 A.a.O.

159 BMF-Schreiben vom 24.12.1999, BStBl. I 1999, S. 1076, Tz. 2.6.

160 Rogall/Stangl, Die Realteilung einer Personengesellschaft, FR 2006, S. 345-357, hier S. 352, m.w.N. Diese Problematik soll hier nicht weiter erörtert werden.

Im Ergebnis wird die Buchwertfortführung bei Realteilungen an die Voraussetzung geknüpft, dass der Finanzverwaltung die Versteuerung der im Inland gebildeten stillen Reserven der übertragenen Wirtschaftsgüter sichergestellt bleibt. Ähnliches findet sich auch in anderen Vorschriften, so beispielsweise in § 6 Abs. 5 EStG und § 24 UmwStG.

c) Übertragung in das jeweilige Betriebsvermögen der einzelnen Mitunternehmer

Nach dem Gesetzeswortlaut des § 16 Abs. 3 S. 2 EStG ist eine steuerneutrale Übertragung nur in das jeweilige Betriebsvermögen der einzelnen Mitunternehmer möglich. Voraussetzung für die Buchwertfortführung ist, dass das übernommene Betriebsvermögen nach der Realteilung weiterhin Betriebsvermögen bleibt.[161] Es ist allerdings ausreichend, dass das Betriebsvermögen des übernehmenden Realteilers erst durch die Übernahme einzelner Wirtschaftsgüter begründet wird.[162] Sonderbetriebsvermögen eines Realteilers hinsichtlich der Beteiligung an einer weiteren Mitunternehmerschaft ist insoweit ausreichend.[163]

Die Begründung von Betriebsvermögen kann auch durch eine Betriebsverpachtung im Ganzen entstehen. Wird eine Personengesellschaft real geteilt und erfolgt dies durch Übertragung von Teilbetrieben, können diese anschließend unter den Voraussetzungen von R 16.5 EStR 2008 verpachtet werden.[164] Für die Übertragung in ein Betriebsvermögen i.S.d. § 16 Abs. 3 S. 2 EStG sieht es die Finanzverwaltung demnach für ausreichend an, wenn ein Teilbetrieb auf einen Mitunternehmer übertragen wird und dieser den Teilbetrieb verpachtet und dabei zur Gewerblichkeit optiert.[165] Dieses Verpächterwahlrecht kann bei Einzelwirtschaftsgütern nicht gewährt werden. Das BMF-Schreiben enthält keine Ausführungen zu einem Transfer von Einzelwirtschaftsgütern aus einer gewerblichen Personengesellschaft mit anschließender Verpachtung.[166] Jedoch finden sich solche für die Realteilung eines land- und forstwirtschaftlichen Betriebes. Hiernach liegt eine Realteilung auch dann vor, wenn die übertragenen Einzelwirtschaftsgüter beim Übernehmenden als Verpächter einen selbständigen land- und

161 BMF-Schreiben vom 28.02.2006, a.a.O.

162 A.a.O.

163 A.a.O.

164 A.a.O.

165 Gl. A. Rogall/Stangl, Die Realteilung einer Personengesellschaft, FR 2006, S. 345-357, hier S. 352, m.w.N.

166 In einem früheren Entwurfsstadium hat der Erlass noch explizit erwähnt, dass bei dem Transfer von Einzelwirtschaftsgütern mit anschließender Verpachtung keine begünstigte Übertragung in ein Betriebsvermögen erfolgt, da die Verpachtung anschließend aus dem Privatvermögen heraus erfolge.

forstwirtschaftlichen Betrieb darstellen.[167] Der Hintergrund hierfür ist, dass im Rahmen einer solchen Betriebsverpachtung die Veräußerung bzw. Entnahme von Grundstücken einer weiterhin bestehenden Verpachtung eines ganzen Betriebes nicht entgegenstehen, wenn die im Eigentum des Verpächters verbleibenden Flächen ausreichen, um nach Beendigung des Pachtverhältnisses einen land- und forstwirtschaftlichen Betrieb zu bilden.[168] Für die Annahme einer Zwangsbetriebsaufgabe in Form einer Betriebsverpachtung ist damit in der Land- und Forstwirtschaft regelmäßig kein Raum mehr. Hier wird eine Betriebsaufgabe nur dann angenommen werden können, wenn der Steuerpflichtige seinen Aufgabewillen gegenüber dem Finanzamt in unmissverständlicher Weise durch Abgabe einer Aufgabeerklärung zum Ausdruck bringt.[169]

Nach Auffassung der Finanzverwaltung soll jedoch eine Übertragung einzelner Wirtschaftsgüter des Gesamthandsvermögens in das einer anderen Mitunternehmerschaft, an der der Realteiler ebenfalls beteiligt ist, nicht zu Buchwerten möglich sein. Somit ist die im Schrifttum[170] ebenfalls vertretene Auffassung einer Realteilung durch Aufteilung des Gesamthandsvermögens auf zwei Folgegesellschaften nicht zu Buchwerten möglich, da es sich bei der Übertragung in eine Folgegesellschaft nicht um eine Übertragung in das jeweilige Betriebsvermögen der einzelnen Mitunternehmer handelt. Denkbar wäre hier allenfalls eine Übertragung auf eine Mitunternehmerschaft, wenn diese als Realteiler an der aufzulösenden Personengesellschaft bereits beteiligt ist. Wenn die Folgegesellschaft nicht vor der Realteilung Mitunternehmer der aufzulösenden Personengesellschaft war, ist eine Übertragung nach § 16 Abs. 3 S. 2 ff. EStG in eine Folge-Mitunternehmerschaft grundsätzlich nicht möglich. Hier ergeben sich allerdings Gestaltungsmöglichkeiten, in dem die anteiligen Mitunternehmeranteile der real zu teilenden Personengesellschaft vorher nach den Vorschriften des § 24 UmwStG in die Folgepersonengesellschaft eingebracht werden.

d) Übertragung zwischen Schwesterpersonengesellschaften

Nach der Rechtslage bis 1998 war eine Realteilung auch dann anzunehmen, wenn die Mitunternehmerschaft durch Übertragung von Einzelwirtschaftsgütern, Teilbetrieben oder Mitunternehmeranteilen unmittelbar in zwei oder mehrere betrieblich tätige Schwesterpersonengesellschaften überführt wurde. Dies galt

167 BMF-Schreiben vom 28.02.2006, a.a.O.

168 Vgl. BMF-Schreiben vom 01.12.2000, BStBl. I 2000, S. 1556.

169 A.a.O.

170 Wacker, in: Schmidt, EStG § 16 RZ. 535; ders. Realteilung einer Personengesellschaft, StbJb. 2003/2004, S. 81-100; Sonneborn, Realteilung, DStZ 2001, S. 579-585; vgl. auch BMF-Schreiben vom 25.03.1998, a.a.O., Tz. 24.18.

selbst bei teilweise geänderten Beteiligungsverhältnissen.[171] Die Rechtslage ab 2001 ist dagegen zweifelhaft.

Nach § 6 Abs. 3 EStG können Betriebe, Teilbetriebe oder Mitunternehmeranteile im Ganzen – ohne sie zu zerschlagen – unter Fortführung ihrer Buchwerte unentgeltlich übertragen werden. Einzelwirtschaftsgüter werden ausdrücklich nicht genannt. Übertragender und Aufnehmender können natürliche Personen, Mitunternehmerschaften und Kapitalgesellschaften sein. Diese Vorschrift ermöglicht insbesondere die Übertragung von Betrieben im Rahmen der vorweggenommenen Erbfolge. Eine Anwendung des § 6 Abs. 3 EStG auf die Realteilung ist nach der Neufassung des § 16 Abs. 3 EStG nicht mehr vorgesehen und notwendig. Eine Übertragung von Wirtschaftsgütern auf gesellschafteridentische Schwesterpersonengesellschaften im Rahmen der Realteilung wird hierdurch nicht ermöglicht.

Die Vorschrift des § 6 Abs. 5 S. 3 EStG könnte unter den dort genannten Übertragungsmöglichkeiten eine Übertragung von Einzelwirtschaftsgütern unentgeltlich oder gegen Gewährung von Gesellschaftsrechten ermöglichen.[172] Eine Direktübertragung von dem Gesamthandsvermögen einer Mitunternehmerschaft in das Gesamthandsvermögen einer Schwesterpersonengesellschaft ist im Katalog des § 6 Abs. 5 EStG aber nicht aufgeführt, der eine abschließende Aufzählung wiedergibt. Allenfalls kann hier eine Umweggestaltung über das Sonderbetriebsvermögen des Mitunternehmers in Betracht kommen. Dieser Weg ist allerdings äußerst umstritten und wird von der Finanzverwaltung als kein Anwendungsfall des Buchwertprivilegs grundsätzlich abgelehnt.

Eine weitere Übertragungsmöglichkeit ergibt sich aus § 24 UmwStG, nach dem ein Betrieb, Teilbetrieb oder ein Mitunternehmeranteil in eine Personengesellschaft unter Buchwertansatz eingebracht werden kann. § 24 UmwStG setzt allerdings die Erlangung oder Erweiterung des Mitunternehmeranteils – und damit die entgeltliche Übertragung – voraus, woran es bei der verdeckten Einlage regelmäßig fehlt.

Die einschlägigen ertrag- und umwandlungssteuerrechtlichen Übertragungsregelungen stellen letztlich keine zufrieden stellende Möglichkeit her, im Rahmen von Umstrukturierungen, die Rechtslage vor 1998 hinsichtlich der Übertragung von Wirtschaftsgütern bei der Realteilung zwischen gesellschafteridentischen Schwesterpersonengesellschaften zu ermöglichen – zumal dem § 6 Abs. 3 und § 24 UmwStG die Übertragung von Einzelwirtschaftsgütern gänzlich verwehrt wird.

Der Wortlaut des § 16 Abs. 3 S. 2 EStG lässt zwar die Übertragung von Einzelwirtschaftsgütern ausdrücklich zu, erfordert aber die Übertragung in das *je-*

171 Wacker, in: Schmidt, EStG, § 16 Rz. 546.

172 Siehe zu den einzelnen Übertragungsmöglichkeiten des § 6 Abs. 5 S. 3 EStG unter A. III. 2. b) cc) S. 48 ff.

weilige Betriebsvermögen der *einzelnen* Mitunternehmer. Die Übertragung von Einzelwirtschaftsgütern aus dem Gesamthandsvermögen einer Personengesellschaft in das einer beteiligungsidentischen Schwesterpersonengesellschaft wird auch nicht in § 6 Abs. 5 S. 3 EStG angesprochen. Dessen wertungsgleiche Bestimmung ist Gegenstand einer äußerst kontroversen Diskussion.[173] Das Schrifttum spricht sich wohl überwiegend für eine Anwendbarkeit des § 16 Abs. 3 S. 2 EStG bei einer Übertragung zwischen Schwesterpersonengesellschaften aus.[174]

Die Finanzverwaltung ist dagegen der Auffassung, dass eine Übertragung auf eine gesellschafteridentische Schwesterpersonengesellschaft zu Buchwerten nicht möglich ist.[175]

Die Auffassung der Finanzverwaltung überzeugt nicht. Bei Anwendung der Realteilungsgrundsätze bei diesem sogenannten Ausgliederungsmodell wäre es möglich, Einzelwirtschaftsgüter auf eine neu gegründete gesellschafteridentische Schwesterpersonengesellschaft zu übertragen mit der Folge, dass wegen des zwingenden Buchwertansatzes bei der aufnehmenden Mitunternehmerschaft die stillen Reserven auf die Schwesterpersonengesellschaft überspringen würden. Der Gesetzeswortlaut ließe diese Interpretation zu, weil das anteilige Unternehmensvermögen eines Mitunternehmers bei teleologischer Betrachtungsweise als „eigenes" Betriebsvermögen angesehen werden kann. Dies ist zu befürworten, da nach wie vor die Steuerverhaftung der stillen Reserven – insbesondere bei gesellschafteridentischen Schwesterpersonengesellschaften – sichergestellt ist. Darüber hinaus wird im Schrifttum die Meinung vertreten, dass mit Rücksicht auf die von § 16 Abs. 3 S. 2 EStG tolerierte personelle Verlagerung der stillen Reserven an der bisherigen Beurteilung zur Rechtslage bis 1998 festzuhalten ist.[176] Als Lösungsmöglichkeit wird diskutiert, die entsprechenden Einzelwirtschaftsgüter bei der Realteilung über eine Umwegkonstruktion zunächst in ein eigenes (Sonder-) Betriebsvermögen zu überführen und anschließend gemäß § 6 Abs. 5 S. 3 EStG auf die Schwesterpersonengesellschaft zu übertragen.[177] Vor diesem Hintergrund erscheint es wenig plausibel, den Realteilern den Umweg über ein eigenes (Sonder-)

173 Rogall/Stangl, Die Realteilung einer Personengesellschaft, FR 2006, S. 345-357, hier S. 351, m.w.N.; Ostermayer/Riedel, Übertragung von Einzelwirtschaftsgütern, BB 2003, S. 1305-1309; Seitz, Realteilung von Personengesellschaften, StBJb. 2004/2005, S. 201-226, hier S. 207; Wacker, in: Schmidt, EStG, § 16 Rz. 546; Schulze zur Wiesche, Realteilung, DB 2006, S. 921-923.

174 Siehe insbesondere: Rogall/Stangl, Die Realteilung einer Personengesellschaft, FR 2006, S. 345-357, hier S. 351, m.w.N.; Ostermayer/Riedel, Übertragung von Einzelwirtschaftsgütern, BB 2003, S. 1305-1309; 1309; Wacker, in: Schmidt, EStG, § 16 Rz. 546.

175 BMF-Schreiben vom 28.02.2006, a.a.O.

176 Wacker, in: Schmidt, EStG, § 16 Rz. 546 (teleologische Extension).

177 Rogall/Stangl, Die Realteilung einer Personengesellschaft, FR 2006, S. 345-357, hier S. 351 m.w.N.; Wacker, in: Schmidt, EStG, § 16 Rz. 546; Seitz, Realteilung von Personengesellschaften, StBJb. 2004/2005, S. 201-226, hier S. 207; Wellisch, Besteuerung von Erträgen, a.a.O. S. 276 ff.

Betriebsvermögen mit eventuell anschließender zeitversetzter Einbringung in eine Schwesterpersonengesellschaft aufzuzwingen.[178] Diese Argumentation ist auch nicht unumstritten. Nach dieser Auffassung kann das Ergebnis erreicht werden, indem in einem ersten Schritt das Einzelwirtschaftsgut vom Gesamthandsvermögen der Mitunternehmerschaft unentgeltlich oder gegen Gewährung von Gesellschaftsrechten in das Sonderbetriebsvermögen eines Mitunternehmers übertragen würde, was gemäß § 6 Abs. 5 S. 3 Nr. 2 EStG zwingend zum Buchwert erfolgen müsse. In einem zweiten nachgeschalteten Schritt würden diese Wirtschaftsgüter wiederum nach Maßgabe des § 6 Abs. 5 S. 3 Nr. 2 EStG zum Buchwert in das Gesamthandsvermögen der gesellschafteridentischen Schwesterpersonengesellschaft übertragen. Diese Argumentation übersieht jedoch, dass über diese Umwegkonstruktion für die gleichzeitige Übertragung von Einzelwirtschaftsgütern und Verbindlichkeiten der § 6 Abs. 5 S. 3 EStG nicht greift. Denn dieser ist nur für unentgeltliche Übertragungen oder Übertragungen gegen Gewährung oder Minderung von Gesellschaftsrechten zulässig. Die Übernahme von Verbindlichkeiten ist für die Anwendbarkeit des § 6 Abs. 5 S. 3 EStG schädlich. Vor diesem Hintergrund ist die Argumentation im Schrifttum nicht ganz vollendet.

Darüber hinaus dürfte der zweistufige Übertragungsakt an der Gesamtplanrechtsprechung des BFH scheitern, der die beiden Übertragungsakte nur dann zusammenziehen würde, wenn sie auch in einem engen zeitlichen Zusammenhang stünden. Die zusammengefasste Übertragungskette hätte zur Folge, dass der Buchwertansatz bei einer unmittelbaren Übertragung zwischen Schwestergesellschaften versagt würde.[179]

Die Diskussion im Schrifttum hat zumindest insoweit ein – wenn auch unbefriedigendes – Ende gefunden, als die Finanzverwaltung nunmehr in ihrem BMF-Schreiben vom 28.02.2006[180] eindeutig die Anwendbarkeit der Realteilungsgrundsätze auf das sogenannte Ausgliederungsmodell durch Übertragung von Einzelwirtschaftsgütern zwischen gesellschafteridentischen Schwesterpersonengesellschaften ausdrücklich ausschließt. Dies verlangt die Finanzverwaltung vermutlich im Gleichzug zu § 6 Abs. 5 S. 3 EStG, der eine derartige Übertragung ebenfalls nicht zulässt. Sicherlich kann es nicht im Sinne des Gesetzgebers sein, den Realteilern den Umweg über § 6 Abs. 5 S. 3 EStG aufzuzwingen. Vor dem Hintergrund verschiedener in der Praxis vorkommender Umstrukturierungsmaßnahmen wäre es allerdings wünschenswert gewesen, dass die Finanzverwaltung insoweit zu der Rechtslage bis 1998 zurückgekehrt wäre. Damals konnten nach den Realteilungsgrundsätzen wie nach den Regelungen des sogenannten Mitunter-

178 Wacker, in: Schmidt, EStG, § 16 Rz. 546 m.w.N.

179 Seitz, Realteilung von Personengesellschaften, StBJb. 2004/2005, S. 201-226, hier S. 207.

180 BMF-Schreiben vom 28.02.2006, a.a.O.

nehmererlasses[181] Einzelwirtschaftsgüter auch zwischen gesellschafteridentischen Schwesterpersonengesellschaften übertragen werden. Es wäre wünschenswert gewesen, wenn die Finanzverwaltung sich dem angeschlossen hätte und die Übertragung von Einzelwirtschaftsgütern – ungeachtet der anders lautenden Regelung des § 6 Abs. 5 S. 3 EStG – in Realteilungsfällen zugelassen hätte. Hierbei wäre zwar wieder ein Konflikt mit der generellen Voraussetzung der Beendigung der real zu teilenden Mitunternehmerschaft durch Betriebsaufgabe entstanden. Aber das Überspringen der stillen Reserven in Realteilungsfällen wird durch die Finanzverwaltung toleriert. Vor diesem Hintergrund ist es nicht nachzuvollziehen, dass die Übertragung von Einzelwirtschaftsgütern zwischen personenidentischen Schwestergesellschaften in Realteilungsfällen nicht zugelassen wird, da in diesen Fällen sogar eine Versteuerung der stillen Reserven quotal bei den bisherigen Mitunternehmern sichergestellt ist. Die Finanzverwaltung hat sich davon wohl nicht überzeugen lassen und ist konsequent der gesetzlichen Regelung des § 6 Abs. 5 S. 3 EStG gefolgt. Eine Übertragung von Einzelwirtschaftsgütern zwischen gesellschafteridentischen Schwesterpersonengesellschaften bleibt dem Steuerpflichtigen somit endgültig verwehrt.[182] Als einziger Ausweg bleibt die zeitversetzte Umwegkonstruktion. Hierbei ist zu beachten, dass Verbindlichkeiten nach § 6 Abs. 5 S. 3 EStG nicht mit übertragen werden können und die Rechtsprechung zum Gesamtplan im Wege stehen könnte.

4. Sonderbetriebsvermögen in der Realteilung

Bei der gewinnneutralen Realteilung ist Voraussetzung für die Buchwertfortführung, dass das übernommene Betriebsvermögen – einschließlich des Sonderbetriebsvermögens – nach der Realteilung weiterhin Betriebsvermögen bleibt.[183] Das übernommene Betriebsvermögen muss in das jeweilige Betriebsvermögen der einzelnen Realteiler übertragen werden. Hierzu zählt auch das Sonderbetriebsvermögen bei einer anderen Mitunternehmerschaft.[184] Das bedeutet, dass die Vermögensteile, die dem Realteiler aus dem Gesamthandsvermögen zugeteilt

181 Koordinierter Ländererlaß vom 20.12.1977, a.a.O.

182 Allerdings hat der BFH in seinem jüngsten Beschluss vom 15.04.2010, BStBl. II 2010, S. 971, ernstliche Zweifel an der Gewinnrealisierung bei der Übertragung eines Wirtschaftsgutes zwischen Schwesterpersonengesellschaften geäußert. Eine verfassungskonforme Auslegung gebiete eine entsprechende Anwendung von § 6 Abs. 5 S. 1 EStG auf Übertragungen zwischen Gesamthandsvermögen von beteiligungsidentischen Schwesterpersonengesellschaften.

183 BMF-Schreiben vom 28.02.2006, a.a.O.

184 A.a.O.

werden, auch Sonderbetriebsvermögen des Realteilers bei einer anderen Mitunternehmerschaft werden können.[185]

Bei der Realteilung ist der Gegenstand das Betriebsvermögen der Personengesellschaft, das sich aus dem Gesamthandsvermögen und dem Sonderbetriebsvermögen zusammensetzt. Das Gesamthandsvermögen wandelt sich aus Gesellschaftsvermögen in Alleineigentum der früheren Mitunternehmer um. Etwaiges Sonderbetriebsvermögen kann je nach Einzelfall notwendiges Betriebsvermögen in einem anderen Betrieb des Realteilers oder dort gewillkürtes Betriebsvermögen werden. Das bisherige Sonderbetriebsvermögen eines Mitunternehmers bei der real zu teilenden Personengesellschaft kann insbesondere in einem Betrieb, der aus einem Teilbetrieb des real geteilten Betriebes hervorgegangen ist, notwendiges oder gewillkürtes Betriebsvermögen werden. Die mit der Realteilung einhergehende Überführung des Sonderbetriebsvermögens kann grundsätzlich nach Maßgabe des § 6 Abs. 5 EStG erfolgsneutral erfolgen. Nach Maßgabe dieser Vorschrift erfolgt die Überführung von Sonderbetriebsvermögen zwingend mit Buchwertfortführung. Eine Entnahme liegt nicht vor.

Wird dagegen die Realteilung der Personengesellschaft als Betriebsaufgabe unter Aufdeckung der stillen Reserven behandelt, sind auch die stillen Reserven des Sonderbetriebsvermögens aufzulösen, soweit es sich hierbei um wesentliche Betriebsgrundlagen handelt. Die Tarifbegünstigung des § 34 EStG bei Betriebsaufgabe kommt nur dann in Betracht, wenn sämtliche stillen Reserven aller wesentlichen Betriebsgrundlagen zusammengeballt aufgedeckt werden. Eine Übertragung des Sonderbetriebsvermögens im Rahmen der Realteilung nach den Vorschriften des § 6 Abs. 5 EStG zum Buchwert unter gleichzeitiger Aufdeckung der stillen Reserven des Gesamthandsvermögens wäre für die Anwendung der Tarifbegünstigung des § 34 EStG schädlich.[186]

5. Veräußerungen während der Sperrfrist

Nach Maßgabe des § 16 Abs. 3 S. 3 EStG ist für den Übertragungsvorgang bei Realteilungen rückwirkend der gemeine Wert anzusetzen, soweit einzelne Wirtschaftsgüter transferiert, Grund und Boden, Gebäude oder andere wesentliche Betriebsgrundlagen innerhalb einer Sperrfrist nach der Übertragung zum Buchwert veräußert oder entnommen wurden. Diese Sperrfrist endet drei Jahre nach Abgabe der Steuererklärung der Mitunternehmerschaft für den Veranlagungs-

185 Vgl. auch Fellmeth, Spitzenausgleich bei Realteilung, BB 1991, S. 2184-2192, hier S. 2186 f.; Bordewin, Realteilung, DStZ 1992, S. 353-358, hier S. 358; Winkemann, Die Realteilung, BB 2004, S. 130-136, hier: S. 134; Brönner, Die Besteuerung der Gesellschaften, S. 521.

186 So auch Bordewin, Realteilung, DStZ 1992, S. 353-358.

zeitraum der Realteilung und gilt also nur bei Realteilungen mit Einzelwirtschaftsgütern. Maßgeblicher Zeitpunkt für die steuerschädliche Veräußerung oder Entnahme ist der Übergang des wirtschaftlichen Eigentums.[187] Dabei ist unerheblich, ob es sich bei den übertragenen Einzelwirtschaftsgütern um wesentliche Betriebsgrundlagen handelt. Auch die Entnahme oder Veräußerung von Grund und Boden und Gebäuden des Anlagevermögens, die keine wesentlichen Betriebsgrundlagen darstellen, löst die Folgen des § 16 Abs. 3 S. 3 EStG aus.[188] Nach Maßgabe des Gesetzes wie nach Auffassung der Finanzverwaltung ist die Sperrfrist durch Übertragung von Betrieben, Teilbetrieben oder Mitunternehmeranteilen jedoch unbeachtlich.[189]

Das Ende der Sperrfrist hängt von der Abgabe der Steuererklärung der Mitunternehmerschaft ab. Faktisch beträgt die Behaltefrist in der Regel vier bis fünf Jahre.[190] Im Rahmen des Gesetzgebungsverfahrens hatte der Finanzausschuss des Deutschen Bundestages im Jahr 2001 zunächst eine siebenjährige Behaltefrist bezogen auf die Gesamtheit der übertragenen Wirtschaftsgüter vorgeschlagen. Auf Initiative des Vermittlungsausschusses hat der Gesetzgeber die Behaltefrist schließlich von sieben auf drei Jahre herabgesetzt.[191]

Der Gesetzgeber möchte mit dieser Regelung – in Analogie zur Missbrauchsklausel des § 6 Abs. 5 S. 4 EStG – verhindern, dass bei Umstrukturierungsmaßnahmen nur die Veräußerung oder Entnahme von Einzelwirtschaftsgütern vorbereitet wird.[192] Die Rechtsfolge dieser Missbrauchsklausel trifft dabei nur den Übertragungsvorgang des letztlich veräußerten bzw. entnommenen Wirtschaftsgutes. Die Buchwertverknüpfung der übrigen im Rahmen der Realteilung übertragenen Wirtschaftsgüter bleibt unberührt.[193]

Engl vertritt die These, dass allein die Buchwertanpassungsmethode die Verlagerung stiller Reserven verhindert. Durch die Anpassung der Buchwerte an die Kapitalkonten sei eine Behaltefrist nicht erforderlich. Dies ergebe sich aus der sinnfälligen reziproken Anwendung des Rechtsgedankens von § 6 Abs. 5 S. 4 EStG in Bezug auf die Zuordnung im Rahmen von Ergänzungsbilanzen bei der „Einbringung" und den umgekehrten Fall der „Ausbringung" und damit auch der steuerlichen Realteilung. Hierzu wird später noch ausführlich einzugehen sein.[194]

187 BMF-Schreiben vom 28.02.2006, a.a.O.

188 A.a.O.

189 § 16 Abs. 3 S. 3 EStG; BMF-Schreiben vom 28.02.2006, a.a.O.

190 Siehe auch Engl, Realteilung mit Einzelwirtschaftsgütern, DStR 2002, S. 119-122.

191 Engl, Realteilung mit Einzelwirtschaftsgütern, DStR 2002, S. 119-122; Höreth/Schiegl/Zipfel, Wesentliche Änderungen der Steuergesetze durch das Unternehmenssteuerfortentwicklungsgesetz (UntStFG), BB 2002, S. 485-492, hier S. 487.

192 Schell, Realteilung, BB 2006, S. 1026-1030, hier S. 1028.

193 A.a.O.

194 Engl, Realteilung mit Einzelwirtschaftsgütern, DStR 2002, S. 119-122, hier S. 122.

Verfahrensrechtlich handelt es sich bei der Veräußerung oder Entnahme im Rahmen des § 16 Abs. 3 S. 3 EStG um ein rückwirkendes Ereignis i.S.d. § 175 Abs. 1 S. 1 Nr. 2 AO.[195] Auch wenn es gesetzlich nicht geregelt ist, dürfte der rückwirkende Ansatz des gemeinen Wertes nach jener Vorschrift gesichert sein. Darüber hinaus werden die meisten Feststellungsbescheide ohnehin unter dem Vorbehalt der Nachprüfung gemäß § 164 Abs. 1 AO ergehen, der eine weitestgehend uneingeschränkte Änderungsmöglichkeit seitens der Finanzverwaltung ermöglicht.

Aus Nachweisgründen empfiehlt es sich, die Feststellungserklärung beim Finanzamt per Einschreiben mit Rückschein einzureichen. Somit können spätere Streitigkeiten über den Ablauf der dreijährigen Sperrfrist vermieden werden. Als Gestaltungsmöglichkeit ist in Realteilungsfällen, bei denen die Betriebsaufgabe nicht auf das Ende des Kalenderjahres fällt, darüber nachzudenken, ob die Feststellungserklärung nicht bereits vor Ablauf des Kalenderjahres beim Finanzamt eingereicht werden kann. In diesem Fall könnte die Sperrfrist auf ein Minimum beschränkt werden.[196]

Die Finanzverwaltung legt den Begriff der Veräußerung im Rahmen des § 16 Abs. 3 S. 3 EStG sehr weit aus. Danach ist eine Veräußerung grundsätzlich gegeben, wenn einzelne Wirtschaftsgüter zusammen mit einem Betrieb, Teilbetrieb oder Mitunternehmeranteilen nach Maßgabe der §§ 20, 24 UmwStG eingebracht werden, unabhängig davon, ob die Buchwerte, gemeinen Werte oder Zwischenwerte angesetzt werden. Als Veräußerung in diesem Sinne gilt auch ein Formwechsel nach § 25 UmwStG. Gleiches soll gelten, wenn der Realteiler die übergegangenen Wirtschaftsgüter anschließend aus seinem Betriebsvermögen gegen Gewährung von Gesellschaftsrechten nach § 6 Abs. 5 EStG auf einen Dritten überträgt.[197]

Die Auffassung der Finanzverwaltung ist mit dem Wortlaut des § 16 Abs. 3 S. 3 EStG vereinbar.[198] Die Einbringungsvorgänge nach den §§ 20, 24 UmwStG gegen Gewährung von Gesellschaftsrechten stellen einen tauschähnlichen Veräußerungsvorgang für den Einbringenden dar.[199] Allerdings ist fraglich, ob die seitens der Finanzverwaltung vorgenommene restriktive Interpretation des § 16 Abs. 3 S. 3 EStG der gesetzgeberischen Regelungsintention entspricht.[200]

---

195 So auch Engl, Realteilung mit Einzelwirtschaftsgütern, DStR 2002, S. 119-122, hier S. 121.

196 Engl, Realteilung mit Einzelwirtschaftsgütern, DStR 2002, S. 119-122, hier S. 121.

197 BMF-Schreiben vom 28.02.2006, a.a.O.

198 So auch Schell, BB 2006, S. 1026-1030.

199 Zitat Umwandlungssteuergesetz bzw. BMF vom 25.10.2004, BStBl. I 2004, S. 1031.

200 Siehe Schell, Realteilung, BB 2006, S. 1026-1029, hier S. 1029. Schell setzt sich kritisch mit der restriktiven Interpretation durch die Finanzverwaltung auseinander. Hierauf wird nicht weiter eingegangen.

Eine schädliche Veräußerung oder Entnahme i.S.d. § 16 Abs. 3 S. 3 EStG führt im Ergebnis zu einer rückwirkenden Aufdeckung der in den veräußerten oder entnommenen Wirtschaftsgütern enthaltenen stillen Reserven. Bei dem entstehenden Gewinn handelt es sich um laufenden Gewinn, der nicht nach den §§ 16, 34 EStG begünstigt ist.[201] Er ist allen Realteilern nach dem allgemeinen Gewinnverteilungsschlüssel zuzurechnen, soweit es sich um Wirtschaftsgüter handelt, die zum Gesamthandsvermögen der Mitunternehmerschaft gehörten. Um hierdurch entstehende steuerliche Nachteile für die übrigen Realteiler zu vermeiden, ist zu empfehlen, entweder bereits im Gesellschaftsvertrag entsprechende Regelungen zu treffen oder im Rahmen der Vereinbarungen über die Realteilung die dem Entnehmenden oder veräußernden Realteiler rückwirkend entstehenden laufenden Gewinn zuzurechnen.[202] Die negativen Folgen einer schädlichen Veräußerung oder Entnahme für die übrigen Gesamthänder lässt sich also durch eine im Voraus getroffene Regelung vermeiden.

Sofern es sich um Wirtschaftsgüter des übertragenen Sonderbetriebsvermögens eines Realteilers handelt, die während der Sperrfrist gemäß § 6 Abs. 5 S. 6 EStG veräußert oder entnommen werden, ist der Gewinn diesem Realteiler zuzurechnen. Sofern Sonderbetriebsvermögen von einem Realteiler auf einen anderen – zum Beispiel zum Wertausgleich – übertragen worden ist, ist der Gewinn aus einer schädlichen Verwendung dieses Sonderbetriebsvermögens nur dann dem übernehmenden Realteiler zuzurechnen, wenn dies in den schriftlichen Vereinbarungen über die Realteilung so vereinbart wurde.[203] Andernfalls ist er dem übertragenden Realteiler zuzurechnen. Im Ergebnis sollte darauf geachtet werden, dass bei Realteilungen stets Regelungen zur rückwirkenden Zuweisung von Gewinnen aus der schädlichen Verwendung von Wirtschaftsgütern innerhalb der Sperrfrist getroffen werden. Sonst entsteht hier zusätzliches Konfliktpotential.

6. Körperschaftsklausel

Nach § 16 Abs. 3 S. 4 EStG ist die Buchwertverknüpfung bei Realteilungen nicht anzuwenden, wenn einzelne Wirtschaftsgüter unmittelbar oder mittelbar auf eine Körperschaft, Personenvereinigung oder Vermögensmasse übertragen werden. In diesem Fall ist der gemeine Wert anzusetzen. Die Körperschaftsklausel soll verhindern, dass stille Reserven auf Kapitalgesellschaften übergehen und dort im Anwendungsbereich des (damaligen) Halbeinkünfteverfahrens genutzt werden

201 BMF-Schreiben vom 28.02.2006, a.a.O.

202 So auch das BMF-Schreiben vom 28.02.2006, a.a.O.

203 BMF-Schreiben vom 28.02.2006, a.a.O.

können.[204] Nach der Gesetzesnorm kommt es nicht darauf an, in welchem Umfang durch die Realteilung die Anteilsberechtigung der Körperschaft an den einzelnen Wirtschaftsgütern erhöht wird.[205] Die Finanzverwaltung stellt einen Gleichklang mit der Parallelvorschrift des § 6 Abs. 5 S. 5 EStG her, in dem die Realteilungsfolgen nur insoweit ausgeschlossen werden, als die Körperschaft nicht schon bisher mittelbar oder unmittelbar an dem übertragenen Wirtschaftsgut beteiligt war.[206] Dies soll auch gelten, wenn ausschließlich Körperschaften an der real zu teilenden Mitunternehmerschaft beteiligt sind, also von einem Übergang der stillen Reserven in den Bereich des Halbeinkünfteverfahrens nicht die Rede sein kann.[207] Eine teleologische Reduktion ist nach Wacker allerdings nur geboten, wenn Kapitalgesellschaften zu 100% an der Realteilungsgesellschaft, nicht aber, wenn an dieser mehrere Kapitalgesellschaften vermögensmäßig beteiligt sind.[208]

§ 16 Abs. 3 S. 4 EStG erfordert im Übrigen die Übertragung einzelner Wirtschaftsgüter und greift damit nicht, soweit die Kapitalgesellschaft Teilbetriebe oder Mitunternehmeranteile sowie mutmaßlich 100%ige Kapitalgesellschaftsanteile – nicht aber Teile hiervon – zugewiesen erhält.[209] Der Grund hierfür könnte darin liegen, dass bei der Übertragung von Teilbetrieben und Mitunternehmeranteilen eine tarifermäßigte Aufdeckung der stillen Reserven möglich ist.

Bei der Übertragung von Einzelwirtschaftgütern soll die Begünstigung des sogenannten Halbeinkünfteverfahrens von Vornherein vermieden und Missbrauchsfälle ausgeschlossen werden. Allerdings wird hierbei übersehen, dass die Tarifermäßigung des § 34 Abs. 3 EStG und der Freibetrag nach § 16 Abs. 4 EStG nur einmal im Leben gewährt wird und sich die Tarifermäßigung auf die oftmals steuerlich uninteressante sogenannte Fünftel-Regelung des § 34 Abs. 1 EStG beschränkt.[210] Darüber hinaus wird nicht bedacht, dass das Halbeinkünfteverfahren erst dann greift, wenn die stillen Reserven auf der Ebene der Körperschaft aufgedeckt und über Gewinnausschüttungen an die Anteilseigner gelangen. Bei der Aufdeckung der stillen Reserven kommt es aber bereits zu einer definitiven Be-

---

204 Wacker, in: Schmidt, EStG, § 16 Rz. 553; Schell, Realteilung, BB 2006, S. 1026-1030, hier S. 1030; Seitz, Realteilung von Personengesellschaften, StbJb. 2004/2005, S. 201-226. Inzwischen ist das Halbeinkünfteverfahren durch die Abgeltungssteuer im Privatbereich bzw. das Teileinkünfteverfahren für betriebliche Kapitaleinkünfte abgelöst worden, was wiederum zu einer unterschiedlichen steuerlichen Belastung führen kann. Hierauf wird mangels Bedeutung für die vorliegende Arbeit nicht weiter eingegangen.

205 Wacker, in: Schmidt, EStG, § 16 Rz. 553.

206 BMF-Schreiben vom 28.02.2006, a.a.O.

207 Vgl. auch Schell, Realteilung, BB 2006, S. 1026-1030.

208 Wacker, in: Schmidt, EStG, § 16 Rz. 553.

209 Bei der Übertragung von Teilbetrieben ist die siebenjährige Sperrfrist gemäß § 16 Abs. 5 EStG zu beachten.

210 Siehe dazu unter B. II. 4. c) S. 87 ff.

steuerung auf der Ebene der Körperschaft. Ein Vorteil gegenüber der unmittelbaren Besteuerung auf der Ebene der Realteiler ist hier – außer bei Anteilen an Kapitalgesellschaften – nicht zu sehen. Die doppelte Steuerbelastung hätte hier sicherlich von vornherein Missbrauchsfälle ausgeschlossen, so dass es der Regelung des § 16 Abs. 3 S. 4 EStG nicht bedurft hätte.[211]

Ein auf der Körperschaftsklausel basierender Gewinn entsteht noch auf der Ebene der Mitunternehmerschaft und ist daher den bisherigen Mitunternehmern nach dem allgemeinen Gewinnverteilungsschlüssel und nicht nach der Realteilungsabrede zuzurechnen.[212] Mit der Realteilungsabrede wird in der Regel nur die Verteilung des Gesamthandsvermögens bestimmt, nicht jedoch die Versteuerung der einzelnen Realteiler. Hierzu bedarf es vielmehr einer ergänzenden Regelung, die einen Ausgleich für die steuerliche Belastung einzelner Realteiler durch den Ansatz des gemeinen Wertes vorsehen.[213]

Die Realteilung von Personengesellschaften unter Beteiligung von Kapitalgesellschaften ist im Ergebnis besonders benachteiligt, wenn bei der Übertragung von Einzelwirtschaftsgütern durch den zwingenden Ansatz des gemeinen Wertes eine nicht unerhebliche Steuerbelastung ausgelöst wird. Diese Steuerbelastung wird noch verstärkt, wenn zusätzlich Wert- oder Spitzenausgleichszahlungen zu leisten sind.[214]

II. Besonderheiten bei der Realteilung mit Spitzenausgleich

1. Zur Problematik

In der Praxis ist die idealtypische Realteilung, in der die erhaltene Teilungsmasse des Gesamthandsvermögens dem Wert des Kapitalkontos des jeweiligen Realteilers entspricht, kaum zu realisieren. Wird das gesamthänderische Betriebsvermögen einer Personengesellschaft bei ihrer Auflösung auf die Beteiligten real verteilt, erhält in der Regel einer von ihnen wertmäßig mehr, ein anderer dagegen entsprechend weniger, als ihm aus der Vermögensmasse jeweils anteilig zusteht. Die Vermögensspitze muss dann von dem Gesellschafter, dem sie zufällt, gegenüber

211 In der Literatur wird nicht zuletzt aus diesem Grunde zum Teil die Verfassungsmäßigkeit der Körperschaftsklausel angezweifelt. Siehe Engl, Realteilung mit Einzelwirtschaftsgütern, DStR 2002, S. 119-122; Paus, Realteilung einer Personengesellschaft bei vermögensmäßiger Beteiligung einer GmbH, FR 2002, S. 1217-1220.

212 Wacker, in: Schmidt, EStG, § 16 Rz. 553; Seitz, Realteilung von Personengesellschaften, StbJb. 2004/2005, S. 201-226; a.A. Winkemann, Die Realteilung, BB 2004, S. 130-136, hier S. 131.

213 Siehe dazu C. IV. 3. b) ee) S. 176 ff.

214 Siehe dazu auch Hubert, Die Realteilung von Mitunternehmerschaften bei Beteiligung von juristischen Personen, StuB 2006, S. 12-16 – mit Fallbeispiel.

demjenigen, dem sie fehlt, ausgeglichen werden. In diesem Fall wird die Zahlung eines sog. Spitzenausgleichs erforderlich. Dieser Wertausgleich erfolgt in der Regel in Form einer Geldzahlung von privat zu privat.

Der Spitzenausgleich ist somit nichts anderes als die Zahlung auf eine Wertdifferenz zwischen der Summe aller gemeinen Werte (Verkehrswerte) der übernommenen Wirtschaftsgüter und dem gesellschaftsrechtlichen Auseinandersetzungsanspruch. Der Wertausgleich folgt in der Regel aus der Realteilungsvereinbarung, so dass der ausgleichsberechtigte Realteiler gegenüber dem Ausgleichsverpflichteten einen Forderungsanspruch erhält. Für den Ausgleichsverpflichteten entsteht eine entsprechende Verbindlichkeit.

Steuerlich stellen sich bezüglich dieser Ausgleichsleistungen insbesondere die Fragen, ob das Entgelt ein Veräußerungsgeschäft darstellt und ob es zwingend zur Aufdeckung stiller Reserven und zu aktivierungspflichtigen Anschaffungskosten führt. Bei Vorliegen eines Veräußerungsvorgangs erzielt der Ausgleichsberechtigte einen Veräußerungsgewinn und der Ausgleichsverpflichtete entsprechend Anschaffungskosten. Hierbei ergeben sich die Fragen der Ermittlung des Veräußerungsgewinns des ausgleichsberechtigten sowie der Anschaffungskosten des ausgleichsverpflichteten Realteilers. Rechtsprechung und Finanzverwaltung vertreten hierzu unterschiedliche Auffassungen, die nachfolgend aufgezeigt werden.

2. Die Rechtsprechung zur Realteilung mit Spitzenausgleich

a) Ältere Rechtsprechung zur Realteilung

Nach der älteren Rechtsprechung des BFH führte die Realteilung deshalb nicht zur Gewinnrealisierung, weil durch die Teilung nicht einzelne Gegenstände des Betriebsvermögens, sondern die Gesamthandsrechte der Gesellschafter am Gesellschaftsvermögen ausgetauscht würden. Dieser Tausch führe zu keiner Gewinnrealisierung, da der einzelne Gesellschafter nur das zu Alleineigentum erhalte, woran er bisher bereits gesamthänderisch beteiligt gewesen sei.[215] Der BFH war seinerzeit der Meinung, das Unternehmen würde durch die Realteilung nicht aufgelöst, sondern von diesem Zeitpunkt an lediglich in seinen Gliedern, also nur in einer anderen Organisationsform fortgeführt.[216] Spitzenausgleichszahlungen zur Gleichstellung der Gesellschafter seien zwar unschädlich für die Annahme einer Realteilung, müssten jedoch gesondert betrachtet werden, da sie gewinnrealisierend zu behandeln seien.[217]

215 Z.B. BFH-Urteil vom 05.07.1963, BStBl. III 1963, S. 492; BFH-Urteil vom 02.10.1962, BStBl. III 1962, S. 513.
216 BFH-Urteil vom 06.05.1952, BStBl. III 1952, S. 183.
217 Z.B. BFH-Urteil vom 05.07.1963, a.a.O.

Der BFH spaltete die Realteilung somit in eine gewinnneutrale reale Teilung und eine gewinnrealisierende Ausgleichszahlung auf und begründete dies in Anlehnung an die Bilanzbündeltheorievorstellungen. Die Realteilung wurde danach nicht als einheitlicher Vorgang behandelt. Der ausgleichsberechtigte Gesellschafter erzielte einen Veräußerungsgewinn in Höhe des Betrages, um den die Summe aus den zugeteilten Buchwerten der verteilten Vermögensgegenstände und der Ausgleichszahlung sein bisheriges Kapitalkonto überstieg. Der ausgleichsverpflichtete Gesellschafter hatte danach in gleicher Höhe zusätzliche Anschaffungskosten für die ihm zugeteilten Vermögensgegenstände zu aktivieren.[218]

b) Das Realteilungsurteil vom 19.01.1982

Im Urteil vom 19.01.1982[219] distanzierte sich der BFH – nach der Verabschiedung der Bilanzbündeltheorie – von der zivilrechtlich abwegigen und steuerrechtlich jeglicher Grundlage entbehrenden Vorstellung über den Grund der Gewinnrealisierung mit der gebotenen Eindeutigkeit. Er sah in der realen Teilung von Unternehmen nunmehr keinen Tausch von Eigentumsanteilen, sondern eine Aufgabe des Betriebes durch die Gesellschaft. Die Qualifizierung der Realteilung als Betriebsaufgabe führte dazu, dass grundsätzlich ein Gewinn nach § 16 Abs. 3 EStG a.F. entstand.

Im Rahmen dieser Betrachtung äußerte sich der VIII. Senat nur am Rande zu der Erfassung einer Ausgleichszahlung bei der Ermittlung des Aufgabegewinns bei Beendigung einer Personengesellschaft durch Aufdeckung sämtlicher stillen Reserven. Danach verminderte die Ausgleichszahlung den Aufgabegewinnanteil des leistenden Gesellschafters, weil er mehr als seinen Anteil erhalten hatte. Bei dem ausgleichsberechtigten Realteiler erhöhte sich der jeweilige Aufgabegewinnanteil.[220] Diese Aussage ging allerdings am Gesetzeswortlaut des § 16 Abs. 3 EStG a.F. sowie dem Sinn und Zweck der Vorschrift vorbei und war damit unrichtig.[221] Denn der Wertausgleich wird bereits durch die gesetzliche Regelung erfasst. Bei einer Aufgabe eines Gewerbebetriebes einer Personengesellschaft wird für jeden einzelnen Beteiligten der gemeine Wert der Wirtschaftsgüter angesetzt, die er bei der Auseinandersetzung erhalten hat.[222] Bei einer Betriebsaufgabe durch Realteilung wird also in einer Aufgabebilanz alles angesetzt, was die Gesellschafter erhalten haben, und grundsätzlich nach dem allgemeinen Gewinnschlüssel verteilt. Hierzu gehört auch die Ausgleichszahlung. Die stillen Reserven, die durch

218 Wiesler, Spitzenausgleich, DB 1988, S. 2589-2592.

219 BFH-Urteil vom 19.01.1982, a.a.O.

220 A.a.O.

221 So auch Fellmeth, Spitzenausgleich bei Realteilung, BB 1991, S. 2184-2192, hier S. 2185 f.

222 § 16 Abs. 3 S. 8 EStG

den Spitzenausgleich realisiert werden, sind bereits im Aufgabegewinn erfasst. Dessen Korrektur kommt hierbei nicht in Betracht. Allenfalls kann im Rahmen der Auseinandersetzungsvereinbarung eine nicht dem bisherigen Gewinnverteilungsschlüssel entsprechende Verteilung bestimmt werden.

Nach der Auffassung des VIII. Senats[223] waren – im Gegensatz zur früheren Rechtsprechung – reale Teilung und Ausgleichszahlung allerdings ein einheitlicher Vorgang.[224] Der BFH begründete diese Feststellung damit, dass der Ausgleich Bestandteil der Vereinbarung über die Auseinandersetzung ist, und verwies somit auf das Zivilrecht. Letzterer Hinweis stand in unmittelbarem Zusammenhang mit der Rechtsprechungsänderung.[225] Nach dieser konnte es nicht darauf ankommen, ob ein Gesellschafter exakt das an Wirtschaftsgütern erhält, was ihm anteilsmäßig zusteht, oder ob er etwas mehr an Wirtschaftsgütern erhält und deswegen Geld zahlen muss.[226]

Die geänderte Beurteilung hatte also auch Folgen für die Realteilung mit Spitzenausgleich. Wie aber dieser zu behandeln ist, wenn die Gesellschafter keine stillen Reserven aufdecken wollen und das Wahlrecht zur Buchwertfortführung ausüben, hat der BFH offen gelassen. Da es in dem für den BFH zugrunde liegenden Sachverhalt nicht entscheidungserheblich war, äußerte sich der VIII. Senat in seiner Urteilsbegründung nur am Rande zum Spitzenausgleich. Bedeutend an diesem Urteil war aber, dass er die Realteilung als einheitlichen Vorgang ansah und somit die Ausgleichszahlung nicht isoliert zu betrachten war.[227]

In der Literatur wurde daraufhin vielfach diskutiert, ob das Wahlrecht zur gewinnrealisierenden Betriebsaufgabe oder gewinnneutralen Buchwertfortführung nach diesem Urteil auch für die Ausgleichszahlung gelten sollte.[228] Döllerer und Knobbe-Keuk waren der Auffassung, dass ebenso der Spitzenausgleich erfolgsneutral behandelt werden müsse.[229] Nach Wiesler galt das vom BFH aufgestellte Wahlrecht jedenfalls auch dann für die Realteilung mit Spitzenausgleich, wenn die Besteuerung der stillen Reserven sichergestellt ist.[230] Nach der damaligen Literaturmeinung bestand bei Spitzenausgleichszahlungen anlässlich

223 BFH-Urteil vom 19.01.1982, a.a.O.

224 A.a.O.

225 Wiesler, Spitzenausgleich, DB 1988, S. 2589-2592.

226 A.a.O.

227 BFH-Urteil vom 19.01.1982, a.a.O.

228 Döllerer, Realteilung, DStZ 1982, S. 267-272; Knobbe-Keuk, Bilanz- und Unternehmenssteuerrecht, a.a.O., S. 769 ff.; Fellmeth, Spitzenausgleich bei Realteilung, BB 1991, S. 2184-2191, m.w.N.; Bordewin, Realteilung, DStZ 1992, S. 353-358, hier S. 356.

229 Döllerer, Realteilung, DStZ 1982, S. 267-272; Knobbe-Keuk, Bilanz- und Unternehmenssteuerrecht, a.a.O., S. 769 ff.

230 Wiesler, Spitzenausgleich, DB 1988, S. 2589-2592.

von Realteilungen in analoger Anwendung des BFH-Urteils vom 19.01.1982[231] ein Wahlrecht, ob der Vorgang gewinnrealisierend oder gewinnneutral durchgeführt wird.[232] Diese Rechtsansicht wurde jedoch im Jahr 1992 durch ein klarstellendes Urteil des BFH hinfällig.[233]

c) Das Realteilungsurteil vom 01.12.1992

Der VIII. Senat hat mit dem Urteil vom 01.12.1992[234] seine Grundsätze zur Behandlung des Spitzenausgleichs bei Realteilung einer Personengesellschaft fortentwickelt und eine Antwort auf zwei zentrale Fragestellungen des Bilanzsteuerrechts gegeben, die seit der Entscheidung vom 19.01.1982[235] Gegenstand vielfacher und kontroverser Erörterungen in der Fachliteratur waren. Das sind zum einen die Frage der steuerlichen Behandlung des Spitzenausgleichs und zum anderen die der Zulassung unterschiedlicher Wahlrechte der Gesellschafter bezüglich der Buchwertfortführung und der Aufdeckung stiller Reserven.[236] Während der BFH in seiner Entscheidung vom 19.01.1982[237] die beiden Fragestellungen weitestgehend offen gelassen hatte, behandelte er sie in der Entscheidung vom 01.12.1992[238] umfassend.

Der VIII. Senat unterscheidet zwischen einem Wertausgleich bei Aufgabegewinnrealisierung und einer Gewinnentstehung mit Buchwertfortführung und kommt somit zu folgendem Leitsatz seiner Entscheidung:

1. *Zahlt bei einer Realteilung mit Buchwertfortführung ein Realteiler dem anderen einen sog. Spitzenausgleich,ta*
   - *steht dies der gewinnneutralen Realteilung des Gesellschaftsvermögens nicht entgegen,*
   - *führt dies zur Realisierung eines Veräußerungsgewinns und*
   - *kann für diesen Gewinn die Steuerbegünstigung der §§ 16, 34 EStG nicht beansprucht werden.*
2. *Zahlt bei einer Realteilung mit Realisierung der stillen Reserven ein Realteiler dem anderen einen sogenannten Spitzenausgleich,*
   - *entsteht ein Aufgabegewinn bei der Gesellschaft,*
   - *wird dieser Gewinn entsprechend dem Verhältnis der Kapitalkonten in der steuerrechtlichen Schlussbilanz verteilt und*
   - *kann für ihn die Steuerbegünstigung der §§ 16, 34 EStG beansprucht werden.*

231 BFH-Urteil vom 19.01.1982, a.a.O.

232 Wiesler, Spitzenausgleich, DB 1988, S. 2589-2592, m.w.N.

233 BFH-Urteil vom 01.12.1992, a.a.O.

234 A.a.O.

235 BFH-Urteil vom 19.01.1982, a.a.O.

236 Vgl. Fellmeth, Neue Erkenntnisse zur Realteilung, BB 1993, S. 2192-2196.

237 BFH-Urteil vom 19.01.1982, a.a.O.

238 BFH-Urteil vom 01.12.1992, a.a.O.

3. *Eine gewinnneutrale Fortführung der Buchwerte nach Realteilungsgrundsätzen ist auch zulässig, wenn bei einem Realteiler die stillen Reserven in den übernommenen Wirtschaftsgütern aufgedeckt werden.*[239]

Der BFH begründet seine Rechtsauffassung damit, dass mit Beendigung der Gesellschaft durch Realteilung grundsätzlich ein Aufgabegewinn entstehe, der in der Schlussbilanz der Gesellschaft auszuweisen sei. Es handele sich insoweit um eine Liquidationsbilanz mit Zerschlagungswerten, bei der allerdings ein selbst geschaffener Firmenwert nicht auszuweisen sei.[240] Entschließen sich die Realteiler dagegen, von ihrem Wahlrecht zugunsten der Buchwertfortführung Gebrauch zu machen, so sei eine Schlussbilanz als Liquidationsbilanz entbehrlich. In diesem Fall entspreche die Realteilungsbilanz der steuerlichen Jahresschlussbilanz der Gesellschaft. Nur wenn es im Rahmen der Realteilung zur Auflösung sämtlicher stiller Reserven komme, müsse die Realteilungsbilanz gleichzeitig die Aufgabebilanz – entsprechend der Liquidationsbilanz – sein.[241]

Bei Fortführung der Buchwerte weise die Gesellschaft keinen Gewinn aus. Ist die Realteilungsbilanz wegen der unveränderten Fortführung der Buchwerte die steuerrechtliche Schlussbilanz, könne sich der Anspruch auf einen Spitzenausgleich in dieser Bilanz nicht auswirken. Ausgleichszahlungen aus dem Eigenvermögen eines Realteilers bleiben insoweit unberücksichtigt. Der Spitzenausgleich führe bei der Realteilung mit Buchwertfortführung zu einer Gewinnrealisierung beim ausgleichsberechtigten Realteiler. Steuerrechtlich sei damit die Realteilung beendet. Die mit der Ausgleichszahlung verbundene Aufstockung der Buchwerte des leistungsverpflichteten Realteilers beruhe auf einem Vorgang außerhalb der Realteilung im steuerrechtlichen Sinne.[242]

Ist die Realteilungsbilanz wegen der Aufdeckung der stillen Reserven die Aufgabebilanz, führe die Realteilung zu einem Aufgabegewinn der Gesellschaft. Dieser werde den Realteilern über ihren Gewinnanteil zugerechnet. Diejenigen stillen Reserven, die durch einen Spitzenausgleich realisiert werden könnten, seien damit bereits im Aufgabegewinn der Gesellschaft erfasst. Der Spitzenausgleich betreffe nur noch die Verteilung dieses Gewinns.[243]

Nach Ansicht des VIII. Senats liegt beim Spitzenausgleich ein Forderungskauf vor. Da es sich bei der Realteilung mit Buchwertfortführung um einen Vorgang in der betrieblichen Sphäre der Realteiler handele, führe er beim ausgleichsberechtigten Realteiler zu Betriebseinnahmen, beim Ausgleichsverpflichteten zu Anschaffungskosten mit der Folge, dass die aus der steuerrechtlichen

239 A.a.O.
240 A.a.O.
241 A.a.O.
242 A.a.O.
243 A.a.O.

Schlussbilanz der Personengesellschaft übernommenen Buchwerte der Wirtschaftsgüter und das diesen angeglichene Kapitalkonto in der Fortführungsbilanz entsprechend aufzustocken seien. Beim ausgleichsberechtigten Realteiler führe der Spitzenausgleich zur Realisierung eines Veräußerungsgewinns im Rahmen der Betriebsaufgabe der Gesellschaft. Dieser sei kein nach §§ 16, 34 EStG begünstigter Aufgabegewinn.[244]

Der Spitzenausgleich führe auch dann in vollem Umfang zur Gewinnrealisierung, wenn der andere Realteiler die Buchwerte der übernommenen Wirtschaftsgüter fortführe. Die ungeschmälerte spätere Besteuerung werde durch die Anpassung des Kapitalkontos an die Buchwerte und zur Durchführung der Anpassung bei unterschiedlich ausgeübtem Wahlrecht erreicht. Führt die Realteilung zu einer Gesamtrealisierung der stillen Reserven durch Ausübung des Wahlrechts im Sinne der Aufdeckung der stillen Reserven oder durch Übernahme des Betriebsvermögens in das Privatvermögen der Realteiler, so sei der Aufgabegewinn nach §§ 16 Abs. 4, 34 Abs. 1 EStG steuerbegünstigt. Bei einem Wertausgleich bei Aufgabegewinnrealisierung sei auch der Spitzenausgleich für die Ermittlung des Aufgabegewinns ohne Bedeutung. Der Spitzenausgleich wirke sich nur auf die Höhe des Aufgabegewinnanteils der Realteiler aus. Das bedeute aber nicht, dass auch bei Zahlung eines Spitzenausgleichs die stillen Reserven jeweils von demjenigen Realteiler zu versteuern seien, der sie mit den ihm übertragenen Wirtschaftsgütern übernommen hat. Das im Rahmen der Realteilung erhaltene Vermögen umfasst somit die Ausgleichsforderung (als positives Wirtschaftsgut) und die Ausgleichsverpflichtung (als negatives Wirtschaftsgut). Die Anwendung des ermäßigten Steuersatzes scheitere nicht an der Vereinbarung eines Spitzenausgleichs. Der Gewinnanteil enthalte ausschließlich in vollem Umfang realisierte stille Reserven.[245]

Die Diskussion im Schrifttum über die Anwendung des vom VIII. Senat in seinem Urteil vom 19.01.1982[246] aufgestellten Wahlrechts zur gewinnrealisierenden Betriebsaufgabe oder gewinnneutralen Buchwertfortführung auch für die Realteilung mit Spitzenausgleich konnte somit beendet werden. Der VIII. Senat hat gut zehn Jahre später in seinem Urteil vom 01.12.1992 klare Grundsätze zur steuerlichen Behandlung des Spitzenausgleichs aufgestellt.[247]

Darüber hinaus war der BFH der Ansicht, dass bei einer Realteilung mit Buchwertfortführung die Vereinbarung eines Spitzenausgleichs beim Ausgleichsberechtigten eine Gewinnrealisierung in Höhe des Ausgleichsbetrages zur Folge hat.[248]

---

244 A.a.O.

245 A.a.O.

246 BFH-Urteil vom 19.01.1982, a.a.O.

247 BFH-Urteil vom 01.12.1992, a.a.O.

248 A.a.O.

Die Finanzverwaltung hat auf dieses BFH-Urteil mit Schreiben vom 11.08.1994[249] reagiert. Danach sind die Urteilsgrundsätze nicht über den entschiedenen Einzelfall hinaus anzuwenden,

- soweit das Urteil davon ausgeht, dass auch im Rahmen der Realteilung einer Personengesellschaft zur Ermittlung des Gewinns aus der Abfindungszahlung eine anteilige Gegenrechnung der Buchwerte nicht vorzunehmen ist,
- soweit das Urteil bestimmt, dass der Spitzenausgleich bei einer Realteilung mit Buchwertfortführung in keinem Fall nach §§ 16, 34 EStG tarifbegünstigt ist, und
- soweit das Urteil bestimmt, dass das Wahlrecht nicht von allen Gesellschaftern einheitlich ausgeübt werden muss.

3. Die Reaktion der Finanzverwaltung

a) Parallelwertung bei entgeltlicher Erbauseinandersetzung

Die Rechtssituation der Realteilung mit Spitzenausgleich ist vergleichbar mit der Auseinandersetzung einer Erbengemeinschaft.[250] Der Große Senat des Bundesfinanzhofs hat in seinem Beschluss vom 05.07.1990[251] festgestellt, dass Abfindungszahlungen eines Erben und Aufwendungen für den Erwerb des Erbteils eines Miterben beim Leistenden grundsätzlich zu Anschaffungskosten führen; in gleicher Höhe entsteht beim weichenden Miterben ein Veräußerungserlös. Die Finanzverwaltung ist diesem Beschluss gefolgt und hat daraufhin das Erbauseinandersetzungsschreiben vom 11.01.1993[252] erlassen. Danach unterscheidet die Finanzverwaltung zwischen Erbauseinandersetzungen über Betriebsvermögen und Privatvermögen und unterteilt diese in Realteilungen ohne und mit Abfindungszahlungen. Mit BMF-Schreiben vom 11.08.1994[253] erklärt die Finanzverwaltung, dass die Realteilung einer Personengesellschaft ertragssteuerrechtlich ebenso zu behandeln ist wie die in den BMF-Schreiben vom 11.01.1993[254] geregelte Erbauseinandersetzung über Betriebsvermögen.

249 BMF-Schreiben vom 11.08.1994, BStBl. I 1994, S. 601.

250 Fromm, Realteilung mit Spitzenausgleich, BB 1994, S. 1042- 1045; Fellmeth, Spitzenausgleich bei Realteilungen, BB 1991, S. 2184-2192.

251 BFH-Beschluss vom 05.07.1990, BStBl. II 1990, S. 837.

252 BMF-Schreiben vom 11.01.1993, a.a.O. – ersetzt durch BMF-Schreiben vom 14.03.2006, a.a.O.

253 BMF-Schreiben vom 11.08.1994, a.a.O.

254 BMF-Schreiben vom 11.01.1993, a.a.O. – ersetzt durch BMF-Schreiben vom 14.03.2006, a.a.O.

Unter Bezugnahme auf das BFH-Urteil vom 01.12.1992[255] hat der Bundesfinanzhof allerdings zur Realteilung einer Personengesellschaft mit Buchwertfortführung und Spitzenausgleich Rechtsgrundsätze aufgestellt, die teilweise von den Regelungen des BMF-Schreibens vom 11.01.1993[256] abweichen. Vor diesem Hintergrund hat die Finanzverwaltung in ihrem ergänzenden BMF-Schreiben vom 11.08.1994[257] zur Frage der Anwendung der Grundsätze des BFH-Urteils vom 01.12.1992[258] Stellung genommen. Mit BMF-Schreiben vom 14.03.2006[259] hat die Finanzverwaltung das Schreiben betreffend die ertragsteuerliche Behandlung der Erbengemeinschaft und ihrer Auseinandersetzung überarbeitet und insbesondere an die gesetzliche Normierung der Realteilung in § 16 Abs. 3 S. 2-4 EStG angepasst. Die Grundaussagen bleiben dabei unverändert, die Beispiele wurden ergänzt und zum Teil verändert.

b) Ermittlung des Veräußerungsgewinns bei Realteilung einer Personengesellschaft mit Abfindungszahlung (Spitzenausgleich)

Soweit ein Spitzenausgleich für den Mehrerwerb gezahlt wird, liegt nach der Auffassung der Finanzverwaltung im Einklang mit dem BFH-Beschluss vom 05.07.1990[260] eine entgeltliche Übertragung von Betriebsvermögen vor. Nach dem BFH-Urteil vom 01.12.1992[261] führt der Spitzenausgleich in Höhe des gezahlten Betrages zu einer Gewinnrealisierung. Die Finanzverwaltung vertritt dagegen eine andere Auffassung. Sie bezieht sich auf den Beschluss des BFH zur Erbauseinandersetzung vom 05.07.1990[262] und stellt zur Ermittlung des Veräußerungsgewinns aus der Abfindungszahlung dieser den Teil des Kapitalkontos gegenüber, der dem Verhältnis der Abfindung zum Wert des übernommenen Betriebsvermögens entspricht (anteilige Gegenrechnung der Buchwerte).[263] Für die Erbauseinandersetzung über Betriebsvermögen und die Realteilung von Personengesellschaften gelten insoweit einheitliche Grundsätze. Vor diesem Hintergrund vertritt die Finanzverwaltung die Auffassung, dass auch im Rahmen der Realteilung einer Personengesellschaft zur Ermittlung des Gewinns aus der Abfindungszahlung eine anteilige Gegenrechnung der Buchwerte vorzunehmen ist. Das BFH-

255 BFH-Urteil vom 01.12.1992, a.a.O.
256 BMF-Schreiben vom 11.01.1993, a.a.O. – ersetzt durch BMF-Schreiben vom 14.03.2006, a.a.O.
257 BMF-Schreiben vom 11.08.1994, a.a.O.
258 BFH-Urteil vom 01.12.1992, a.a.O.
259 BMF-Schreiben vom 14.03.2006, a.a.O.
260 BFH-Beschluss vom 05.07.1990, a.a.O.
261 BFH-Urteil vom 01.12.1992, a.a.O.
262 BFH-Beschluss vom 05.07.1990, a.a.O.
263 BMF-Schreiben vom 11.08.1994, a.a.O.

Urteil vom 01.12.1992[264] findet demnach bezüglich der Ermittlung des Veräußerungsgewinns über den entschiedenen Einzelfall hinaus keine Anwendung.

c) Tarifbegünstigung des Spitzenausgleichs bei der Realteilung einer Personengesellschaft

Nach den Regelungen zur Erbauseinandersetzung sind die steuerlichen Vergünstigungen der §§ 16, 34 EStG auf den Spitzenausgleich anzuwenden, wenn es sich bei den zugeteilten Vermögensgegenständen nicht um einzelne Wirtschaftsgüter, sondern um Betriebe oder Teilbetriebe handelt.[265] Der BFH hatte dagegen in seinem Urteil vom 01.12.1992[266] entschieden, dass der Spitzenausgleich bei einer Realteilung mit Buchwertfortführung in keinem Fall nach §§ 16, 34 EStG tarifbegünstigt ist. Auch für die Anwendung der Tarifbegünstigung vertritt die Finanzverwaltung hier die Auffassung, dass für die Erbauseinandersetzung über Betriebsvermögen und die Realteilung von Personengesellschaften einheitliche Grundsätze gelten müssen. Vor diesem Hintergrund ist das BFH-Urteil vom 01.12.1992 hinsichtlich der Tarifbegünstigung über den entschiedenen Einzelfall hinaus nicht anzuwenden.[267]

Die Finanzverwaltung vertritt dagegen in ihrem jüngsten Realteilungserlass vom 28.02.2006[268] wiederum eine Auffassung, die dem BFH-Urteil vom 01.12.1992[269] entspricht. Danach ist der Veräußerungsgewinn aus dem Spitzenausgleich mit Buchwertfortführung für den veräußernden Realteiler nicht nach §§ 16, 34 EStG begünstigt, sondern stets als laufender Gewinn zu versteuern.

d) Einheitliche Wahlrechtsausübung bei der Realteilung einer Personengesellschaft

Nach den Rechtsgrundsätzen des BMF-Schreibens zur Erbauseinandersetzung vom 11.01.1993[270] muss das Wahlrecht zwischen einer gewinnrealisierenden Betriebsaufgabe oder einer gewinnneutralen Buchwertfortführung einheitlich in der Schlussbilanz der Erbengemeinschaft ausgeübt werden. Nach der Auffassung der Finanzverwaltung gilt dieser Grundsatz auch für die Realteilung einer Personengesellschaft außerhalb einer Erbauseinandersetzung.[271] Demzufolge ist der Grund-

264 BFH-Urteil vom 01.12.1992, a.a.O.
265 BMF-Schreiben vom 01.11.1993, a.a.O.
266 BFH-Urteil vom 01.12.1992, a.a.O.
267 BMF-Schreiben vom 11.08.1994, a.a.O.
268 BMF-Schreiben vom 28.02.2006, a.a.O.
269 BFH-Urteil vom 01.12.1992, a.a.O.
270 BMF-Schreiben vom 11.01.1993, a.a.O. – ersetzt durch BMF-Schreiben vom 14.03.2006, a.a.O.
271 BMF-Schreiben vom 11.08.1994, a.a.O.

satz des BFH-Urteils vom 01.12.1992[272], wonach das Wahlrecht nicht von allen Gesellschaftern einheitlich ausgeübt werden muss, nicht über den entschiedenen Einzelfall hinaus anzuwenden.

4. Spitzenausgleich als Veräußerungsgeschäft

a) Grundsatz

Der Große Senat des Bundesfinanzhofes hat in seinem Beschluss vom 05.07.1990[273] zur Erbauseinandersetzung die Auffassung vertreten, dass es bei der Durchführung einer Realteilung zu einem Veräußerungsgeschäft kommt, soweit ein Gesellschafter mehr an Realteilungsvermögen empfängt, als ihm gemäß Auseinandersetzungsanspruch zusteht und er dafür eine Wertausgleichszahlung zu erbringen hat. Abfindungszahlungen im Rahmen der Auseinandersetzung und Aufwendungen für den Erwerb führen nach Auffassung des BFH beim Leistenden grundsätzlich zu Anschaffungskosten.[274] Bei dem Ausgleichsberechtigten entsteht in gleicher Höhe ein Veräußerungserlös.[275] Die Finanzverwaltung ist mit ihrem Erlass zur Erbauseinandersetzung vom 11.01.1993[276] dieser Auffassung gefolgt und hat diese Ansicht in ihrem BMF-Schreiben vom 14.03.2006[277] beibehalten. Auch in der Literatur bestehen keinerlei Zweifel, dass bei einer Realteilung der zu zahlende Spitzenausgleich ein Veräußerungsgeschäft darstellt und insoweit einen steuerpflichtigen Gewinn auslöst.[278]

Die Finanzverwaltung ist dieser Auffassung auch in ihrem Anwendungsschreiben zur Realteilung vom 28.02.2006[279] gefolgt. Bei der Realteilung mit Spitzenausgleich liegt danach im Verhältnis des Spitzenausgleichs zum Wert des übernommenen Betriebsvermögens ein entgeltliches Geschäft vor mit der Folge, dass für den veräußernden Realteiler ein Veräußerungsgewinn entsteht. Bei der Realteilung mit Spitzenausgleich kommt es zu einer teilweisen Realisierung der stillen Reserven der Mitunternehmerschaft. Die Ausgleichsleistung für den über

---

272 BFH-Urteil vom 01.12.1992, a.a.O.

273 BFH-Beschluss vom 05.07.1990, a.a.O.

274 A.a.O.

275 A.a.O.

276 BMF-Schreiben vom 11.01.1993, a.a.O. – ersetzt durch BMF-Schreiben vom 14.03.2006, a.a.O.; BMF-Schreiben vom 11.08.1994, a.a.O.

277 BMF-Schreiben vom 14.03.2006, a.a.O.

278 Winkemann, Die Realteilung, BB 2004, S. 130-136; Seitz, Realteilung von Personengesellschaften, StbJb. 2004/2005, S. 201-226; kritisch: Fellmeth, Spitzenausgleich bei Realteilung, BB 1991, S. 2184-2192.

279 BMF-Schreiben vom 28.02.2006, a.a.O.

die Beteiligungsquote hinausgehenden Mehrempfang von Vermögensgegenständen führt zu einem Veräußerungsvorgang, der für den augleichsverpflichteten Realteiler zu Anschaffungskosten und für den ausgleichsberechtigten zu einem Veräußerungserlös führt. Der Charakter als Anschaffungskosten für den Mehrempfang folgt daraus, dass der Spitzenausgleich aufgewendet werden muss, um die Wirtschaftsgüter zu erlangen. Durch den Auseinandersetzungsanspruch im Rahmen der Realteilung wird der Mehrempfang von Wirtschaftsgütern jedenfalls nicht erfasst. Vielmehr liegt hier neben der Naturalteilung in dem Spitzenausgleich ein Veräußerungsvorgang von Bruchteilen der Wirtschaftsgüter vor, der für den Mehr erwerbenden Realteiler zu Anschaffungskosten führt. Für den abgebenden Realteiler führt der Veräußerungsvorgang zu einem entsprechenden Gewinn. Eine Gewinnrealisierung tritt für den ausgleichsberechtigten Mitunternehmer allerdings nur insoweit ein, als er wegen stiller Reserven in den übernommenen Wirtschaftsgütern abgefunden wird. Ausgleichzahlungen zum Ausgleich unterschiedlicher Buchwerte sind stets gewinnneutral.

b) Ermittlung des Veräußerungsgewinns

Bisher nicht geklärt ist die Frage, in welcher Höhe ein Gewinn durch die Ausgleichszahlung entsteht.[280] Der BFH hat in seinem Realteilungsurteil vom 19.01.1982[281] zu der Ermittlung des Gewinns aus der Ausgleichszahlung keine Stellung genommen, da dies für den Urteilsfall nicht entscheidungserheblich war. Er war der Ansicht, dass die in Geld geleistete Ausgleichszahlung den Aufgabegewinnanteil des empfangenden Gesellschafters erhöht und denjenigen des leistenden Gesellschafters vermindert.[282] In Fortentwicklung seiner Rechtsprechung nimmt der VIII. Senat des BFH in seinem Urteil vom 01.12.1992[283] zur Rechtslage bis 1998 an, dass durch den Spitzenausgleich beim Ausgleichsberechtigten ein laufender Gewinn in Höhe des gezahlten Ausgleichsbetrages entstehe. Der Ausgleichsberechtigte habe in dieser Höhe Betriebseinnahmen, der Ausgleichsverpflichtete entsprechend Anschaffungskosten.[284]

Nach Ansicht der Finanzverwaltung[285] und der herrschenden Literaturmeinung[286] wird hingegen bei der Ermittlung des Veräußerungsgewinns eine anteilige

280 So auch Wacker, in: Schmidt, EStG, § 16 Rz. 549; ders., Realteilung einer Personengesellschaft, StbJb. 2003/2004, S. 81-100.

281 BFH-Urteil vom 19.01.1982, a.a.O.

282 A.a.O.

283 BFH-Urteil vom 01.12.1992, a.a.O.

284 A.a.O.

285 BMF-Schreiben vom 11.08.1994 (Nichtanwendungserlass), a.a.O.; BMF-Schreiben vom 28.02.2006, a.a.O.

Gegenrechnung der Buchwerte vorgenommen. Der grundlegende Unterschied zur Behandlung des Spitzenausgleichs im Vergleich zur BFH-Lösung liegt damit in der Ermittlung des Veräußerungsgewinns des ausgleichberechtigten Realteilers und der Anschaffungskosten des Ausgleichsverpflichteten. Demgemäß wird nur im Verhältnis der Ausgleichszahlung zum Wert der übernommenen Wirtschaftsgüter entgeltlich angeschafft und veräußert und nur insoweit Gewinn realisiert (anteilige Buchwertgegenrechnung). Folglich kann es nur insoweit zu Anschaffungskosten des Ausgleichsverpflichteten und zu einem steuerpflichtigen Veräußerungsgewinn des ausgleichsberechtigten Realteilers kommen.

Dieser Auffassung der anteiligen Buchwertgegenrechnung ist grundsätzlich zuzustimmen, denn die Realteilung zu Buchwerten kann nicht völlig isoliert zum Spitzenausgleich betrachtet werden. Der Spitzenausgleich wird gerade für den Mehrwert des erhaltenen Vermögens gezahlt mit der Folge, dass der ausgleichsverpflichtete Realteiler das zugeteilte Vermögen durch die Zahlung des Spitzenausgleichs entgeltlich und im Übrigen unentgeltlich erwirbt.[287]

Auch hinsichtlich der gesetzlichen Kodifizierung der Realteilung nach § 16 Abs. 3 S. 2 EStG i.d.F. des UntStFG ist der Meinung der herrschenden Literatur und auch der Finanzverwaltung grundsätzlich zuzustimmen.[288] Die BFH-Rechtsprechung sowie die überwiegend dazu erschienene Literatur ergingen zur Rechtslage bis 1998. Durch die gesetzliche Regelung der Realteilung in § 16 Abs. 3 EStG hat sich aber an dem Grundsatz der anteiligen Buchwertgegenrechnung nichts geändert und wird auch nach der gesetzlichen Implementierung der Realteilung von der Finanzverwaltung befürwortet. In ihrem BMF-Schreiben vom 28.02.2006[289] vertritt sie weiterhin ihre Rechtsansicht, dass zur Ermittlung des Veräußerungsgewinns des Ausgleichsberechtigten und der Anschaffungskosten des ausgleichsverpflichteten Realteilers eine anteilige Buchwertgegenrechnung vorzunehmen ist.

Der Spitzenausgleich verdrängt als gesonderter Realisationsakt durch Veräußerung teilweise die zwingende Buchwertfortführung nach den gesetzlichen Realteilungsgrundsätzen. Eine anderweitige Interpretation wäre sachlogisch nicht zu rechtfertigen und würde den Sinn und Zweck einer Ausgleichsleistung verfehlen. Denn mit der Spitzenausgleichszahlung findet letztlich ein Wertausgleich statt. Der Realteiler, der wertmäßig mehr erhalten hat als der andere, ist gegenüber diesem verpflichtet, dieses „Mehr“ auszugleichen. Dieser Wertausgleich betrifft entweder einzelne Wirtschaftsgüter oder Gruppen von Wirtschaftsgütern wie etwa

286 Wacker, in: Schmidt, EStG, § 16 Rz. 549; ders. Realteilung einer Personengesellschaft, StbJb. 2003/2004, S. 81-100; Seitz, Realteilung von Personengesellschaften, StbJb. 2004/2005, S. 201-226; Bordewin, Realteilung, DStZ 1992, S. 353-358; Groh, Realteilung von Personengesellschaften, WPg 1991, S. 620-626; u.a.

287 So auch Seitz, Realteilung von Personengesellschaften, StbJb. 2004/2005, S. 201-226, hier S. 219.

288 So auch Wacker, Realteilung einer Personengesellschaft, StbJb. 2003/2004, S. 81-100, hier S. 93.

289 BMF-Schreiben vom 28.02.2006, a.a.O.

Teilbetriebe oder ganze Betriebe. Da es sich hier um die anteilige Veräußerung eines ausgleichsverpflichteten Realteilers handelt, ist es nur sachgerecht, diesen Veräußerungsvorgang nach den allgemeinen Grundsätzen zu behandeln. Der Gewinn entsteht mit der Veräußerung. Er ist gebunden an das Vorliegen stiller Reserven und entsteht als Unterschiedsbetrag zwischen der Gegenleistung und dem anteiligen Buchwert. Die entgegen der BFH-Rechtsprechung lautende Auffassung der Finanzverwaltung ist somit dem Grunde nach zu befürworten.

Die Finanzverwaltung zeigt in ihrem BMF-Schreiben vom 28.02.2006[290] an einem Beispiel auf, dass es unter Anwendung der Kapitalkontenanpassungsmethode bei anteiliger Buchwertgegenrechnung nicht zu einer Verlagerung der stillen Reserven zwischen den Gesellschaftern kommt. Offensichtlich kommt es hierbei auf die richtige Definition der Anschaffungskosten und damit auf die Ermittlung des zutreffenden Veräußerungsgewinns an. Wie unten gezeigt wird, kann der Lösungsansatz der Finanzverwaltung in anderen Ausgangssituationen sehr wohl zu einem unerwünschten Überspringen stiller Reserven zwischen den Mitunternehmern führen.[291]

c) Begünstigung nach §§ 16 Abs. 4 und 34 EStG

Ebenso nicht geklärt ist neben der Höhe des Veräußerungsgewinns die Möglichkeit einer Anwendung der Tarifermäßigungsvorschriften der §§ 16 Abs. 4 und 34 EStG. Sofern der Steuerpflichtige das 55. Lebensjahr vollendet hat, erhält er im Rahmen der Betriebsaufgabe bei zusammengeballter Aufdeckung der stillen Reserven sämtlicher wesentlichen Betriebsgrundlagen einen besonderen Freibetrag nach § 16 Abs. 4 EStG. Nach Maßgabe des § 34 Abs. 3 EStG wird der Aufgabegewinn bis zu einem Höchstbetrag von € 5,0 Mio. darüber hinaus mit einem ermäßigten Steuersatz von 56 % des durchschnittlichen Steuersatzes besteuert, sofern der Steuerpflichtige das 55. Lebensjahr vollendet hat.[292] Anderenfalls kann die Begünstigungsvorschrift des § 34 Abs. 1 EStG mit der – meistens ins Leere gehenden – sogenannten Fünftel-Regelung zum Tragen kommen.[293]

290 BMF-Schreiben vom 28.02.2006, a.a.O.

291 Siehe hierzu Kapitel C. S. 103 ff.

292 Durch das Haushaltsbegleitgesetz 2004 vom 22.12.2003, BGBl. 2003, S. 2840, wurde ab dem 01.01.2004 der ermäßigte Steuersatz des § 34 Abs. 3 EStG von 50 % auf 56 % des durchschnittlichen Steuersatzes angehoben.

293 Die sog. Fünftel-Regelung wurde durch das StEntlG 1999/2000/2002, a.a.O., als Begünstigungsvorschrift ab dem Jahr 1999 eingeführt. Im Gegenzug wurde damals der halbe Steuersatz abgeschafft. Durch das Steuersenkungsgesetz (StsenkG) vom 23.10.2000, a.a.O. und das Gesetz zur Ergänzung des Steuersenkungsgesetzes (StsenkErgG) vom 19.12.2000, BGBl. I 2000, S. 1812, wurde dieser aber ab dem Veranlagungszeitraum 2001 neben der sog. Fünftel-Regelung wieder eingeführt. Die Tarifermäßigungen des § 34 Abs. 1 und Abs. 3 EStG stehen in Gesetzeskonkurrenz.

Der Bundesfinanzhof hat sich in seinem Urteil vom 01.12.1992[294] erstmals zu der Anwendbarkeit der Steuerbegünstigung der §§ 16, 34 EStG geäußert. Der VIII. Senat differenziert dabei zwischen einer Realteilung mit Buchwertfortführung und einer Realteilung mit Realisierung der stillen Reserven.

Bei der Realteilung mit Buchwertfortführung kann nach seiner Ansicht für den Veräußerungsgewinn die Steuerbegünstigung der §§ 16, 34 EStG nicht beansprucht werden. Der ausgleichsberechtigte Realteiler habe die Ausgleichszahlung in unmittelbarem wirtschaftlichem Zusammenhang mit der Aufgabe des Betriebs der real geteilten Personengesellschaft erhalten. Man könne sie deshalb noch als Aufgabegewinn im weiteren Sinne ansehen. Damit käme nicht nur der Freibetrag des § 16 Abs. 4 EStG, sondern auch die Tarifbegünstigung des § 34 Abs. 1, Abs. 2 Nr. 1 EStG a.F. nicht in Betracht. Die Rechtsprechung habe beide Steuerbegünstigungen davon abhängig gemacht, dass alle stillen Reserven des aufgegebenen Betriebs in einem einheitlichen wirtschaftlichen Vorgang aufgelöst werden. Dies hat der Senat aus dem Sinn und Zweck des § 34 EStG hergeleitet, wonach die zusammengeballte Realisierung der während vieler Jahre entstandenen stillen Reserven nicht nach dem progressiven Einkommensteuertarif zu erfassen ist. Nach der Auffassung des BFH sind diese Grundsätze auch auf den Fall der Realteilung mit Buchwertfortführung zu übertragen. Der Senat begründet dies mit der sinngemäßen Anwendung des § 24 Abs. 3 UmwStG 1977.[295] In der steuerrechtlichen Schlussbilanz seien keine stillen Reserven aufgedeckt. Der BFH ging in seiner Entscheidung, die noch zur Rechtslage vor 1998 ergangen war, von der damals herrschenden Ansicht einer rechtsanalogen Anwendung des § 24 Abs. 3 UmwStG 1977 aus. Die Gewährung der Steuervergünstigung nach §§ 16, 34 EStG sei nur zur Gleichbehandlung wirtschaftlich vergleichbarer Sachverhalte geboten. Besondere Umstände rechtfertigten ein vom Zweck dieser Vorschrift abweichendes Ergebnis nicht. Die Steuerbegünstigung betreffe die Einkommensbesteuerung des Realteilers. Der dabei zu berücksichtigende Gewinnanteil enthalte keine geballt realisierten stillen Reserven. Vor diesem Hintergrund käme eine Anwendung der Steuerbegünstigung der §§ 16, 34 EStG nicht in Betracht.[296]

Bei der Realteilung mit Spitzenausgleich und Realisierung der stillen Reserven vertritt der VIII. Senat die Auffassung, dass für diesen Veräußerungsgewinn die Steuerbegünstigung der §§ 16, 34 EStG beansprucht werden kann. Er geht in seiner Urteilsbegründung sogar ein Stück weiter, indem er die Anwendung des ermäßigten Steuersatzes nach § 34 Abs. 1 EStG selbst dann für möglich hält, wenn nur einer der Realteiler die stillen Reserven auflöst und der andere die Buchwerte der über-

294 BFH-Urteil vom 01.12.1992, a.a.O.

295 A.a.O.

296 A.a.O.

nommenen Wirtschaftsgüter fortführt. Zwar werde der Aufgabegewinn in diesem Fall nicht zusammengeballt realisiert. Es müsse aber berücksichtigt werden, dass die Gesellschaft nur Subjekt der Gewinnerzielung, nicht auch Subjekt der Einkommensbesteuerung ist. Für letztere – und damit für die Tarifermäßigung – sei nicht auf den Aufgabegewinn der Gesellschaft, sondern auf den (Aufgabe-)Gewinnanteil des Gesellschafters abzustellen. Das bedeute, dass dieser Gewinnanteil dann nach §§ 16, 34 EStG begünstigt ist, wenn er auf in vollem Umfang aufgedeckten stillen Reserven beruhe. Dies gelte unabhängig davon, ob der andere Realteiler die Buchwerte fortführt. Die Versteuerung des Aufgabegewinnanteils mit dem ermäßigten Steuersatz scheitere damit auch nicht an der Vereinbarung eines Spitzenausgleichs. Der Gewinnanteil enthalte ausschließlich in vollem Umfang realisierte stille Reserven. Dieser Auffassung ist zwar grundsätzlich zuzustimmen, denn bei einer Veräußerung eines Mitunternehmeranteils wird schließlich auch die Tarifermäßigung gewährt. Allerdings steht dem der Grundsatz der einheitlichen Wahlrechtsausübung bei der Realteilung entgegen.

Die Finanzverwaltung ist der Ansicht des BFH nicht uneingeschränkt gefolgt und vertrat – zur Rechtslage bis 1998 – eine differenzierte Auffassung. Auf der Grundlage des Beschlusses des Großen Senates zur Erbauseinandersetzung vom 05.07.1990[297] äußerte sich die Finanzverwaltung in ihrem Erlass zur Erbauseinandersetzung[298] auch zur Tarifbegünstigung des Veräußerungsgewinns bei Erbauseinandersetzungen über Betriebsvermögen durch Realteilungen mit Abfindungszahlungen. Nach der damaligen Auffassung waren die §§ 16, 34 EStG auf den Veräußerungsgewinn anzuwenden, der sich auf Grund der Abfindung ergab, wenn bei der Realteilung eines Nachlasses Betriebe oder Teilbetriebe zugeteilt werden oder zum Beispiel bei einem Mischnachlass nur ein Betrieb vorhanden ist, der unter Ausscheiden der übrigen Miterben allein auf einen bestimmten Miterben übertragen wird.[299] Die Anwendung der §§ 16, 34 EStG auf Veräußerungsgewinne, die sich auf Grund der Abfindung für lediglich einzelne betrieblich genutzte Wirtschaftsgüter ergaben, wurde versagt.[300]

Nach dem nahezu zeitgleich ergangenen Urteil des BFH vom 01.12.1992[301] hat die Finanzverwaltung durch einen Nichtanwendungserlass[302] reagiert. Danach waren die Grundsätze des BFH-Urteils, wonach der Spitzenausgleich bei einer Realteilung mit Buchwertfortführung in keinem Fall nach §§ 16, 34 EStG tarifbegünstigt war, nicht anzuwenden.[303]

297 BFH-Beschluss vom 05.07.1990, a.a.O.

298 BMF-Schreiben vom 11.01.1993, a.a.O. – ersetzt durch BMF-Schreiben vom 14.03.2006, a.a.O.

299 A.a.O.

300 A.a.O.

301 BFH-Urteil vom 01.12.1992, a.a.O

302 BMF-Schreiben vom 11.08.1994, a.a.O.

303 A.a.O.; siehe dazu auch unter B. II. 2. Buchstabe c), S. 78 ff. und B. II. 3. Buchstabe c), S. 83 ff.

In der Literatur wird der Auffassung der Finanzverwaltung mit überzeugender Begründung entgegengehalten, dass auch bei Zuteilung von Teilbetrieben ein nicht begünstigter laufender Gewinn vorliege, weil nicht alle stillen Reserven aufgedeckt werden.[304] Wacker bekräftigt die Ansicht des BFH, bei Buchwertfortführung und damit mangels Aufdeckung sämtlicher stiller Reserven einen nur laufenden Gewinn anzunehmen.[305] Nichts anderes gilt für die Rechtslage ab 1999 sowie ab 2001.[306] Ein Wahlrecht, die übernommenen Wirtschaftsgüter mit dem gemeinen Wert anzusetzen und hierdurch sämtliche stillen Reserven aufzudecken, was zur Rechtslage bis einschließlich 1998 möglich war, besteht jedenfalls nach § 16 Abs. 3 S. 2 EStG i.d.F. des UntStFG nicht.[307]

Zusammenfassend ist folgendes festzuhalten: Nach der Rechtsprechung des BFH[308] führte die Realteilung mit Spitzenausgleich und Buchwertfortführung zu einem laufenden Gewinn in Höhe der Ausgleichszahlung. Nach der herrschenden Literaturmeinung sowie der Auffassung der Finanzverwaltung wird der Veräußerungsgewinn dagegen unter anteiliger Buchwertgegenrechnung ermittelt. Die Finanzverwaltung nahm dabei für Teilbetriebe und Betriebe einen begünstigten Veräußerungsgewinn gemäß §§ 16, 34 EStG an. Diese Auffassung hat sie zur Rechtslage ab 2001 jedoch inzwischen fallen lassen. Nach Maßgabe des BMF-Schreibens vom 28.02.2006[309] ist dieser Gewinn stets nicht nach §§ 16 und 34 EStG begünstigt, sondern als laufender Gewinn zu versteuern.

d) Gewerbesteuerliche Auswirkungen

Der Gewinn bei Realteilungen mit Spitzenausgleich unterliegt nicht der Gewerbesteuer, weil die Realteilung einen betriebsbeendenden Vorgang darstellt.[310] Nach der Auffassung des VIII. Senats gehörten zu den aus dem Gewinn aus Gewerbebetrieb abzugrenzenden Bestandteilen auch solche, die nach Einkommensteuerrecht zwar nicht Veräußerungs- oder Aufgabegewinne sind, aber in einem unmittelbaren sachlichen Zusammenhang mit einer Betriebsaufgabe stehen und deshalb nicht „laufende“ Gewinne sind. Für den im Rahmen einer Realteilung durch

304 Seitz, Realteilung von Personengesellschaften, StbJb. 2004/2005, S. 201-226, hier S. 220; Wacker, in: Schmidt, EStG, § 16 Rz. 549; Reiß, Zweifelsfragen zur Realteilung mit Spitzenausgleich, DStR 1995, S. 1129-1134, hier S. 1133.

305 Wacker, Realteilung einer Personengesellschaft, StbJb. 2003/2004, S. 81-100, hier S. 93 f.; ders., in: Schmidt, EStG, § 16 Rz. 549.

306 So auch Wacker, Realteilung einer Personengesellschaft, StbJb. 2003/2004, S. 81-100, hier S. 93 f.; ders., in: Schmidt, EStG, § 16 Rz. 549.

307 A.a.O.

308 BFH-Urteil vom 01.12.1992, a.a.O.

309 BMF-Schreiben vom 28.02.2006, a.a.O.

310 BFH-Urteil vom 17.02.1994, BStBl. II 1994, S. 809.

Zahlung eines Spitzenausgleichs entstehenden Gewinn gelte nichts anderes. Die Betriebsaufgabe könne unter Berücksichtigung des Wesens der Gewerbesteuer als Objektsteuer nicht anders behandelt werden als die Betriebsveräußerung. Nach der Auffassung des BFH ist die Realteilung nach Gewerbesteuerrecht eindeutig eine Betriebsaufgabe durch die Personengesellschaft.[311]

Die Finanzverwaltung ist dieser Ansicht gefolgt und rechnet den Veräußerungsgewinn bei Realteilungen mit Spitzenausgleich grundsätzlich nicht zum Gewerbeertrag nach § 7 Abs. 1 GewStG.[312] Ab dem Erhebungszeitraum 2002 ist allerdings der Gewinn aus der Aufdeckung der stillen Reserven nach § 7 S. 2 GewStG als Gewerbeertrag zu erfassen, soweit er nicht auf eine natürliche Person als unmittelbar beteiligter Mitunternehmer entfällt. Das bedeutet, dass der Veräußerungsgewinn bei Ausgleichszahlungen an Realteiler, die nicht natürliche Personen, sondern Körperschaften sind, stets der Gewerbesteuer unterliegt. Nach der gesetzlichen Änderung des § 7 GewStG gilt die Gewerbesteuerbefreiung also nur noch für natürliche Personen.

5. Vermeidung der Gewinnentstehung

a) Disquotale Zuweisung neutraler Wirtschaftsgüter

Die Realteilung zeichnet sich in ihren Grundsätzen dadurch aus, dass das Gesamthandsvermögen der Personengesellschaft natural geteilt wird und die vorhandenen Vermögensgegenstände auf die einzelnen Gesellschafter entsprechend ihrer Beteiligungsquote übertragen werden. Soweit eine den Beteiligungsverhältnissen entsprechende Aufteilung der Vermögenswerte nicht möglich oder aus sonstigen Gründen nicht gewollt ist, wird die Zahlung eines Wertausgleichs desjenigen Realteilers erforderlich, der vermögensmäßig mehr erhält, als ihm gesellschaftsrechtlich zusteht. Unter Umständen kann jedoch ein Wertausgleich mit einer partiellen Aufdeckung stiller Reserven dann vermieden werden, wenn in die Realteilung nicht nur die positiven, sondern auch die negativen Wirtschaftsgüter (z.B. Verbindlichkeiten) in der Weise einbezogen werden, dass man sie anders zuteilt, als es den Beteiligungsverhältnissen entspricht.[313] Eine von den Beteiligungsverhältnissen abweichende Verteilung des Gesellschaftsvermögens ist unschädlich, da es sich hierbei nicht um wesentliche Betriebsgrundlagen handelt. Analog einer abweichenden Verteilung negativer Wirtschaftsgüter können

311 A.a.O.

312 BMF-Schreiben vom 28.02.2006, a.a.O.

313 So auch Seitz, Realteilung von Personengesellschaften, StbJb. 2004/2005, S. 201-226, hier S. 220 f.

auch Geldkonten der Mitunternehmerschaft, wie z.B. Bankguthaben oder der Kassenbestand, disquotal aufgeteilt werden.[314] Auch die Realteilung unter Zuweisung von Einzelwirtschaftsgütern einschließlich liquider Mittel ist zu Buchwerten zu vollziehen.[315] Andere Wirtschaftsgüter, die bei funktional-quantitativer Betrachtungsweise nicht als wesentliche Betriebsgrundlagen anzusehen sind, können hierbei ebenfalls disquotal verteilt werden.[316] Die inkongruente Übernahme von Schulden oder liquider Mittel der Mitunternehmerschaft ist kein Entgelt im Sinne eines Wertausgleichs.[317] In der Literatur umstritten ist allerdings die alleinige Zuweisung des Geldvermögens auf einen Realteiler.[318] Nach Wacker liegt dann keine Realteilung vor, wenn einer der Gesellschafter nur oder fast nur liquide Mittel erhält.[319] Groh ist dagegen der Auffassung, dass dieser Vorgang gewinnneutral sein müsste, wenn man dem Prinzip der Realteilung folge.[320] Hier wird die Auffassung von Wacker geteilt, weil in diesem Fall eine Veräußerung eines Mitunternehmeranteils gegen Erhalt von Barmitteln vorliegt. Von einer Realteilung kann hierbei nicht mehr die Rede sein.[321] Die steuerneutrale Realteilung durch disquotale Zuweisung neutraler Wirtschaftsgüter wird an folgendem Beispiel verdeutlicht.

Beispiel 4:

An der AB-OHG sind A und B mit jeweils 50 % beteiligt. Die Gesellschaft besitzt zwei Teilbetriebe. Ferner verfügt die Gesellschaft über Geldvermögen in Höhe von 70. Teilbetrieb 1 hat einen gemeinen Wert von 210 und Teilbetrieb 2 von 140. Die Buchwerte beider Teilbetriebe sind unterschiedlich. Die Kapitalkonten beider Gesellschafter sind identisch. Beiden Gesellschaftern sind stille Reserven von jeweils 95 zuzurechnen.

---

314 BFH-Urteil vom 24.01.1973, BStBl. II 1973, S. 219.

315 Wacker, in: Schmidt, EStG, § 16 Rz. 544 f.

316 So auch Seitz, Realteilung von Personengesellschaften, StbJb. 2004/2005, S. 201-226, hier S. 221.

317 Wacker, in: Schmidt, EStG, § 16 Rz. 545.

318 Groh, Realteilung von Personengesellschaften, WPg 1991, S. 620-626, hier S. 624; Wacker, Realteilung einer Personengesellschaft, StbJb. 2003/2004, S. 81-100, hier S. 90; ders., in: Schmidt, EStG, § 16 Rz. 545.

319 Wacker, in: Schmidt, EStG, § 16 Rz. 545; gl. A. BFH-Urteil vom 20.02.2003, a.a.O. Wacker hält dieses Urteil aber für bedenklich, soweit es im Falle der Fortführung des Betriebes einer beendeten Personengesellschaft durch einen Gesellschafter ein faktisches Wahlrecht zwischen Betriebsveräußerung durch die Personengesellschaft und Veräußerung von Mitunternehmeranteilen anerkennt.

320 Groh, Realteilung von Personengesellschaften, WPg 1991, S. 620-626, hier S. 624.

321 Siehe hierzu auch unter A. III. 2. S. 44 ff. – Ausscheiden gegen Sachwertabfindung.

Die Schlussbilanz zur Realteilung zeigt folgendes Bild:

AB-OHG: Bilanz vor Realteilung

	Buchwert	gemeiner Wert		Buchwert	gemeiner Wert
Teilbetrieb 1	90	210	Kapital A	115	210
Teilbetrieb 2	70	140	Kapital B	115	210
Geldvermögen	70	70			
	230	420		230	420

Im Rahmen der Auseinandersetzung der AB-OHG beschließen die Gesellschafter, die Gesellschaft durch Aufteilung des Gesellschaftsvermögens aufzulösen und zu beenden. Gesellschafter A erhält den Teilbetrieb 1 und Gesellschafter B den Teilbetrieb 2. Beide Gesellschafter führen die Buchwerte der Teilbetriebe in ihren Einzelunternehmen fort. Ihre Kapitalkonten werden entsprechend angepasst.

Die Realteilung erfolgt nur dann vollumfänglich zum Buchwert gemäß § 16 Abs. 3 Satz 2 EStG, wenn kein Spitzenausgleich zu leisten ist. Da der Teilbetrieb 1 (gemeiner Wert 210) mehr wert ist als Teilbetrieb 2 (gemeiner Wert 140), müsste A eigentlich einen Spitzenausgleich von 35 aus dem Privatvermögen erbringen. Dies kann aber dadurch vermieden werden, dass B neben dem Teilbetrieb 2 das Geldvermögen der Gesellschaft in Höhe von 70 erhält. Somit erhalten beide Realteiler einen Wert von 210.

Die Bilanz des A stellt sich wie folgt dar:

Bilanz des Einzelunternehmens des A *nach* Realteilung

	Buchwert	gemeiner Wert		Buchwert	gemeiner Wert
Teilbetrieb 1	90	210	Kapital A	90	210
	90	210		90	210

Bilanz des Einzelunternehmens des B *nach* Realteilung

	Buchwert	gemeiner Wert		Buchwert	gemeiner Wert
Teilbetrieb 2	70	140	Kapital B	140	210
Geldvermögen	70	70			
	140	210		140	210

b) Einlagelösung

Auf Grund der anteiligen Aufdeckung stiller Reserven bei einem Wertausgleich und der damit entstehenden zusätzlichen Belastung mit Einkommen- oder Körperschaftssteuer wird die Auseinandersetzung von Personengesellschaften durch Realteilung mittels Zahlung eines Spitzenausgleichs behindert. Die Realteiler werden bestrebt sein, einen steuerbelastenden Spitzenausgleich zu vermeiden.

Als weitere Möglichkeit zur Vermeidung der Gewinnrealisierung durch einen Spitzenausgleich wird im Schrifttum empfohlen, vor der Realteilung die liquiden Mittel des Gesellschaftsvermögens durch Einlage aus dem Eigenvermögen der Gesellschafter oder durch Kreditaufnahme in der für den Wertausgleich erforderlichen Höhe aufzustocken.[322] Dafür muss das für die Ausgleichszahlung benötigte Geld vor der Realteilung in das Gesellschaftsvermögen eingelegt werden. Es würde allerdings nicht nur der zum Ausgleich Verpflichtete Geld einlegen, sondern – damit das Verhältnis der Kapitalkonten gewahrt bleibt – auch der andere Realteiler den gleichen Geldbetrag.

Beispiel 5:

Die Ausgangssituation ist fast identisch mit dem Beispiel 4.[323] Der einzige Unterschied besteht darin, dass die Gesellschaft nicht über Geldvermögen in Höhe von 70 verfügt.

Die Schlussbilanz zur Realteilung zeigt folgendes Bild:

AB-OHG: Bilanz vor Realteilung

	Buchwert	gemeiner Wert		Buchwert	gemeiner Wert
Teilbetrieb 1	90	210	Kapital A	80	175
Teilbetrieb 2	70	140	Kapital B	80	175
	160	350		160	350

Im Rahmen der Auseinandersetzung der AB-OHG beschließen die Gesellschafter, die Gesellschaft durch Aufteilung des Gesellschaftsvermögens aufzulösen und zu beenden. Gesellschafter A erhält den Teilbetrieb 1 und Gesellschafter B Teilbetrieb 2. Beide Gesellschafter führen die Buchwerte der Teilbetriebe in ihren Einzelunternehmen fort. Ihre Kapitalkonten werden entsprechend angepasst.

322 Knobbe-Keuk, Bilanz- und Unternehmenssteuerrecht, a.a.O., S. 770 f.; Groh, Realteilung von Personengesellschaften, WPg 1991, S. 620-625, hier S. 623; Hubert, Realteilung von Mitunternehmerschaften, StuB 2006, S. 12-16.

323 Vgl. Beispiel 4 auf S. 92.

Die Realteilung erfolgt nur dann vollumfänglich zum Buchwert gemäß § 16 Abs. 3 Satz 2 EStG, wenn kein Spitzenausgleich zu leisten ist. Da der Teilbetrieb 1 (gemeiner Wert 210) mehr wert ist als Teilbetrieb 2 (gemeiner Wert 140), müsste A eigentlich einen Spitzenausgleich von 35 aus seinem Privatvermögen erbringen mit der Folge, dass insoweit ein Gewinn realisiert wird. Nach der Einlagelösung muss das für die Ausgleichszahlung benötigte Geld vor der Realteilung in das Gesellschaftsvermögen eingelegt werden. Die Realteilung wäre dann insgesamt steuerneutral zu Buchwerten möglich. Zur Wahrung des Verhältnisses der Kapitalkonten legt auch B vor der Realteilung 35 in das Gesellschaftsvermögen ein.

Die Bilanz der Gesellschaft vor der Realteilung (nach Einlage) hätte dann folgendes Bild:

AB-OHG: Bilanz vor Realteilung

	Buchwert	gemeiner Wert		Buchwert	gemeiner Wert
Teilbetrieb 1	90	210	Kapital A	115	210
Teilbetrieb 2	70	140	Kapital B	115	210
Geldvermögen	70	70			
	230	420		230	420

Im Rahmen der Realteilung erhält B den Teilbetrieb 2 zuzüglich des Geldvermögens von 70 – insgesamt also einen Wert von 210. A erhält den Teilbetrieb 1 mit einem gemeinen Wert von ebenfalls 210. Die Bilanzen nach der Realteilung haben nach der Einlagelösung das gleiche Aussehen, wie in dem Beispiel zuvor, in dem das Geldvermögen vor Realteilung bereits vorhanden war. In diesem Fall ist die Realteilung durch disquotale Verteilung der vorhandenen Wirtschaftsgüter steuerneutral.

Die Bilanz des A stellt sich wie folgt dar:

Bilanz des Einzelunternehmens des A *nach* Realteilung

	Buchwert	gemeiner Wert		Buchwert	gemeiner Wert
Teilbetrieb 1	90	210	Kapital A	90	210
	90	210		90	210

Die Bilanz des B stellt sich wie folgt dar:

Bilanz des Einzelunternehmens des B *nach* Realteilung

	Buchwert	gemeiner Wert		Buchwert	gemeiner Wert
Teilbetrieb 2	70	140	Kapital B	140	210
Geldvermögen	70	70			
	140	210		140	210

Auch der VIII. Senat des BFH nimmt offenbar an, dass durch die Einlagelösung eine Gewinnrealisierung vermieden werde.[324] In der Urteilsbegründung erwähnt der Senat die im Schrifttum vorgeschlagene Einlagelösung zwar nur am Rande, da eine solche Gestaltung in dem zu entscheidenden Fall nicht vorlag. Vor diesem Hintergrund sah er sich auch nicht veranlasst, die Vermeidung einer Gewinnrealisierung durch Einlage von Barmitteln im Rahmen der Realteilung zu würdigen. In seinen Ausführungen erweckt er jedoch den Eindruck, als könne durch sie eine Gewinnrealisierung vermieden werden.[325]

Insbesondere in der jüngeren Literatur wird die Einlagelösung kritisiert.[326] Nach der Auffassung von Wacker handelt es sich hierbei nur um Scheineinlagen, die einen verdeckten Wertausgleich darstellen.[327] Dieser Auffassung ist hier zu folgen. Denn Einlagen können nichts an der Gewinnrealisierung ändern, weil die Aufstockung der liquiden Mittel des Gesellschaftsvermögens durch Kreditaufnahme oder Einlagen aus dem Privatvermögen der Gesellschafter nur zum Schein getätigt werden. Insoweit handelt es sich hier nur um einen verdeckten Wertausgleich, der eine Gewinnrealisierung nicht vermeiden kann.

Die Finanzverwaltung vertritt offensichtlich die gleiche Auffassung. In ihrem BMF-Schreiben zur Erbauseinandersetzung[328] äußert sie, dass es sich bei eingegangenen Verbindlichkeiten, die eine gewinnneutrale Realteilung ermöglichen sollen, nicht mehr um Nachlassverbindlichkeiten handelt. In einem Klammerzusatz wird sogar auf die Missbrauchsvorschrift des § 42 AO hingewiesen.[329] In dem An-

324 BFH-Urteil vom 01.12.1992, a.a.O.

325 A.a.O.

326 Seitz, Realteilung von Personengesellschaften, StbJb. 2004/2005, S. 201-226; Wacker, Realteilung einer Personengesellschaft, StbJb. 2003/2004, S. 81-100; ders., in: Schmidt, EStG, § 16 Rz. 550.

327 Wacker, Realteilung einer Personengesellschaft, StbJb. 2003/2004, S. 81-100; ders., in: Schmidt, EStG, § 16 Rz. 550.

328 BMF-Schreiben vom 11.01.1993, a.a.O. – ersetzt durch BMF-Schreiben vom 14.03.2006, a.a.O.

329 A.a.O.

wendungserlass zur Realteilung[330] äußert sich die Finanzverwaltung allerdings nicht explizit zu der sogenannten Einlagelösung.

Im Ergebnis ist nur die disquotale Zuweisung neutraler Wirtschaftsgüter ein Lösungsansatz zur Vermeidung einer Gewinnentstehung bei erforderlichem Spitzenausgleich. Die Einlagelösung kommt nicht in Betracht, da es sich aufgrund von Scheineinlagen nur um einen verdeckten Wertausgleich handelt. Allenfalls könnte die Einlagelösung bei Einhaltung einer gewissen Frist von mindestens 6-12 Monaten in Erwägung gezogen werden. Hier dürfte jedoch die Bestimmung der Höhe nach in der Praxis diese Lösung verhindern, denn die Ausgleichszahlung ist schließlich ein auf den Realteilungsstichtag bezogener Wertausgleich.

c) Zweistufenlösung

Darüber hinaus wurde in der Literatur die sog. Zweistufenlösung diskutiert.[331] Diese sieht vor, dass der ausgleichsberechtigte Gesellschafter vor der Realteilung die Hälfte seines Mitunternehmeranteils veräußert und hierbei einen nach Maßgabe der §§ 16, 34 EStG begünstigten Gewinn erzielt. Dieses Modell war jedoch aus Sicht der Finanzverwaltung bei Bestehen von Teilbetrieben entbehrlich, weil zur Rechtslage vor 1998 die Auffassung vertreten wurde, die Realteilung mit Spitzenausgleich durch Übertragung von Teilbetrieben und Betrieben führe zu einer ermäßigt besteuerten Gewinnrealisierung.[332] Die Zweistufenlösung hat darüber hinaus in der herrschenden Literatur keine Anerkennung gefunden, da es sich hierbei anerkanntermaßen um laufenden Gewinn handelt.[333] Dieser Lösungsansatz wird hier im Weiteren nicht vertieft, da ab dem Veranlagungszeitraum 2002 diese Gestaltung durch § 16 Abs. 1 S. 2 EStG hinfällig geworden ist. Danach sind Gewinne, die bei der Veräußerung eines Teils eines Anteils im Sinne von § 16 S. 1 Nr. 2 oder 3 EStG erzielt werden, stets laufende Gewinne. Durch die Änderung des § 7 GewStG sind diese darüber hinaus gewerbesteuerpflichtig, soweit sie nicht auf eine natürliche Person als unmittelbar beteiligter Mitunternehmer entfallen. Somit müssen insbesondere Kapitalgesellschaften diesen Veräußerungsgewinn der Gewerbesteuer unterwerfen.[334]

---

330 BMF-Schreiben vom 28.02.2006, a.a.O.

331 Wacker, Realteilung einer Personengesellschaft, StbJb. 2003/2004, S. 81-100, hier S. 95.

332 BMF-Schreiben vom 11.01.1993, a.a.O. – ersetzt durch BMF-Schreiben vom 14.03.2006, a.a.O., in Verbindung mit BMF-Schreiben vom 11.08.1994, a.a.O.

333 Wacker, in: Schmidt, EStG, § 16 Rz. 550.

334 § 7 S. 2 GewStG.

d) Bildung einer 6b-Rücklage

aa) Voraussetzungen der 6b-Rücklage

Für den wertausgleichberechtigten Realteiler könnte sich im Einzelfall die Möglichkeit einer Reinvestition ergeben. In diesem Zusammenhang böte sich die Möglichkeit, den durch den Spitzenausgleich entstehenden laufenden Gewinn auf ein Reinvestitionsobjekt zu übertragen oder in eine Rücklage nach § 6b Abs. 3 EStG einzustellen und somit zu neutralisieren.

§ 6b Abs. 1 S. 1 EStG enthält eine abschließende Aufzählung der begünstigten Veräußerungsobjekte. Hier sind insbesondere zu nennen der Grund und Boden, der Aufwuchs und Gebäude, wenn die veräußerten Wirtschaftsgüter zum Zeitpunkt der Veräußerung mindestens sechs Jahre ununterbrochen zum Anlagevermögen gehört haben.[335] Nach § 6b Abs. 1 EStG kann der Veräußerungsgewinn im Jahr der Entstehung von den Anschaffungs- oder Herstellungskosten von Grund und Boden, Aufwuchs oder Gebäuden abgezogen werden, wenn diese Wirtschaftsgüter im Wirtschaftsjahr der Veräußerung oder im vorangegangenen Wirtschaftsjahr angeschafft oder hergestellt worden sind.[336] Sofern sich im Jahr der Veräußerung keine Reinvestitionsmöglichkeit ergibt, kann der Mitunternehmer wahlweise eine gewinnmindernde Rücklage im Wirtschaftsjahr der Veräußerung bilden. Der Gewinn muss in der Reinvestitionsfrist von vier Jahren bei Gebäuden übertragen werden. Diese Frist verlängert sich bei neuen Gebäuden auf sechs Jahre, wenn mit ihrer Herstellung vor dem Schluss des vierten auf die Bildung der Rücklage folgenden Wirtschaftsjahres begonnen worden ist.[337] Sollte es nicht zu einer Reinvestition kommen, führt dies zu einer gewinnwirksamen Zwangsauflösung der Rücklage.[338] Der sich daraus ergebende Gewinn ist für jedes Wirtschaftsjahr, in dem die Rücklage bestanden hat, um 6% Gewinnzuschlag zu erhöhen.[339]

Natürliche Personen und Personengesellschaften sind berechtigt, die Vergünstigung des § 6b EStG in Anspruch zu nehmen. Grundsätzlich müssen zwar Veräußerer und Reinvestierender identisch sein, allerdings ist bei Personengesellschaften allein auf den Mitunternehmer abzustellen. Danach scheiden Personengesellschaften als Berechtigte aus. Im Ergebnis ist nicht die Personengesellschaft, sondern der Gesellschafter berechtigt, die Begünstigungsvorschrift in Anspruch zu nehmen.[340]

---

335 § 6b Abs. 4 S. 1 Nr. 2 EStG.

336 § 6b Abs. 1 S. 1 EStG.

337 § 6b Abs. 3 S. 3 EStG.

338 § 6b Abs. 10 S. 8 EStG.

339 § 6b Abs. 10 S. 9 EStG.

340 Auf weitere Einzelheiten zur gesellschafterbezogenen Betrachtungsweise soll hier im Weiteren nicht eingegangen werden. Siehe hierzu insbesondere Glanegger, in: Schmidt, EStG, § 6b Rz. 3 ff.

bb) Vorliegen eines Veräußerungsgewinns

Im Schrifttum wurden zur Rechtslage bis 1998 des Öfteren Zweifel geäußert, ob der Gewinn aus dem Spitzenausgleich als rücklagefähiger Veräußerungsgewinn begriffen werden darf.[341] Fromm ist der Auffassung, dass der Gewinn in Höhe des Spitzenausgleichs nicht unmittelbar aus der Veräußerung von Anlagegütern entstanden ist, sondern einen Wertausgleich für die Übernahme eines minderwertigen Wirtschaftsgutes darstellt.[342] Nach dessen Rechtsnatur handelt es sich um einen Kaufpreis für eine Wertausgleichsforderung.[343] Demzufolge sei fraglich, ob der entstehende Gewinn dennoch ein zur Reinvestitionsrücklage berechtigender Veräußerungsgewinn darstelle.

Nach Ansicht des VIII. Senats des BFH wird der Gewinn in Höhe des Spitzenausgleichs als Entgelt für die Abtretung des Wertdifferenzausgleichsanspruchs interpretiert.[344] Der Senat ist damit der Entscheidung des Großen Senats zur Erbauseinandersetzung gefolgt[345] und sieht in dem Spitzenausgleich ein Entgelt für einen Forderungskauf.

Nach der Auffassung der Finanzverwaltung sowie der herrschenden Literatur handelt es sich bei dem Spitzenausgleich um ein entgeltliches Rechtsgeschäft.[346] § 6b EStG ist somit für Realteilungen mit Spitzenausgleich unter den entsprechenden Voraussetzungen anwendbar. Die Finanzverwaltung lässt die Begünstigungsvorschrift für Realteilungen ausdrücklich zu. Nach R 6b. 2 Abs. 9 S. 3 EStR 2008 kann bei der Realteilung einer Personengesellschaft unter Fortführung entsprechender Einzelunternehmen die Rücklage anteilig in den Einzelunternehmen fortgeführt werden.

Bei der Bildung einer Rücklage nach § 6b EStG im Zusammenhang mit der Realteilung mit Spitzenausgleich ist der nach den Grundsätzen des BMF ermittelte Veräußerungsgewinn durch anteilige Buchwertgegenrechnung begünstigungsfähig. Bei der Übertragung von Einzelwirtschaftsgütern sind die Prüfung der Begünstigungsfähigkeit und die Ermittlung des Veräußerungsgewinns unproblematisch. Sofern Teilbetriebe übertragen werden, müsste die Begünstigungsfähigkeit für jedes einzelne in Betracht kommende Wirtschaftsgut geprüft werden. Dabei

341 Fromm, Realteilung mit Spitzenausgleich, BB 1994, S. 1042-1045.

342 A.a.O.

343 A.a.O.

344 BFH-Urteil vom 01.12.1992, a.a.O.

345 BFH-Urteil vom 05.07.1990, a.a.O.

346 BMF-Schreiben vom 28.02.2006, a.a.O.; Seitz, Realteilung von Personengesellschaften, StbJb. 2004/2005, S. 201-226; Engl, Realteilung mit Einzelwirtschaftsgütern, DStR 2002, S. 119-122; Rogall/Stangl, Die Realteilung einer Personengesellschaft, FR 2006, S. 345-357; Heß, Realteilung einer Personengesellschaft, DStR 2006, S. 777-782; u. a.

ist der Spitzenausgleich zunächst auf die einzelnen Wirtschaftsgüter aufzuteilen, so dass im Anschluss der entsprechende Veräußerungsgewinn des begünstigten Wirtschaftsgutes ermittelt werden kann. Nach der Aufgabe der gesellschaftsbezogenen Betrachtungsweise durch das Unternehmenssteuerfortentwicklungsgesetz[347] ist die Anteilsveräußerung ab dem Jahr 2002 wieder begünstigt nach § 6b EStG. In diesem Fall ist der Spitzenausgleich bei vorliegender Reinvestitionsabsicht ebenfalls auf die entsprechenden Anteile der Wirtschaftsgüter der Mitunternehmerschaft aufzuteilen.

cc) Auswirkungen der Realteilung auf die Besitzzeitanrechnung

Das wesentliche Tatbestandsmerkmal zur Bildung einer 6b-Rücklage ist die positive Feststellung, dass das veräußerte Wirtschaftsgut mindestens sechs Jahre zum Anlagevermögen des Steuerpflichtigen gehörte. Auf Grund der gesellschafterbezogenen Betrachtungsweise der 6b-Rücklage muss das Wirtschaftsgut zum Anlagevermögen des veräußernden Steuerpflichtigen (mindestens anteilig) gehört haben. Es ist bedeutungslos, ob die Beteiligung des veräußernden Steuerpflichtigen gesamthänderisch, miteigentümerisch oder zu Alleineigentum bestanden hat. Es kommt lediglich darauf an, dass das Wirtschaftsgut auch zum Vermögen des Mitunternehmers gehört hat. Dies ist für die Besitzzeitanrechnung des § 6b Abs. 4 Nr. 2 EStG entscheidend.

Realteilungen von Personengesellschaften mit Ausgleichszahlungen sind zwingend als gewinnrealisierende Rechtsträgerwechsel und damit als Veräußerungen anzusehen. Deshalb unterbricht die Realteilung für die Zukunft die Besitzzeit. Die zurückgelegte Besitzzeit wird aber zumindest nach § 39 Abs. 2 Nr. 2 AO bei Mitunternehmern anteilig angerechnet.[348] Eine entgeltliche Änderung im Gesellschafterbestand oder in den Beteiligungsverhältnissen unterbricht die 6-Jahresfrist für den veräußernden Gesellschafter.[349]

Im Ergebnis führt die Realteilung bei der Übertragung von begünstigten Wirtschaftsgütern zu einer Unterbrechung der Besitzzeit für den abgebenden Realteiler. Für den empfangenden Realteiler wird die Besitzzeit entsprechend seinem bisherigen Beteiligungsverhältnis fortgeführt. Sofern im Zusammenhang mit der Übertragung noch Ausgleichsleistungen erbracht werden, kann der dadurch entstehende Gewinn in vollem Umfang gemäß § 6b Abs. 3 EStG neutralisiert werden. Für den veräußernden Gesellschafter ist die 6-Jahresfrist unterbrochen. Der erwerbende Gesellschafter bekommt die zurückgelegte Besitzzeit entspre-

347 UntStFG vom 20.12.2001, a.a.O.

348 Fromm, Realteilung mit Spitzenausgleich, BB 1994, S. 1042-1045, hier S. 1045; m.w.N.

349 BFH-Urteil vom 10.07.1980, BStBl. II 1981, S. 84.

chend seinem Beteiligungsverhältnis anteilig angerechnet. Für den erworbenen Anteil beginnt entsprechend eine neue 6-Jahresfrist.

III. Zusammenfassung

Die Realteilung i.S.d. § 16 Abs. 3 S. 2 ff. EStG ist eine Form der Aufgabe des Gewerbebetriebes. Es war lange Zeit umstritten, ob die Realteilung zwingend die Beendigung der Mitunternehmerschaft voraussetzt – also eine Betriebsaufgabe auf der Ebene der Personengesellschaft. Durch das Anwendungsschreiben[350] hat das BMF bereits die von der Rechtsprechung konstatierte Voraussetzung der Betriebsaufgabe verwaltungsseitig festgelegt. Für die Praxis wäre ihre Lockerung für Umstrukturierungsmaßnahmen wünschenswert gewesen.

Vor dem Hintergrund der Aufgabe des Gewerbebetriebes sind zur Ermittlung der Vermögenswerte die gemeinen Werte i.S.d. § 16 Abs. 3 S. 7 EStG zugrunde zu legen. Der Begriff des gemeinen Wertes entspricht grundsätzlich der Definition des Bewertungsgesetzes und meint den Verkehrswert bzw. Einzelveräußerungspreis.

Die Realteilung kann durch Übertragung oder Überführung von Teilbetrieben, Mitunternehmeranteilen oder Einzelwirtschaftsgütern erfolgen. Gegenstand ist stets das gesamte Betriebsvermögen einschließlich des Sonderbetriebsvermögens der Realteiler.

Der gesetzliche Zwang zur Buchwertfortführung erfordert, dass die stillen Reserven weiterhin steuerverhaftet sind und das übernommene Betriebsvermögen in dasjenige der einzelnen Mitunternehmer überführt wird. Eine Realteilung durch Übertragung zwischen Schwesterpersonengesellschaften ist nach Auffassung der Finanzverwaltung nicht (mehr) möglich.

Zur Herstellung des bilanziellen Gleichgewichtes in den Fortführungsbilanzen der Realteiler bedient sich die Finanzverwaltung der – bereits vom BFH bevorzugten – Kapitalkontenanpassungsmethode. Diese verhindert ein Überspringen stiller Reserven zwischen den Realteilern grundsätzlich nicht und verstößt somit gegen das steuerliche Subjektprinzip. Gleichwohl sieht man in der Kapitalkontenanpassung einen praxisgerechten Lösungsansatz, da die stillen Reserven steuerverstrickt bleiben, wenngleich bei einem anderen Steuersubjekt.

Darüber hinaus haben die Realteiler eine dreijährige Sperrfrist bei Realteilungen mit Einzelwirtschaftsgütern zu beachten. Die Körperschaftsklausel verhindert die Buchwertfortführung bei Übertragung von Einzelwirtschaftsgütern auf eine Körperschaft, um somit die Verlagerung stiller Reserven auf ein anderes Steuersubjekt zu vermeiden.

---

350 BMF-Schreiben vom 28.02.2006, a.a.O.

Bei der Realteilung mit Spitzenausgleich hatte die ältere Rechtsprechung einen Veräußerungsgewinn für den ausgleichsberechtigten Realteiler in Höhe der Ausgleichszahlung angenommen. Im Gegensatz zu der vom BFH vertretenen Auffassung ist die Finanzverwaltung durch die Parallelwertung zur Erbauseinandersetzung der Ansicht, dass zur Ermittlung des Veräußerungsgewinns der Ausgleichszahlung der Teil des Kapitalkontos gegenüberzustellen ist, der dem Verhältnis des Spitzenausgleichs zum Wert des übernommenen Betriebsvermögens entspricht. Der Lösungsansatz der Finanzverwaltung durch anteilige Buchwertgegenrechnung ist zwar dem Grunde nach zu befürworten, geht aber – wie nachfolgend zu zeigen sein wird – von einer unzutreffenden Definition des Veräußerungsgewinns aus. Die unerwünschte Folge ist die dem Subjektsteuerprinzip widersprechende interpersonelle Verlagerung stiller Reserven zwischen den Realteilern.

Ein durch den Spitzenausgleich entstehender Veräußerungsgewinn ist nicht nach §§ 16, 34 EStG begünstigt und unterliegt nicht der Gewerbesteuer.

Im Schrifttum werden verschiedene Möglichkeiten zur Vermeidung eines Veräußerungsgewinns diskutiert. Sowohl die disquotale Zuweisung neutraler Wirtschaftsgüter, die Einlagelösung als auch die Zweistufenlösung sind aber nicht zielführend und müssen verworfen werden. Allenfalls die Bildung einer Rücklage nach § 6b EStG kann hier unter bestimmten Voraussetzungen in Betracht gezogen werden.

C. Modelltheoretische Analyse der bilanziellen Anpassung

I. Zur Problematik des Überspringens stiller Reserven

Die Buchwertfortführung ist ein wesentlicher Bestandteil im Zusammenhang mit der Gewinnbesteuerung bei der Realteilung im Einkommensteuerrecht. Aus bilanzrechtlicher Sicht spielt dabei das Realisationsprinzip und die Aufwandsperiodisierungsgrundsätze inklusive dem Imparitätsprinzip als Teile des Systems der Grundsätze ordnungsgemäßer Buchführung und Bilanzierung eine wesentliche Rolle. Es dürfen nur realisierte Gewinne ausgewiesen werden, während Wertminderungen bereits vor der Realisierung erfasst werden. Auch nach den Bewertungsregeln des Einkommensteuergesetzes kann es zur Bildung stiller Reserven kommen, weil entweder eine Wertsteigerung nicht ausgewiesen wird oder Absetzungen für Abnutzungen über den wahren Wertverzehr hinaus vorgenommen werden. § 6 EStG schreibt für die Einkommensbesteuerung eine Bewertung vor, bei der es zu stillen Reserven in den bewerteten Wirtschaftsgütern kommen kann.

Bei einer Personengesellschaft ist steuerrechtlich jeder Mitunternehmer entsprechend seiner gesellschaftsrechtlichen Beteiligungshöhe insoweit Miteigentümer eines jeden einzelnen aktiven und passiven Wirtschaftsgutes. Zivilrechtlich gilt diese Besonderheit allerdings nicht, weil das „Gesamthandsvermögen" Betriebsvermögen der Gesellschaft selbst ist, über das die einzelnen Gesellschafter nur gemeinsam verfügen können.[351] Der einzelne Mitunternehmer einer Personengesellschaft ist also entsprechend seiner Beteiligungsquote an den stillen Reserven des betreffenden Wirtschaftsgutes beteiligt. Die Personengesellschaft ist Steuerrechtssubjekt bei der Qualifikation und der Ermittlung der Einkünfte. Subjekt der Einkommensteuer ist nicht die Gesellschaft, sondern die natürliche Person, demnach die Gesellschafter und Mitunternehmer einer Personengesellschaft. Gewinne einer Personengesellschaft werden deshalb nach dem Transparenzprinzip unmittelbar der natürlichen Person als dem Einkommensteuersubjekt zugerechnet.[352]

351 Mit dem Widerspruch „zwischen der Einheits- und Vielheitsbetrachtung" hat das Einkommensteuerrecht allerdings nach wie vor große Probleme. Vgl. hierzu Hey, in: Tipke/Lang, Steuerrecht, 19. Aufl., Köln 2008, § 18 Rz. 11.

352 Hey, a.a.O., § 18 Rz. 9.

Das Grundprinzip der Besteuerung ist das Subjektsteuerprinzip, das allerdings nicht isoliert, sondern erst im Zusammenwirken mit dem verfassungsrechtlich fundierten Leistungsfähigkeitsprinzip seine besondere Bedeutung entfaltet. Nach dem steuerlichen Subjektprinzip sind Einkünfte nur von dem Steuersubjekt zu versteuern, das sie erwirtschaftet hat. Bei der Besteuerung laufender Einkünfte, an die das Einkommensteuergesetz eine Leistungspflicht knüpft, und an denen mehrere Steuerpflichtige aufgrund einer gemeinsamen erwerbswirtschaftlichen Betätigung partizipieren, erfolgt die Besteuerung entsprechend der Beteiligungsquote an diesen Einkünften. Bei der Auflösung einer Mitunternehmerschaft wird der Aufgabegewinn, den die mitunternehmerische Gesellschaft verwirklicht, grundsätzlich anteilig den einzelnen Mitunternehmern zugerechnet, da diese die Einkommensteuersubjekte sind. Danach hat jedes Einkommensteuersubjekt nur diejenigen stillen Reserven zu versteuern, die ihm über eine Mitunternehmerschaft anteilig als laufende Gewinne bzw. Gewinnanteile und als Auseinandersetzungserfolg zugerechnet werden. Das Instrumentarium der Realteilung soll den Gesellschaftern einer Mitunternehmerschaft ermöglichen, die Buchwerte bei einer Auseinandersetzung der Personengesellschaft fortzuführen und damit die Besteuerung des Aufgabegewinns zu vermeiden, insbesondere wenn durch die Fortführung der Buchwerte als Betriebsvermögen bei denselben Steuersubjekten die Erfassung der stillen Reserven sichergestellt ist. Vor dem Hintergrund des Subjektsteuerprinzips ist zu gewährleisten, dass eine anteilsgerechte Verteilung der stillen Reserven erfolgt.

Die Anwendung der Grundsätze der Realteilung nach den Auffassungen der Finanzverwaltung und des BFH führt – wie gezeigt wird – regelmäßig zu einem Überspringen der stillen Reserven von einem auf ein anderes Steuersubjekt, das nicht durch § 16 EStG gedeckt ist. Bei Realisierung der stillen Reserven kommt es somit zu einer nicht systemgerechten Besteuerung. Die Auffassungen des BMF und BFH sind unvereinbar mit der Besteuerung nach der Leistungsfähigkeit, die nach dem erwirtschafteten und erzielten Vermögenszuwachs bemessen wird. Sie verletzten ohne gesetzliche Grundlage das Subjektsteuerprinzip, das gerade eine Verlagerung der Besteuerung des erwirtschafteten Vermögenszuwachses auf ein anderes Steuersubjekt nicht zulässt.

Im Steuerrecht gibt es verschiedene Fallgruppen, bei denen es zum Überspringen stiller Reserven kommen kann. Zu nennen sind hier neben der Realteilung die Übertragungsmöglichkeiten nach § 6 Abs. 3 und 5 EStG, Erbfälle sowie Formen der Unternehmensumstrukturierungen nach den Vorschriften des Umwandlungssteuergesetzes, bei denen die Verlagerung stiller Reserven vom Gesetzgeber toleriert oder sogar gewünscht wird.

Die Vorschrift des § 6 Abs. 3 EStG dient vordergründig der Übertragung von Betrieben, Teilbetrieben und Mitunternehmeranteilen im Rahmen der vorweggenommenen Erbfolge, bei der es regelmäßig zu einem Übergang stiller Reserven kommt, was vom Gesetzgeber in diesen Fällen auch gewollt ist. Die Regelungsvorschrift des § 6 Abs. 5 EStG kann in verschiedenen Fällen bei Beteiligung von Mitunternehmerschaften zu einer Verlagerung von stillen Reserven zwischen den Beteiligten führen. § 6 Abs. 5 EStG lässt entgegen dem Subjektsteuerprinzip den Übergang stiller Reserven auf andere Gesellschafter derselben Personengesellschaft zu. Der Gesetzgeber sah sich zu diesem an sich systemwidrigen Transfer genötigt, um erforderliche Umstrukturierungen von Personengesellschaften nicht durch aus der Substanz zu zahlende Ertragsteuern zu erschweren. Der BFH betrachtet dies als ausreichenden Rechtfertigungsgrund für die Verletzung des Folgerichtigkeitsgrundsatzes, wonach ein Steuersubjekt die ihm zuzuordnenden stillen Reserven ungeachtet dessen beibehält, in welchem Betriebsvermögen sich das betreffende Wirtschaftsgut befindet.[353]

Das steuerliche Subjektprinzip wird auch beim Übergang von Betriebsvermögen im Erbanfall zugunsten des Realisationsprinzips durchbrochen. Hier gehen die vom Erblasser erwirtschafteten stillen Reserven auf den oder die im Regelfall nicht an der Personengesellschaft beteiligten Erben über. Die Übertragung des Betriebsvermögens wird durch den Tod des bisherigen Eigentümers ausgelöst, so dass ein interpersonelles Überspringen vorhandener stiller Reserven zwangsläufig ist. Im Rahmen der Kapitalkontenanpassungsmethode kommt es insoweit zu einer Verlagerung nicht realisierter stiller Reserven des Erblassers unter den Miterben. Bei der Erbauseinandersetzung ist dies deshalb zulässig, weil die stillen Reserven ohnehin nicht von den Miterben erwirtschaftet wurden. Der Miterbe hat nämlich die stillen Reserven, die er bei Realisation versteuert, nicht selbst erwirtschaftet, so dass das Subjektsteuerprinzip im Erbfall zugunsten des Realisationsprinzips durchbrochen wird. Ein weiterer wichtiger Grund für die Besteuerung der stillen Reserven bei den Erben und nicht beim Erblasser dürfte die Tatsache sein, dass im Erbfall der Charakter der Erbschaftsteuer als Erbanfall- und damit quasi Ersatzeinkommensteuer der Erben gesehen werden kann.

Eine weitere Fallgruppe bilden Unternehmensumstrukturierungen, bei denen es bei Verschmelzungen und Spaltungen unter bestimmten Voraussetzungen des Umwandlungssteuergesetzes ebenfalls die Möglichkeit gibt, dass stille Reserven aus gesetzgeberischer Intention – zum Beispiel von natürlichen auf juristische Personen – überspringen.

Sinn und Zweck der Realteilung gem. § 16 Abs. 3 Satz 2 ff. EStG ist es, den Gesellschaftern einer Personengesellschaft ein Instrument zur Verfügung zu stellen, sich steuerneutral, d.h. ohne Aufdeckung von stillen Reserven, durch Buchwertfortführung real auseinander zu setzen. Die Beendigung der gemeinsamen gewerblichen Tätigkeit einer Mitunternehmerschaft soll nicht zur Versteuerung von stillen

353 Vgl. BFH-Beschluss vom 15.04.2010, a.a.O.

Reserven führen, denen keine entsprechende Liquidität gegenübersteht. Gleichzeitig ist das Ziel zu verfolgen, dass die spätere Versteuerung der stillen Reserven den steuerlichen Grundprinzipien entspricht.

In der Praxis dürfte es in den meisten Realteilungsfällen nicht möglich sein, den einzelnen Realteilern Wirtschaftsgüter mit Buchwerten zuzuteilen, die insgesamt dem Buchwert ihrer Kapitalkonten entsprechen. Dann kommt es zwangsläufig dazu, dass ein Gesellschafter mehr an Buchwerten, der andere weniger an Buchwerten als den Betrag seines Kapitalkontos erhält. Der Ausgleich dieses bilanziellen Ungleichgewichtes wird seitens der Rechtsprechung und Finanzverwaltung durch die Kapitalkontenanpassungsmethode gelöst[354], wonach die Realteiler ihr jeweiliges Kapitalkonto durch Auf- bzw. Abstocken an die Buchwerte der übertragenen Wirtschaftsgüter anpassen. Durch diese Methodik bleiben zwar sämtliche stille Reserven nach der Realteilung steuerverhaftet, es ändert sich aber dadurch die personelle Zuordnung der stillen Reserven. Die Finanzverwaltung und Rechtsprechung nehmen diese interpersonelle Verlagerung der stillen Reserven hin, da ihre ungeschmälerte Besteuerung durch die Anpassung des Kapitalkontos an die Buchwerte der übernommenen Wirtschaftsgüter erreicht wird.[355]

Die Möglichkeit der Personengesellschaft zur erfolgsneutralen Realteilung hat bereits die ältere Rechtsprechung lediglich davon abhängig gemacht, dass die steuerliche Erfassung der stillen Reserven sichergestellt bleibt.[356] Das bedeutet allerdings nicht, dass die stillen Reserven stets bei demjenigen zu erfassen sind, der sie gebildet hat. Man verlangt nur, dass sie dem Fiskus nicht verloren gehen. Wer sie schließlich versteuert, wird als nebensächlich betrachtet.[357] Das Subjektsteuerprinzip wird schlichtweg durchbrochen.

Im Rahmen der Naturalteilung werden den einzelnen Mitunternehmern Teilbetriebe, Mitunternehmeranteile oder Einzelwirtschaftsgüter bzw. Gesamtheiten von Einzelwirtschaftsgütern entsprechend ihrer jeweiligen wertmäßigen Beteiligungshöhe übertragen. Naturgemäß beinhalten die zu verteilenden Wirtschaftsgüter jedoch unterschiedlich hohe stille Reserven, so dass es nicht zu einer anteilsgerechten Verteilung dieser kommen kann. Das bedeutet, dass die Realteiler zwar entsprechend ihrer Beteiligungshöhe wertmäßig an der Verteilungsmasse partizipieren, die erhaltenen Wirtschaftsgüter aber in der Regel unterschiedlich hohe stille Reserven und damit unterschiedliche zukünftige Steuerlasten beinhalten.

Im Rahmen einer modelltheoretischen Analyse der Kapitalkontenanpassungsmethode wird bewiesen, dass es unter Berücksichtigung der gesetzlichen Buchwert-

---

354 BFH-Urteil vom 10.12.1991, a.a.O., BFH-Urteil vom 01.12.1992, a.a.O.; BMF-Schreiben vom 28.02.2006, a.a.O.

355 BFH-Urteil vom 01.12.1992, a.a.O.; BMF-Schreiben vom 28.02.2006, a.a.O.

356 BFH-Urteil vom 19.01.1982, a.a.O.

357 Vgl. auch Fasold, Die einkommensteuerliche Problematik der Buchwertfortführung, S. 76.

fortführung nach Maßgabe des § 16 Abs. 3 S. 2 ff. EStG nach den vom BFH und vom BMF zugrunde gelegten Grundsätzen nur in Ausnahmefällen nicht zu einer interpersonellen Verlagerung der stillen Reserven zwischen den Realteilern kommt.

In einem ersten Schritt wird im Folgenden die Realteilung ohne Spitzenausgleich untersucht. An diesem Grundfall werden die in der Literatur und Rechtsprechung diskutierten Methoden zur bilanziellen Anpassung der Fortführungsbilanzen der Realteiler hinsichtlich ihrer Verteilung der stillen Reserven nach der Realteilung modelltheoretisch analysiert. Im Einzelnen sind das die Kapitalkontenanpassungsmethode, die Buchwertanpassungsmethode, die Kapitalausgleichskontenmethode und die Anpassung durch negative Ergänzungsbilanzen.

In einem zweiten Schritt wird diese Analyse um den Spitzenausgleich ergänzt und gezeigt, dass es entscheidend darauf ankommt, wie die Ausgleichszahlung steuerlich zu behandeln ist, damit ein Überspringen der stillen Reserven bei der Realteilung mit Spitzenausgleich vermieden werden kann. Hier wird zunächst eine ausführliche Analyse der Kapitalkontenanpassungsmethode vorgenommen und die Fehlerhaftigkeit der Ansätze des BFH und BMF hinsichtlich der Forderung bzw. des Anspruchs gemäß dem steuerlichen Subjektprinzip, kein Überspringen stiller Reserven zuzulassen, bewiesen. Gleichzeitig wird auf dieser Basis eine alternative Lösung entwickelt, die ein Überspringen stiller Reserven zwischen den Gesellschaftern generell verhindert.

Um zu prüfen, ob mit der Buchwertanpassung bei der Realteilung mit Spitzenausgleich eine alternative Methode gefunden werden kann, wird die Analyse schließlich um die Buchwertanpassungsmethode durch fiktive Kombination der Ansätze des BFH und BMF ergänzt und der Kapitalkontenanpassungsmethode vergleichend gegenüber gestellt.

II. Ausgangssituation

Im Folgenden wird der Fall einer zweigliedrigen Personengesellschaft mit Gesellschafter A und B, die aus zwei Teilbetrieben besteht, vorausgesetzt. Die aktiven und passiven Wirtschaftsgüter der Mitunternehmerschaft werden jeweils in einem Teilbetrieb zusammengefasst. Im Rahmen der Realteilung erhalten Gesellschafter A Teilbetrieb 1 und Gesellschafter B Teilbetrieb 2.

Des Weiteren wird zusätzlich vorausgesetzt, dass gilt:

$$\alpha,(1-\alpha), Bw_{Tb1}, Bw_{Tb2}, gW_{Tb1}, gW_{Tb2} > 0.$$

Die Ausgangssituation vor Realteilung stellt sich im Allgemeinen damit wie folgt dar:

Schlussbilanz vor Realteilung

	Bw	gW	Bw	gW
Teilbetrieb 1	Bw_{Tb1}	gW_{Tb1}	A: $\alpha \cdot (Bw_{Tb1} + Bw_{Tb2})$	$\alpha \cdot (gW_{Tb1} + gW_{Tb2})$
Teilbetrieb 2	Bw_{Tb2}	gW_{Tb2}	B: $(1-\alpha) \cdot (Bw_{Tb1} + Bw_{Tb2})$	$(1-\alpha) \cdot (gW_{Tb1} + gW_{Tb2})$
Σ	$\begin{pmatrix} Bw_{Tb1} \\ +Bw_{Tb2} \end{pmatrix}$	$\begin{pmatrix} gW_{Tb1} \\ +gW_{Tb2} \end{pmatrix}$	$Bw_{Tb1} + Bw_{Tb2}$	$gW_{Tb1} + gW_{Tb2}$

III. Realteilung ohne Spitzenausgleich

1. Ableitung der Bedingung für die Abwesenheit eines Spitzenausgleichs

Im Folgenden wird gezeigt, unter welcher Bedingung in der Ausgangssituation ein Wertausgleich durch Zahlung eines Spitzenausgleichs zwischen den Gesellschaftern nicht erforderlich ist.

A müsste erhalten: $\alpha \cdot (gW_{Tb1} + gW_{Tb2})$

A erhält: gW_{Tb1}

Bei der Realteilung ist kein Spitzenausgleich erforderlich, wenn

$$gW_{Tb1} = \alpha \cdot (gW_{Tb1} + gW_{Tb2}) \qquad (1)$$

Das bedeutet, dass der gemeine Wert des Teilbetriebes 1 bei der Realteilung ohne Spitzenausgleich der anteiligen Summe der gemeinen Werte entspricht.

Nach Umformung der Gleichung ergibt sich:

$$gW_{Tb1} - \alpha \cdot gW_{Tb1} = \alpha \cdot gW_{Tb2}$$

$$\Leftrightarrow$$

$$(1-\alpha) \cdot gW_{Tb1} = \alpha \cdot gW_{Tb2}$$

$$\Leftrightarrow$$

$$(1-\alpha) \cdot gW_{Tb1} - \alpha \cdot gW_{Tb2} = 0$$

Daraus folgt die notwendige und auch hinreichende Bedingung für den Fall der Realteilung ohne Spitzenausgleich:

$$\frac{(1-\alpha)}{\alpha} = \frac{gW_{Tb2}}{gW_{Tb1}} \tag{2}$$

Das bedeutet, dass das Verhältnis der Beteiligungsquoten dem Verhältnis der gemeinen Werte der übernommenen Teilbetriebe entspricht.

Entsprechend gilt für Gesellschafter B:

B müsste erhalten: $(1-\alpha)\cdot(gW_{Tb1} + gW_{Tb2})$

B erhält: gW_{Tb2}

$$gW_{Tb2} = (1-\alpha)\cdot(gW_{Tb1} + gW_{Tb2}) \tag{3}$$

Nach Umformung der Gleichung ergibt sich:

$$gW_{Tb2} - (1-\alpha)\cdot gW_{Tb2} = (1-\alpha)\cdot gW_{Tb1}$$

$$\Leftrightarrow$$

$$(1-\alpha)\cdot gW_{Tb1} = \alpha\cdot gW_{Tb2}$$

$$\Leftrightarrow$$

$$(1-\alpha)\cdot gW_{Tb1} - \alpha\cdot gW_{Tb2} = 0$$

Daraus folgt die Bedingung:

$$\frac{(1-\alpha)}{\alpha} = \frac{gW_{Tb2}}{gW_{Tb1}} \tag{2}$$

Für Gesellschafter A und B sind die Bedingungen (2) identisch.

2. Die idealtypische Realteilung

Bei einer idealen Realteilung entspricht der Buchwert des erhaltenen Vermögens dem des bisherigen Kapitalkontos des jeweiligen Realteilers. Darüber hinaus entspricht der gemeine Wert des übernommenen Vermögens dem gemeinen Wert des Mitunternehmeranteils, also dem Wert des Eigenkapitalkontos. Es kommt bei der idealtypischen Realteilung weder zu einem bilanziellen Ungleichgewicht noch zu einem Spitzenausgleich.

A müsste erhalten: $\alpha \cdot (Bw_{Tb1} + Bw_{Tb2})$

A erhält: Bw_{Tb1}

Ein bilanzieller Anpassungsbedarf entsteht nicht unter der Bedingung:

$$Bw_{Tb1} = \alpha \cdot (Bw_{Tb1} + Bw_{Tb2})$$

$$\Leftrightarrow$$

$$\frac{(1-\alpha)}{\alpha} = \frac{Bw_{Tb2}}{Bw_{Tb1}} \qquad (4)$$

Für Gesellschafter B gilt entsprechend:

B müsste erhalten: $(1-\alpha) \cdot (Bw_{Tb1} + Bw_{Tb2})$

B erhält: Bw_{Tb2}

Daraus folgt:

$$Bw_{Tb2} = (1-\alpha) \cdot (Bw_{Tb1} + Bw_{Tb2})$$

$$\Leftrightarrow$$

$$\frac{(1-\alpha)}{\alpha} = \frac{Bw_{Tb2}}{Bw_{Tb1}} \qquad (4)$$

Für Gesellschafter A und B sind die Bedingungen (4) identisch. Unter Berücksichtigung der Bedingung (2) ist ein Spitzenausgleich nicht erforderlich.

Im Idealfall einer Realteilung gilt also:

$$Bw_{Tb1} = \alpha \cdot (Bw_{Tb1} + Bw_{Tb2}) \text{ und } Bw_{Tb2} = (1-\alpha) \cdot (Bw_{Tb1} + Bw_{Tb2})$$

$$gW_{Tb1} = \alpha \cdot (gW_{Tb1} + gW_{Tb2}) \text{ und } gW_{Tb2} = (1-\alpha) \cdot (gW_{Tb1} + gW_{Tb2})$$

Daraus folgt die Bedingung:

$$\frac{Bw_{Tb1}}{Bw_{Tb2}} = \frac{\alpha \cdot (Bw_{Tb1} + Bw_{Tb2})}{(1-\alpha) \cdot (Bw_{Tb1} + Bw_{Tb2})} = \frac{gW_{Tb1}}{gW_{Tb2}} = \frac{\alpha \cdot (gW_{Tb1} + gW_{Tb2})}{(1-\alpha) \cdot (gW_{Tb1} + gW_{Tb2})} \qquad (5)$$

Das bedeutet, dass die Verhältnisse aus den Buchwerten der Teilbetriebe und Kapitalkonten den Verhältnissen der gemeinen Werte entspricht.

Die Realteiler führen die Buchwerte der von ihnen übernommenen Wirtschaftsgüter und den Buchwert ihres Kapitalkontos fort. Bilanzielle Anpassungsmaßnahmen in den Eröffnungsbilanzen der Realteiler sind nicht erforderlich.

Die Fortführungsbilanzen der Gesellschafter haben folgendes Bild:

Fortführungsbilanz des A

	Bw	gW	stR		Bw	gW	stR
Teilbetrieb 1	Bw_{Tb1}	gW_{Tb1}	stR_{Tb1}	Kapital A	$\alpha \cdot (Bw_{Tb1} + Bw_{Tb2})$	gW_{Tb1}	stR_{Tb1}
	Bw_{Tb1}	gW_{Tb1}	stR_{Tb1}		Bw_{Tb1}	gW_{Tb1}	stR_{Tb1}

Fortführungsbilanz des B

	Bw	gW	stR		Bw	gW	stR
Teilbetrieb 2	Bw_{Tb2}	gW_{Tb2}	stR_{Tb2}	Kapital B	$\left((1-\alpha) \cdot (Bw_{Tb1} + Bw_{Tb2})\right)$	gW_{Tb2}	stR_{Tb2}
	Bw_{Tb2}	gW_{Tb2}	stR_{Tb2}		Bw_{Tb2}	gW_{Tb2}	stR_{Tb2}

Im Regelfall ist es bei Realteilungen nicht möglich, den einzelnen Gesellschaftern Wirtschaftsgüter mit Buchwerten zuzuteilen, die insgesamt genau dem Buchwert ihrer Kapitalkonten entsprechen. Es kommt dann zwangsläufig dazu, dass der eine Gesellschafter mehr an Buchwerten, der andere weniger an Buchwerten als den Betrag seines Kapitalkontos erhält.[358]

In diesem Fall gilt:

$$\frac{Bw_{Tb1}}{Bw_{Tb2}} \neq \frac{\alpha \cdot (Bw_{Tb1} + Bw_{Tb2})}{(1-\alpha) \cdot (Bw_{Tb1} + Bw_{Tb2})} = \frac{gW_{Tb1}}{gW_{Tb2}}$$

Das Verhältnis der Buchwerte entspricht nicht mehr dem Verhältnis der Kapitalkonten und der gemeinen Werte der Teilbetriebe. Das bedeutet, dass die Teilungsmasse bestehend aus zwei Teilbetrieben unterschiedliche stille Reserven verhaftet und sich somit ein bilanzieller Anpassungsbedarf ergibt.

358 Vgl. Schoor, Die Neuregelung der Realteilung, INF 2002, S. 173-178, hier S. 175.

3. Kapitalkontenanpassungsmethode

a) Darstellung der Vorgehensweise anhand der Ausgangssituation

Bei der Kapitalkontenanpassungsmethode werden zur Herstellung des bilanziellen Gleichgewichts die Buchwerte der Eigenkapitalkonten der Gesellschafter aufgestockt oder abgestockt und dadurch den Buchwerten der übernommenen Wirtschaftsgüter angepasst.

In der Ausgangssituation[359] entspricht in der Regel der Buchwert des übernommenen Teilbetriebes nicht dem Buchwert des Eigenkapitalkontos:

$$Bw_{Tb1} \neq \alpha \cdot (Bw_{Tb1} + Bw_{Tb2})$$

$$\Leftrightarrow$$

$$Bw_{Tb1} - \alpha \cdot Bw_{Tb1} \neq \alpha \cdot Bw_{Tb2}$$

$$\Leftrightarrow$$

$$(1-\alpha) \cdot Bw_{Tb1} \neq \alpha \cdot Bw_{Tb2}$$

$$\Leftrightarrow$$

$$\frac{(1-\alpha)}{\alpha} \neq \frac{Bw_{Tb2}}{Bw_{Tb1}} \tag{6}$$

Zum Ausgleich des bilanziellen Ungleichgewichts muss A sein Kapitalkonto entsprechend auf- oder abstocken.

$$\begin{aligned} EK_A^{SS} &= \alpha \cdot (Bw_{Tb1} + Bw_{Tb2}) + Ap_A^{KapAp} \\ &= Bw_{Tb1} \end{aligned} \tag{7a}$$

Der Buchwert des Eigenkapitals des Gesellschafters A nach der Realteilung setzt sich aus dem Buchwert des Eigenkapitals vor Realteilung korrigiert um den Anpassungsbetrag der Kapitalangleichung zusammen. Der Buchwert des Eigenkapitals nach der Realteilung entspricht somit dem Buchwert des übernommenen Teilbetriebes. Das bilanzielle Ungleichgewicht ist damit beseitigt.

Für Gesellschafter B gilt das Gleiche:

$$\begin{aligned} EK_B^{SS} &= (1-\alpha) \cdot (Bw_{Tb1} + Bw_{Tb2}) + Ap_B^{KapAp} \\ &= Bw_{Tb2} \end{aligned} \tag{7b}$$

---

359 Zur Ausgangssituation siehe unter C. II. S. 107 f.

Die Fortführungsbilanzen der Gesellschafter haben folgendes Bild:

Fortführungsbilanz des A

	Bw	gW	stR		Bw	gW	stR
Teilbetrieb 1	Bw_{Tb1}	gW_{Tb1}	stR_{Tb1}	Kapital A	$\begin{pmatrix} \alpha \cdot (Bw_{Tb1} + Bw_{Tb2}) \\ +Ap_A^{KapAp} \end{pmatrix}$	gW_{Tb1}	stR_{Tb1}
	Bw_{Tb1}	gW_{Tb1}	stR_{Tb1}		Bw_{Tb1}	gW_{Tb1}	stR_{Tb1}

Fortführungsbilanz des B

	Bw	gW	stR		Bw	gW	stR
Teilbetrieb 2	Bw_{Tb2}	gW_{Tb2}	stR_{Tb2}	Kapital B	$\begin{pmatrix} (1-\alpha) \cdot \\ (Bw_{Tb1} + Bw_{Tb1}) \\ +Ap_B^{KapAp} \end{pmatrix}$	gW_{Tb2}	stR_{Tb2}
	Bw_{Tb2}	gW_{Tb2}	stR_{Tb2}		Bw_{Tb2}	gW_{Tb2}	stR_{Tb2}

b) Kapitalkontenanpassung

Wosnitza hat im Rahmen seiner analytischen Darstellung die Aufstockungs- und Abstockungsbeträge der Kapitalkonten für den Fall von zwei Gesellschaftern, die jeweils zur Hälfte an der Personengesellschaft beteiligt sind, entwickelt. Im Folgenden wird gezeigt, wie sich der Anpassungsbetrag der Eigenkapitalkonten im Allgemeinen darstellt.

Die erforderlichen Anpassungsbeträge (Aufstockungs- und Abstockungsbeträge) ergeben sich aus der Differenz zwischen dem Buchwert der übernommenen Teilbetriebe und dem Buchwert der bisherigen Eigenkapitalkonten:

$$\begin{aligned} Ap_A^{KapAp} &= Bw_{Tb1} - \alpha \cdot (Bw_{Tb1} + Bw_{Tb2}) \\ &= (1-\alpha) \cdot Bw_{Tb1} - \alpha \cdot Bw_{Tb2} \end{aligned} \qquad (8a)$$

$$\begin{aligned} Ap_B^{KapAp} &= Bw_{Tb2} - (1-\alpha) \cdot (Bw_{Tb1} + Bw_{Tb2}) \\ &= -(1-\alpha) \cdot Bw_{Tb1} + \alpha \cdot Bw_{Tb2} \end{aligned} \qquad (8b)$$

Es ist unmittelbar zu sehen, dass der Anpassungsbetrag des Kapitalkontos des Gesellschafters B ein umgekehrtes Vorzeichen aufweist wie der Anpassungsbetrag des A.

Aus $Ap_A^{KapAp} = (1-\alpha) \cdot Bw_{Tb1} - \alpha \cdot Bw_{Tb2}$

und $Ap_B^{KapAp} = -(1-\alpha) \cdot Bw_{Tb1} + \alpha \cdot Bw_{Tb2}$

folgt unmittelbar: $Ap_A^{KapAp} = -Ap_B^{KapAp}$

Die Beträge beider Anpassungsbeträge sind demnach immer gleich, d.h. dass gilt:

$$\left| Ap_A^{KapAp} \right| = \left| Ap_B^{KapAp} \right|$$

Bezüglich der Höhe des Anpassungsbetrages der Kapitalkonten folgt daraus für Gesellschafter A:

$$Bw_{Tb1} \overset{>}{\underset{<}{=}} \alpha \cdot \left(Bw_{Tb1} + Bw_{Tb2}\right) \Leftrightarrow Ap_A^{KapAp} \overset{>}{\underset{<}{=}} 0 \tag{9a}$$

Durch eine Fallunterscheidung lassen sich hieraus folgende Bedingungen für die Buchwertrelation der Realteiler für Gesellschafter A ableiten:

$$\begin{aligned} Ap_A^{KapAp} \overset{>}{\underset{<}{=}} 0 &\Leftrightarrow \left(1-\alpha\right) \cdot Bw_{Tb1} - \alpha \cdot Bw_{Tb2} \overset{>}{\underset{<}{=}} 0 \\ &\Leftrightarrow \left(1-\alpha\right) \cdot Bw_{Tb1} \overset{>}{\underset{<}{=}} \alpha \cdot Bw_{Tb2} \\ &\Leftrightarrow \frac{\left(1-\alpha\right)}{\alpha} \overset{>}{\underset{<}{=}} \frac{Bw_{Tb2}}{Bw_{Tb1}} \end{aligned} \tag{10a}$$

Für Gesellschafter B gilt entsprechend:

$$Bw_{Tb2} \overset{<}{\underset{>}{=}} \left(1-\alpha\right) \cdot \left(Bw_{Tb1} + Bw_{Tb2}\right) \Leftrightarrow Ap_B^{KapAp} \overset{<}{\underset{>}{=}} 0 \tag{9b}$$

Es lassen sich im Umkehrschluss folgende Bedingungen für die Buchwertrelation der Realteiler für Gesellschafter B ableiten:

$$\begin{aligned} Ap_B^{KapAp} \overset{>}{\underset{<}{=}} 0 &\Leftrightarrow -\left(1-\alpha\right) \cdot Bw_{Tb1} + \alpha \cdot Bw_{Tb2} \overset{>}{\underset{<}{=}} 0 \\ &\Leftrightarrow \left(1-\alpha\right) \cdot Bw_{Tb1} \overset{<}{\underset{>}{=}} \alpha \cdot Bw_{Tb2} \\ &\Leftrightarrow \frac{\left(1-\alpha\right)}{\alpha} \overset{<}{\underset{>}{=}} \frac{Bw_{Tb2}}{Bw_{Tb1}} \end{aligned} \tag{10b}$$

Die Zusammenfassung der Bedingungen zeigt, dass gilt:

$$Ap_A^{KapAp} \overset{>}{\underset{<}{=}} 0 \Leftrightarrow Ap_B^{KapAp} \overset{<}{\underset{>}{=}} 0 \Leftrightarrow \frac{(1-\alpha)}{\alpha} \overset{>}{\underset{<}{=}} \frac{Bw_{Tb2}}{Bw_{Tb1}} \tag{11}$$

Als Ergebnis ist festzuhalten, dass der Aufstockungsbetrag des einen Gesellschafters stets dem Abstockungsbetrag des anderen Gesellschafters entspricht. Nachfolgend soll festgestellt werden, in welcher Höhe sich durch diese Anpassung stille Reserven verlagern und wie sich diese Verlagerung zwischen den Gesellschaftern untereinander verhält.

c) Überspringen stiller Reserven

Um zu prüfen, ob und ggf. in welcher Höhe im Rahmen der Kapitalkontenanpassung stille Reserven überspringen, werden die stillen Reserven vor und nach der Realteilung gegenübergestellt. Während Wosnitza dies für den Fall von zwei Gesellschaftern, die jeweils zur Hälfte beteiligt sind, darstellt, wird das Überspringen stiller Reserven nachfolgend zwar auch für zwei Gesellschafter, jedoch unabhängig von den Beteiligungsquoten untersucht.

Gesellschafter A hat *vor* der Realteilung einen Anteil an den stillen Reserven in Höhe von:

$$\begin{aligned} stR_A^{AS} &= \alpha \cdot \left[(gW_{Tb1} - Bw_{Tb1}) + (gW_{Tb2} - Bw_{Tb2})\right] \\ &= \alpha \cdot \left[(gW_{Tb1} + gW_{Tb2}) - (Bw_{Tb1} + Bw_{Tb2})\right] \end{aligned} \tag{12a}$$

Seine stillen Reserven betragen dagegen *nach* der Realteilung:

$$stR_A^{SS} = gW_{Tb1} - Bw_{Tb1} \tag{13a}$$

Durch die Bildung der Differenz aus den stillen Reserven nach und vor der Realteilung ergeben sich die zwischen den Gesellschaftern übergesprungenen stillen Reserven:

$$\begin{aligned} \Delta\, stR_A &= stR_A^{SS} - stR_A^{AS} \\ &= gW_{Tb1} - Bw_{Tb1} - \alpha \cdot \left[(gW_{Tb1} - Bw_{Tb1}) + (gW_{Tb2} - Bw_{Tb2})\right] \\ &= (1-\alpha) \cdot (gW_{Tb1} - Bw_{Tb1}) - \alpha \cdot (gW_{Tb2} - Bw_{Tb2}) \\ &= \left[(1-\alpha) \cdot gW_{Tb1} - \alpha \cdot gW_{Tb2}\right] - \left[(1-\alpha) \cdot Bw_{Tb1} - \alpha \cdot Bw_{Tb2}\right] \end{aligned} \tag{14a}$$

Erkennbar führt die Kapitalkontenanpassungsmethode i.d.R. zu einem Überspringen der stillen Reserven. Die Höhe der übergesprungenen stillen Reserven für Gesellschafter A entspricht dem umgekehrten Anpassungsbetrag der Kapitalkontenanpassung, da – wie bereits bewiesen wurde – bei der Realteilung ohne Spitzenausgleich stets gilt:[360]

$$(1-\alpha)\cdot gW_{Tb1} - \alpha \cdot gW_{Tb2} = 0$$

Somit gilt für die übergesprungenen stillen Reserven:

$$\begin{aligned}\Delta\, stR_A &= \left[(1-\alpha)\cdot gW_{Tb1} - \alpha\cdot gW_{Tb2}\right] - \left[(1-\alpha)\cdot Bw_{Tb1} - \alpha\cdot Bw_{Tb2}\right] \quad (14a)\\ &= -\left[(1-\alpha)\cdot Bw_{Tb1} - \alpha\cdot Bw_{Tb2}\right]\\ &= -Ap_A^{KapAp}\end{aligned}$$

Der Betrag der übergesprungenen stillen Reserven des Gesellschafters A entspricht stets dem Anpassungsbetrag des Kapitalkontos des B. Wie oben gezeigt wurde, entspricht dieser immer dem Anpassungsbetrag des A mit umgekehrtem Vorzeichen.

Für Gesellschafter B gilt das entsprechende Ergebnis, da $Ap_A^{KapAp} = -Ap_B^{KapAp}$, so dass auf eine gesonderte Herleitung verzichtet werden kann. Der Betrag der übergesprungenen stillen Reserven des Gesellschafters B entspricht im Umkehrschluss stets dem Anpassungsbetrag des Kapitalkontos des A. Dieser entspricht wiederum dem Anpassungsbetrag des B mit umgekehrtem Vorzeichen.

$$\begin{aligned}\Delta\, stR_B &= stR_B^{SS} - stR_B^{AS} \quad (14b)\\ &= \left[(1-\alpha)\cdot gW_{Tb1} - \alpha\cdot gW_{Tb2}\right] - \left[(1-\alpha)\cdot Bw_{Tb1} - \alpha\cdot Bw_{Tb2}\right] \quad (14a)\\ &= \left[(1-\alpha)\cdot Bw_{Tb1} - \alpha\cdot Bw_{Tb2}\right]\\ &= -Ap_B^{KapAp}\end{aligned}$$

Es lässt sich leicht zeigen, dass das Überspringen der stillen Reserven davon abhängt, ob das Verhältnis der stillen Reserven in beiden Teilbetrieben dem Verhältnis der Beteiligungsquoten beider Realteiler entspricht oder nicht:

- Stille Reserven springen von A auf B über, wenn:

$$\left(gW_{Tb1} - Bw_{Tb1}\right) < \alpha\cdot\left[\left(gW_{Tb1} - Bw_{Tb1}\right) + \left(gW_{Tb2} - Bw_{Tb2}\right)\right] \text{ bzw.}$$

$$\left(gW_{Tb2} - Bw_{Tb2}\right) > (1-\alpha)\cdot\left[\left(gW_{Tb1} - Bw_{Tb1}\right) + \left(gW_{Tb2} - Bw_{Tb2}\right)\right]$$

$$\Leftrightarrow \frac{gW_{Tb1} - Bw_{Tb1}}{gW_{Tb2} - Bw_{Tb2}} < \frac{\alpha}{(1-\alpha)} \quad (15a)$$

360 Vgl. unter C. III. 1. S. 108.

- Dagegen springen stille Reserven von B auf A über, wenn:

$$\left(gW_{Tb1}-Bw_{Tb1}\right)>\alpha\cdot\left[\left(gW_{Tb1}-Bw_{Tb1}\right)+\left(gW_{Tb2}-Bw_{Tb2}\right)\right] \text{ bzw.}$$

$$\left(gW_{Tb2}-Bw_{Tb2}\right)<(1-\alpha)\cdot\left[\left(gW_{Tb1}-Bw_{Tb1}\right)+\left(gW_{Tb2}-Bw_{Tb2}\right)\right]$$

$$\Leftrightarrow \frac{gW_{Tb1}-Bw_{Tb1}}{gW_{Tb2}-Bw_{Tb2}}>\frac{\alpha}{(1-\alpha)} \qquad (15b)$$

- Die ursprüngliche Verteilung der stillen Reserven bleibt nur unverändert, wenn:

$$\left(gW_{Tb1}-Bw_{Tb1}\right)=\alpha\cdot\left[\left(gW_{Tb1}-Bw_{Tb1}\right)+\left(gW_{Tb2}-Bw_{Tb2}\right)\right] \text{ bzw.}$$

$$\left(gW_{Tb2}-Bw_{Tb2}\right)=(1-\alpha)\cdot\left[\left(gW_{Tb1}-Bw_{Tb1}\right)+\left(gW_{Tb2}-Bw_{Tb2}\right)\right]$$

$$\Leftrightarrow \frac{gW_{Tb1}-Bw_{Tb1}}{gW_{Tb2}-Bw_{Tb2}}=\frac{\alpha}{(1-\alpha)} \qquad (15c)$$

Das zeigt, dass die Kapitalkontenanpassungsmethode bei der Realteilung ohne Spitzenausgleich unter der Bedingung, dass das Verhältnis der Beteiligungsquoten dem Verhältnis der in den Teilbetrieben verhafteten stillen Reserven entspricht, eine interpersonelle Verlagerung der stillen Reserven zwischen den Gesellschaftern verhindert. Die Erfüllung dieser Bedingung dürfte allerdings in der Realität eine Ausnahme bleiben.

Es existieren also zwei unterschiedliche Bedingungen dafür, dass keine stillen Reserven überspringen:

1. $$\frac{gW_{Tb1}-Bw_{Tb1}}{gW_{Tb2}-Bw_{Tb2}}=\frac{\alpha}{(1-\alpha)} \qquad (15c)$$

2. $$Ap_A^{KapAp}=(1-\alpha)\cdot Bw_{Tb1}-\alpha\cdot Bw_{Tb2}=0 \Leftrightarrow \frac{\alpha}{(1-\alpha)}=\frac{Bw_{Tb1}}{Bw_{Tb2}} \qquad (11)$$

Hieraus folgt:

$$\frac{gW_{Tb1}-Bw_{Tb1}}{gW_{Tb2}-Bw_{Tb2}}=\frac{Bw_{Tb1}}{Bw_{Tb2}} \Leftrightarrow \frac{gW_{Tb1}}{gW_{Tb2}}=\frac{Bw_{Tb1}}{Bw_{Tb2}}=\frac{\alpha}{(1-\alpha)}$$

Dies entspricht wiederum exakt der Bedingung (5) für die „idealtypische Realteilung".

d) Richtung des Überspringens stiller Reserven

Nachdem festgestellt wurde, dass bei der Realteilung ohne Spitzenausgleich bei Anwendung der Kapitalkontenanpassungsmethode stille Reserven in Höhe des Anpassungsbetrages überspringen und der Aufstockungsbetrag dem Abstockungsbetrag mit umgekehrtem Vorzeichen entspricht, ist im Weiteren zu untersuchen, in welcher Richtung die betragsgleichen stillen Reserven wandern.

Die Höhe der übergesprungenen stillen Reserven beträgt:

$$\Delta\, stR_A = -Ap_A^{KapAp} \tag{14a}$$

$$\Delta\, stR_B = -Ap_B^{KapAp} \tag{14b}$$

Dagegen bleibt es, wie gezeigt, nur in einem besonderen Fall bei der ursprünglichen Verteilung der stillen Reserven, wenn:

$$Ap_A^{KapAp} = Ap_B^{KapAp} = 0 \tag{11}$$

$$\Leftrightarrow$$

$$\frac{(1-\alpha)}{\alpha} = \frac{Bw_{Tb2}}{Bw_{Tb1}} = \frac{gW_{Tb2}}{gW_{Tb1}} \tag{5}$$

d.h. wenn das Verhältnis der Buchwerte der beiden Teilbetriebe dem Verhältnis der Beteiligungsquoten der Gesellschafter entspricht, also eine Kapitalkontenanpassung unnötig wäre. In diesem Fall liegt der Idealfall einer Realteilung vor.

Hieraus folgt:

$$\frac{(1-\alpha)}{\alpha} \overset{>}{\underset{<}{=}} \frac{Bw_{Tb2}}{Bw_{Tb1}} \Leftrightarrow Ap_A^{KapAp} \overset{>}{\underset{<}{=}} 0 \Leftrightarrow Ap_B^{KapAp} \overset{<}{\underset{>}{=}} 0 \Leftrightarrow \Delta\, stR_A \overset{<}{\underset{>}{=}} 0 \Leftrightarrow \Delta\, stR_B \overset{>}{\underset{<}{=}} 0 \tag{16}$$

Das bedeutet:

- Ist der Anpassungsbetrag für Gesellschafter A größer Null, dann ist A der Aufstockende und verliert stille Reserven in Höhe des Anpassungsbetrages an Gesellschafter B, der als Abstockender in gleicher Höhe stille Reserven gewinnt.
- Ist der Anpassungsbetrag für Gesellschafter A kleiner Null, dann ist A der Abstockende und gewinnt stille Reserven in Höhe des Anpassungsbetrages von Gesellschafter B, der als Aufstockender in gleicher Höhe stille Reserven verliert.

- Ist der Anpassungsbetrag für Gesellschafter A gleich Null, dann gibt es keinen Anpassungsbedarf der Kapitalkonten und es verbleibt bei der Verteilung der stillen Reserven in der Ausgangssituation.

e) Zusammenfassende Beurteilung

Die Kapitalkontenanpassungsmethode stellt das bilanzielle Gleichgewicht durch Anpassung der Eigenkapitalkonten der Gesellschafter an die Buchwerte der übernommenen Wirtschaftsgüter her. Aufgrund voneinander abweichender Buchwerte differieren im Regelfall die in ihnen enthaltenen stillen Reserven und damit die Steuerlasten, die die stillen Reserven repräsentieren. Während die Gesellschafter der Personengesellschaft ihre Steuerlast entsprechend ihrer Beteiligungsquote zu tragen hatten, verändert sich dies bei der Realteilung durch die unterschiedliche Höhe der stillen Reserven. Demjenigen Gesellschafter, der bei gleich hohen gemeinen Werten Wirtschaftsgüter mit niedrigerem Buchwert erhält, wird eine höhere Steuerlast aufgebürdet als in der Gesellschaft.

Die Kapitalkontenanpassungsmethode hat also zur Folge, dass i.d.R. ein interpersoneller Übergang stiller Reserven stattfindet. Es kommt nur dann nicht zu einem Überspringen stiller Reserven, wenn das Verhältnis der Beteiligungsquoten dem Verhältnis der stillen Reserven bzw. dem Verhältnis der Buchwerte entspricht, was in der Realität eher ausgeschlossen sein dürfte. Die Buchwertfortführung wird also i.d.R. um den Preis einer interpersonellen Verlagerung der stillen Reserven zwischen den Gesellschaftern erkauft.

Die modelltheoretische Analyse hat gezeigt, dass bei Anwendung der Kapitalkontenanpassungsmethode bei der Realteilung ohne Spitzenausgleich grundsätzlich stille Reserven in Höhe des Anpassungsbetrages der Kapitalkonten vom Aufstockenden auf den Abstockenden überspringen.

Die Kapitalkontenanpassungsmethode ist zwar äußerst praktikabel[361], steuersystematisch jedoch unbefriedigend, da sie zum Überspringen stiller Reserven unter den Realteilern führt und somit gegen das Subjektsteuerprinzip verstößt. Eine Verlagerung der stillen Reserven ist grundsätzlich nicht zulässig und nicht durch § 16 EStG gedeckt. Bei Realisierung der stillen Reserven kommt es somit zu einer nicht systemgerechten Besteuerung. Das führt zu steuerlichen Belastungsdivergenzen zwischen den Realteilern.

361 So auch der BFH in seinem Urteil vom 10.12.1991, a.a.O.

Beispiel 6:

An der AB-OHG sind A und B mit jeweils 50 % an den stillen Reserven beteiligt. Die Schlussbilanz zur Realteilung zeigt folgendes Bild:

AB-OHG: Bilanz vor Realteilung

	Bw	gW	stR		Bw	gW	stR
Teilbetrieb 1	20	100	80	Kapital A	50	100	50
Teilbetrieb 2	80	100	20	Kapital B	50	100	50
	100	200	100		100	200	100

Beide Teilbetriebe haben einen idealtypischen gemeinen Wert von 100. Die Buchwerte beider Teilbetriebe sind unterschiedlich. Die Kapitalkonten sind identisch. Beiden Gesellschaftern sind stille Reserven von jeweils 50 zuzurechnen. Im Rahmen der Auseinandersetzung erhält Gesellschafter A den Teilbetrieb 1 und Gesellschafter B Teilbetrieb 2. Beide Gesellschafter führen die Buchwerte der Teilbetriebe in ihrem Betriebsvermögen ihrer Einzelunternehmen fort. Ihre Kapitalkonten werden entsprechend angepasst.

Die Aufstockungs- und Abstockungsbeträge ergeben sich wie folgt:

Gesellschafter A:

- Allgemein:

$$Ap_A^{KapAp} = (1-\alpha) \cdot Bw_{Tb1} - \alpha \cdot Bw_{Tb2} \tag{8a}$$

- im Zahlenbeispiel:

$$Ap_A^{KapAp} = 0,5 \cdot 20 - 0,5 \cdot 80 = -30 < 0$$

Für Gesellschafter A ergibt sich ein Abstockungsbetrag von –30. Daraus ergibt sich folgende Fortführungsbilanz für Realteiler A:

Bilanz des Einzelunternehmens des A *nach* Realteilung

	Bw	gW	stR		Bw	gW	stR
Teilbetrieb 1	20	100	80	Kapital A	50		
				-Abstockung	-30		
					20	100	80
	20	100	80		20	100	80

Gesellschafter B:

- Allgemein:

$$Ap_B^{KapAp} = -\left[(1-\alpha)\cdot Bw_{Tb1} - \alpha \cdot Bw_{Tb2}\right] \tag{8b}$$

- im Zahlenbeispiel:

$$Ap_B^{KapAp} = -\left[0,5\cdot 20 - 0,5\cdot 80\right] = 30 > 0$$

Für Gesellschafter B ergibt sich ein Aufstockungsbetrag von 30. Daraus ergibt sich folgende Fortführungsbilanz für Realteiler B:

Bilanz des Einzelunternehmens des B *nach* Realteilung

	Bw	gW	stR		Bw	gW	stR
Teilbetrieb 2	80	100	20	Kapital B	50		
				+Auf-	+30		
				stockung	80	100	20
	80	100	20		80	100	20

Gegenüber der Ausgangssituation (Schlussbilanz der OHG) ist erkennbar, dass es im Zahlenbeispiel zu einer interpersonellen Verlagerung der stillen Reserven gekommen ist. Hier sind nach der Realteilung infolge der Kapitalkontenanpassungsmethode stille Reserven in Höhe von 30 vom aufstockenden Gesellschafter B auf den abstockenden Gesellschafter A gewandert. Dies entspricht exakt wiederum dem Betrag der Kapitalkontenanpassung.

Der Anteil des Gesellschafters A an den gesamten stillen Reserven der AB-OHG betrug vor der Realteilung:

- Allgemein:

$$stR_A^{AS} = \alpha\cdot\left[(gW_{Tb1} + gW_{Tb2}) - (Bw_{Tb1} + Bw_{Tb2})\right] \tag{12a}$$

- im Zahlenbeispiel:

$$stR_A^{AS} = 0,5\cdot\left[(100+100)-(20+80)\right] = 50$$

Nach der Kapitalkontenanpassung verfügt Gesellschafter A über stille Reserven in folgender Höhe:

- Allgemein:

$$stR_A^{SS} = gW_{Tb1} - Bw_{Tb1} \tag{13}$$

- im Zahlenbeispiel:

$$stR_A^{SS} = 100 - 20 = 80$$

Der Anteil des Gesellschafters B an den gesamten stillen Reserven der AB-OHG betrug vor der Realteilung:

- Allgemein:

$$stR_B^{AS} = (1-\alpha)\cdot[(gW_{Tb1} + gW_{Tb2}) - (Bw_{Tb1} + Bw_{Tb2})] \qquad (12b)$$

- im Zahlenbeispiel:

$$stR_B^{AS} = 0{,}5\cdot[(100+100)-(20+80)] = 50$$

Nach der Kapitalkontenanpassung verfügt Gesellschafter B über stille Reserven in folgender Höhe:

- Allgemein:

$$stR_B^{SS} = gW_{Tb2} - Bw_{Tb2} \qquad (13)$$

- im Zahlenbeispiel:

$$stR_B^{SS} = 100 - 80 = 20$$

Die Kapitalkontenanpassung führt zu folgendem Überspringen stiller Reserven:

Gesellschafter A:

- Allgemein:

$$\Delta\, stR_A = \left[(1-\alpha)\cdot gW_{Tb1} - \alpha\cdot gW_{Tb2}\right] - \left[(1-\alpha)\cdot Bw_{Tb1} - \alpha\cdot Bw_{Tb2}\right] = -Ap_A^{KapAp} \qquad (14a)$$

- im Zahlenbeispiel:

$$\Delta\, stR_A = [0{,}5\cdot 100 - 0{,}5\cdot 100] - [0{,}5\cdot 20 - 0{,}5\cdot 80] = 30$$

Gesellschafter B:

- Allgemein:

$$\Delta\, stR_B = -\left[(1-\alpha)\cdot gW_{Tb1} - \alpha\cdot gW_{Tb2}\right] + \left[(1-\alpha)\cdot Bw_{Tb1} - \alpha\cdot Bw_{Tb2}\right] = -Ap_B^{KapAp} \qquad (14b)$$

- im Zahlenbeispiel:

$$\Delta\, stR_B = -[0{,}5\cdot 100 - 0{,}5\cdot 100] + [0{,}5\cdot 20 - 0{,}5\cdot 80] = -30$$

Hieraus ist erkennbar, dass im Zahlenbeispiel stille Reserven in Höhe des Aufstockungs- bzw. Abstockungsbetrages von 30 vom aufstockenden Gesellschafter B auf den abstockenden Gesellschafter A übergehen. Der Anpassungsbetrag des A $Ap_A^{KapAp} = (1-\alpha) \cdot Bw_{Tb1} - \alpha \cdot Bw_{Tb2}$ beträgt im Zahlenbeispiel –30, so dass Gesellschafter A der Abstockende ist und stille Reserven in Höhe des Anpassungsbetrages von Gesellschafter B erhält, der als Aufstockender in gleicher Höhe stille Reserven verliert.

4. Buchwertanpassungsmethode

a) Darstellung der Vorgehensweise anhand der Ausgangssituation

Bei der zur Kapitalkontenanpassung alternativen Buchwertanpassungsmethode werden zur Herstellung des bilanziellen Gleichgewichtes die Buchwerte der einzelnen bei der Realteilung übernommenen Wirtschaftsgüter aufgestockt oder abgestockt und dadurch dem früheren übernommenen Kapitalkonto des jeweiligen Realteilers angepasst.[362] Die Realteiler führen also im Unterschied zur Kapitalkontenanpassungsmethode in ihren Einzelunternehmen die Kapitalkonten in der Höhe fort, wie sie in der Schlussbilanz vor Realteilung bestanden haben. Die Auf- und Abstockung erfolgt unmittelbar bei den einzelnen übernommenen Wirtschaftsgütern und führt somit i.d.R. zu einer Verlagerung stiller Reserven von dem Wirtschaftsgut des einen auf das des anderen Realteilers.[363]

In der Ausgangssituation[364] entspricht in der Regel der Buchwert des übernommenen Teilbetriebes nicht dem Buchwert des Eigenkapitalkontos.

$$Bw_{Tb1} \neq \alpha \cdot (Bw_{Tb1} + Bw_{Tb1})$$

$$\Leftrightarrow$$

$$\frac{(1-\alpha)}{\alpha} \neq \frac{Bw_{Tb2}}{Bw_{Tb1}} \qquad (6)$$

Bei der Buchwertanpassung sind die Buchwerte der Eigenkapitalkonten vor und nach der Realteilung identisch.

$$EK_{A,B-vor\,\mathrm{Re}\,alteilung} = EK_{A,B-nach\,\mathrm{Re}\,alteilung}$$

---

362 Vgl. Fasold, Die einkommensteuerliche Problematik der Buchwertfortführung, S. 81, m.w.N.; Schoor, Die Neuregelung der Realteilung, INF 2002, S. 173-178, hier: S. 175; Engl, Realteilung mit Einzelwirtschaftsgütern, DStR 2002, S. 119-122, hier: S. 122.

363 So bereits BFH-Urteil vom 10.12.1991, a.a.O. – zur Rechtslage vor 1999.

364 Zur Ausgangssituation siehe unter C. II. S. 107 f.

Zum Ausgleich des bilanziellen Ungleichgewichts muss Gesellschafter A den Buchwert seines übernommenen Vermögens auf- oder abstocken.

$$Bw_{Tb1}^{SS} = Bw_{Tb1} + Ap_A^{BwAp}$$

Für Gesellschafter B gilt das Gleiche:

$$Bw_{Tb2}^{SS} = Bw_{Tb2} + Ap_B^{BwAp}$$

Die Fortführungsbilanzen der Gesellschafter haben folgendes Bild:

Fortführungsbilanz des A

	Bw	gW	stR		Bw	gW	stR
Teilbetrieb 1	$Bw_{Tb1} + Ap_A^{BwAp}$	gW_{Tb1}	stR_{Tb1}	Kapital A	$\alpha \cdot (Bw_{Tb1} + Bw_{Tb2})$	gW_{Tb1}	stR_{Tb1}
	Bw_{Tb1}^{SS}	gW_{Tb1}	stR_{Tb1}		Bw_{Tb1}^{SS}	gW_{Tb1}	stR_{Tb1}

Fortführungsbilanz des B

	Bw	gW	stR		Bw	gW	stR
Teilbetrieb 2	$Bw_{Tb2} + Ap_B^{BwAp}$	gW_{Tb2}	stR_{Tb2}	Kapital B	$(1-\alpha) \cdot (Bw_{Tb1} + Bw_{Tb2})$	gW_{Tb2}	stR_{Tb2}
	Bw_{Tb2}^{SS}	gW_{Tb2}	stR_{Tb2}		Bw_{Tb2}^{SS}	gW_{Tb2}	stR_{Tb2}

b) Buchwertanpassung

Im Folgenden wird gezeigt, wie sich der Anpassungsbetrag der übernommenen Wirtschaftsgüter im Allgemeinen darstellt.

Die erforderlichen Anpassungsbeträge (Aufstockungs- und Abstockungsbeträge) ergeben sich aus der Differenz zwischen dem Buchwert der Eigenkapitalkonten und dem bisherigen Buchwert der übernommenen Teilbetriebe:

$$Ap_A^{BwAp} = \alpha \cdot \left(Bw_{Tb1} + Bw_{Tb2}\right) - Bw_{Tb1} \tag{17a}$$

$$= \alpha \cdot Bw_{Tb2} - (1-\alpha) \cdot Bw_{Tb1}$$

$$Ap_B^{BwAp} = (1-\alpha) \cdot \left(Bw_{Tb1} + Bw_{Tb2}\right) - Bw_{Tb2} \tag{17b}$$

$$= (1-\alpha) \cdot Bw_{Tb1} - \alpha \cdot Bw_{Tb2}$$

Aus $Ap_A^{BwAp} = \alpha \cdot Bw_{Tb2} - (1-\alpha) \cdot Bw_{Tb1}$

und $Ap_B^{BwAp} = -\alpha \cdot Bw_{Tb2} + (1-\alpha) \cdot Bw_{Tb1}$

folgt unmittelbar: $Ap_A^{BwAp} = -Ap_B^{BwAp}$

Die Beträge beider Anpassungsbeträge sind demnach auch hier immer gleich, d.h. es gilt:

$$| \; Ap_A^{BwAp} \; | = | \; Ap_B^{BwAp} \; |$$

Die Buchwerte der übernommenen Wirtschaftsgüter nach Buchwertanpassung ergeben sich wie folgt:

$$\begin{aligned} Bw_{Tb1}^{SS} &= Bw_{Tb1} + Ap_A^{BwAp} \\ &= Bw_{Tb1} + \left[\alpha \cdot \left(Bw_{Tb1} + Bw_{Tb2} \right) - Bw_{Tb1} \right] \\ &= \alpha \cdot \left(Bw_{Tb1} + Bw_{Tb2} \right) \\ &= EK_A \end{aligned} \tag{18a}$$

$$\begin{aligned} Bw_{Tb2}^{SS} &= Bw_{Tb2} + Ap_B^{BwAp} \\ &= Bw_{Tb2} + \left[(1-\alpha) \cdot \left(Bw_{Tb1} + Bw_{Tb2} \right) - Bw_{Tb2} \right] \\ &= (1-\alpha) \cdot \left(Bw_{Tb1} + Bw_{Tb2} \right) \\ &= EK_B \end{aligned} \tag{18b}$$

Bezüglich der Höhe des Anpassungsbetrages der Buchwerte folgt daraus für Gesellschafter A:

$$Bw_{Tb1} \underset{<}{\overset{>}{=}} \alpha \cdot \left(Bw_{Tb1} + Bw_{Tb2} \right) \Leftrightarrow Ap_A^{BwAp} \underset{>}{\overset{<}{=}} 0 \tag{19a}$$

Weiter lassen sich hieraus folgende Bedingungen für die Buchwertrelation der Realteiler für Gesellschafter A ableiten:

$$\begin{aligned} Ap_A^{BwAp} \underset{<}{\overset{>}{=}} 0 \quad &\Leftrightarrow \alpha \cdot Bw_{Tb2} - (1-\alpha) \cdot Bw_{Tb1} \underset{<}{\overset{>}{=}} 0 \\ &\Leftrightarrow \alpha \cdot Bw_{Tb2} \underset{<}{\overset{>}{=}} (1-\alpha) \cdot Bw_{Tb1} \\ &\Leftrightarrow \frac{(1-\alpha)}{\alpha} \underset{>}{\overset{<}{=}} \frac{Bw_{Tb2}}{Bw_{Tb1}} \end{aligned} \tag{20a}$$

Für Gesellschafter B gilt:

$$Bw_{Tb2} \underset{>}{\overset{<}{=}} (1-\alpha)\cdot\left(Bw_{Tb1}+Bw_{Tb2}\right) \Leftrightarrow Ap_{B}^{BwAp} \underset{<}{\overset{>}{=}} 0 \tag{19b}$$

Es lassen sich im Umkehrschluss folgende Bedingungen aus der Buchwertrelation der Realteiler für Gesellschafter B ableiten:

$$\begin{aligned} Ap_{B}^{BwAp} \underset{<}{\overset{>}{=}} 0 \; &\Leftrightarrow \; (1-\alpha)\cdot Bw_{Tb1} - \alpha\cdot Bw_{Tb2} \underset{<}{\overset{>}{=}} 0 \\ &\Leftrightarrow \; (1-\alpha)\cdot Bw_{Tb1} \underset{<}{\overset{>}{=}} \alpha\cdot Bw_{Tb2} \\ &\Leftrightarrow \; \frac{(1-\alpha)}{\alpha} \underset{<}{\overset{>}{=}} \frac{Bw_{Tb2}}{Bw_{Tb1}} \end{aligned} \tag{20b}$$

Die Zusammenfassung der Bedingungen zeigt, dass gilt:

$$Ap_{A}^{BwAp} \underset{>}{\overset{<}{=}} 0 \Leftrightarrow Ap_{B}^{BwAp} \underset{<}{\overset{>}{=}} 0 \Leftrightarrow \frac{(1-\alpha)}{\alpha} \underset{<}{\overset{>}{=}} \frac{Bw_{Tb2}}{Bw_{Tb1}} \tag{20c}$$

Des Weiteren lässt sich zeigen, dass die Anpassungsbeträge bei der Buchwertanpassung immer den Anpassungsbeträgen der Kapitalkontenanpassung mit umgekehrtem Vorzeichen entsprechen.

$$\begin{aligned} Ap_{A}^{BwAp} &= \alpha\cdot\left(Bw_{Tb1}+Bw_{Tb2}\right) - Bw_{Tb1} \\ &= -\left[(1-\alpha)\cdot Bw_{Tb1} - \alpha\cdot Bw_{Tb2}\right] \\ &= -Ap_{A}^{KapAp} \end{aligned} \tag{17a}$$

$$\begin{aligned} Ap_{B}^{BwAp} &= (1-\alpha)\cdot\left(Bw_{Tb1}+Bw_{Tb2}\right) - Bw_{Tb2} \\ &= (1-\alpha)\cdot Bw_{Tb1} - \alpha\cdot Bw_{Tb2} \\ &= -Ap_{B}^{KapAp} \end{aligned} \tag{17b}$$

Als Ergebnis ist festzuhalten, dass auch bei der Buchwertanpassungsmethode der Aufstockungsbetrag des einen Gesellschafters stets dem Abstockungsbetrag des anderen Gesellschafters mit umgekehrtem Vorzeichen entspricht. Gleichzeitig entsprechen die Anpassungsbeträge der Buchwertanpassungsmethode den Anpassungsbeträgen der Kapitalkontenanpassung mit umgekehrtem Vorzeichen.

$$Ap_A^{BwAp} = -(1-\alpha)\cdot Bw_{Tb1} + \alpha\cdot Bw_{Tb2} \tag{17a}$$

$$Ap_A^{KapAp} = (1-\alpha)\cdot Bw_{Tb1} - \alpha\cdot Bw_{Tb2} \tag{8a}$$

$$Ap_B^{BwAp} = (1-\alpha)\cdot Bw_{Tb1} - \alpha\cdot Bw_{Tb2} \tag{17b}$$

$$Ap_B^{KapAp} = -(1-\alpha)\cdot Bw_{Tb1} + \alpha\cdot Bw_{Tb2} \tag{8b}$$

c) Überspringen stiller Reserven zwischen den Gesellschaftern

Nachfolgend wird untersucht, ob es durch die Buchwertanpassung der übernommenen Wirtschaftsgüter zu einer interpersonellen Verlagerung der stillen Reserven zwischen den Gesellschaftern kommt.

Gesellschafter A hat vor der Realteilung einen Anteil an den stillen Reserven in Höhe von:

$$\begin{aligned} stR_A^{AS} &= \alpha\cdot\left[\left(gW_{Tb1} - Bw_{Tb1}\right) + \left(gW_{Tb2} - Bw_{Tb2}\right)\right] \\ &= \alpha\cdot\left[\left(gW_{Tb1} + gW_{Tb2}\right) - \left(Bw_{Tb1} + Bw_{Tb2}\right)\right] \end{aligned} \tag{12a}$$

Seine stillen Reserven betragen dagegen nach der Realteilung:

$$\begin{aligned} stR_A^{SS} &= gW_{Tb1} - Bw_{Tb1}^{SS} \\ &= gW_{Tb1} - Bw_{Tb1} - Ap_A^{BwAp} \\ &= gW_{Tb1} - Bw_{Tb1} - \left[\alpha\cdot\left(Bw_{Tb1} + Bw_{Tb2}\right) - Bw_{Tb1}\right] \\ &= gW_{Tb1} - Bw_{Tb1} + Bw_{Tb1} - \alpha\cdot\left(Bw_{Tb1} + Bw_{Tb2}\right) \\ &= gW_{Tb1} - \alpha\cdot\left(Bw_{Tb1} + Bw_{Tb2}\right) \\ &= gW_{Tb1} - EK_A \end{aligned} \tag{13a}$$

Durch die Bildung der Differenz aus dem Betrag der stillen Reserven nach und vor der Realteilung ergibt sich der Betrag der zwischen den Gesellschaftern übergesprungenen stillen Reserven:

$$\begin{aligned} \Delta\, stR_A &= stR_A^{SS} - stR_A^{AS} \\ &= gW_{Tb1} - EK_A - \alpha\cdot\left[\left(gW_{Tb1} + gW_{Tb2}\right) - \left(Bw_{Tb1} + Bw_{Tb2}\right)\right] \\ &= gW_{Tb1} - EK_A + \alpha\cdot\left(Bw_{Tb1} + Bw_{Tb2}\right) - \alpha\cdot\left(gW_{Tb1} + gW_{Tb2}\right) \\ &= gW_{Tb1} - EK_A + EK_A - \alpha\cdot\left(gW_{Tb1} + gW_{Tb2}\right) \\ &= (1-\alpha)\cdot gW_{Tb1} - \alpha\cdot gW_{Tb2} \end{aligned} \tag{14a}$$

Bei der Realteilung ohne Spitzenausgleich gilt jedoch stets $(1\text{-}\alpha)\cdot gW_{Tb1} - \alpha\cdot gW_{Tb2} = 0$[365], so dass es bei der Buchwertanpassungsmethode im Fall der Realteilung ohne Spitzenausgleich nicht zu einem Überspringen von stillen Reserven zwischen den Gesellschaftern kommt. Das erwünschte Ziel wird insoweit erreicht.

Gleiches gilt für Gesellschafter B.

Gesellschafter B hat *vor* der Realteilung einen Anteil an den stillen Reserven in Höhe von:

$$
\begin{aligned}
stR_B^{AS} &= (1-\alpha)\cdot\left[\left(gW_{Tb1} - Bw_{Tb1}\right) + \left(gW_{Tb2} - Bw_{Tb2}\right)\right] \\
&= (1-\alpha)\cdot\left[\left(gW_{Tb1} + gW_{Tb2}\right) - \left(Bw_{Tb1} + Bw_{Tb2}\right)\right]
\end{aligned}
\tag{12b}
$$

Seine stillen Reserven betragen dagegen *nach* der Realteilung:

$$
\begin{aligned}
stR_B^{SS} &= gW_{Tb2} - Bw_{Tb2}^{SS} \\
&= gW_{Tb2} - Bw_{Tb2} - Ap_B^{BwAp} \\
&= gW_{Tb2} - Bw_{Tb2} - \left[(1-\alpha)\cdot\left(Bw_{Tb1} + Bw_{Tb2}\right) - Bw_{Tb2}\right] \\
&= gW_{Tb2} - Bw_{Tb2} + Bw_{Tb2} - (1-\alpha)\cdot\left(Bw_{Tb1} + Bw_{Tb2}\right) \\
&= gW_{Tb2} - (1-\alpha)\cdot\left(Bw_{Tb1} + Bw_{Tb2}\right) \\
&= gW_{Tb2} - EK_B
\end{aligned}
\tag{13b}
$$

Durch die Bildung der Differenz aus dem Betrag der stillen Reserven nach und vor der Realteilung ergibt sich der Betrag der zwischen den Gesellschaftern übergesprungenen stillen Reserven:

$$
\begin{aligned}
\Delta\, stR_B &= stR_B^{SS} - stR_B^{AS} \\
&= gW_{Tb2} - EK_B - (1-\alpha)\cdot\left[\left(gW_{Tb1} + gW_{Tb2}\right) - \left(Bw_{Tb1} + Bw_{Tb2}\right)\right] \\
&= gW_{Tb2} - EK_B + (1-\alpha)\cdot\left(Bw_{Tb1} + Bw_{Tb2}\right) - (1-\alpha)\cdot\left(gW_{Tb1} + gW_{Tb2}\right) \\
&= gW_{Tb2} - EK_B + EK_B - (1-\alpha)\cdot\left(gW_{Tb1} + gW_{Tb2}\right) \\
&= -(1-\alpha)\cdot gW_{Tb1} + \alpha\cdot gW_{Tb2}
\end{aligned}
\tag{14b}
$$

Als Ergebnis ist festzuhalten, dass bei der Realteilung ohne Spitzenausgleich bei der Buchwertanpassungsmethode keine stillen Reserven zwischen den Gesellschaftern überspringen.

365 Vgl. C. III. 1. S. 108.

d) Überspringen stiller Reserven zwischen den Wirtschaftsgütern

Im Folgenden wird untersucht, ob stille Reserven zwar nicht zwischen den Realteilern, dagegen aber möglicherweise durch die Anpassung der Buchwerte der übernommenen Wirtschaftsgüter an die Kapitalkonten zwischen den übertragenen Wirtschaftsgütern überspringen.

Hierzu wird zunächst Teilbetrieb 1 betrachtet.

Teilbetrieb 1 hat *vor* der Realteilung stille Reserven in Höhe von:

$$stR_{Tb1}^{AS} = gW_{Tb1} - Bw_{Tb1} \tag{21a}$$

Die stillen Reserven betragen dagegen *nach* der Realteilung:

$$stR_{Tb1}^{SS} = gW_{Tb1} - Bw_{Tb1}^{SS} \tag{22a}$$

Durch die Bildung der Differenz aus dem Betrag der stillen Reserven nach und vor der Realteilung ergibt sich der Betrag der zwischen den Teilbetrieben übergesprungenen stillen Reserven:

$$\begin{aligned} \Delta\, stR_{Tb1} &= stR_{Tb1}^{SS} - stR_{Tb1}^{AS} \\ &= gW_{Tb1} - Bw_{Tb1}^{SS} - gW_{Tb1} + Bw_{Tb1} \\ &= gW_{Tb1} - \alpha \cdot \left(Bw_{Tb1} + Bw_{Tb2}\right) - gW_{Tb1} + Bw_{Tb1} \\ &= \left(1-\alpha\right) \cdot Bw_{Tb1} - \alpha \cdot Bw_{Tb2} \\ &= -Ap_{A}^{BwAp} \end{aligned} \tag{23a}$$

Damit gilt:

$$\Delta\, stR_{Tb1} \overset{>}{\underset{<}{=}} 0 \Leftrightarrow Ap_{A}^{BwAp} \overset{<}{\underset{>}{=}} 0 \tag{24a}$$

Nachfolgend wird gezeigt, dass sich die stillen Reserven in Teilbetrieb 2 entsprechend verändern.

Teilbetrieb 2 hat *vor* der Realteilung stille Reserven in Höhe von:

$$stR_{Tb2}^{AS} = gW_{Tb2} - Bw_{Tb2} \tag{21b}$$

Die stillen Reserven betragen dagegen *nach* der Realteilung:

$$stR_{Tb2}^{SS} = gW_{Tb2} - Bw_{Tb2}^{SS} \tag{22b}$$

Durch die Bildung der Differenz ergibt sich der Betrag der übergesprungenen stillen Reserven:

$$\begin{aligned}\Delta\, stR_{Tb2} &= stR_{Tb2}^{SS} - stR_{Tb2}^{AS} \\ &= gW_{Tb2} - Bw_{Tb2}^{SS} - gW_{Tb2} + Bw_{Tb2} \\ &= gW_{Tb2} - (1-\alpha)\cdot\left(Bw_{Tb1} + Bw_{Tb2}\right) - gW_{Tb2} + Bw_{Tb2} \\ &= -(1-\alpha)\cdot Bw_{Tb1} + \alpha\cdot Bw_{Tb2} \\ &= -Ap_{B}^{BwAp}\end{aligned} \tag{23b}$$

Damit gilt:

$$\Delta\, stR_{Tb2} \overset{>}{\underset{<}{=}} 0 \Leftrightarrow Ap_{B}^{BwAp} \overset{<}{\underset{>}{=}} 0 \tag{24b}$$

Der Vergleich der stillen Reserven der einzelnen Wirtschaftsgüter zeigt, dass im Fall der Abstockung des Buchwertes des Teilbetriebes 1 und der Aufstockung des Buchwertes des Teilbetriebes 2 stille Reserven in Höhe des Anpassungsbetrages vom „aufstockenden“ Teilbetrieb 2 auf den „abstockenden“ Teilbetrieb 1 überspringen und umgekehrt.

Durch die Buchwertanpassungsmethode kommt es also zu einem Überspringen stiller Reserven zwischen den übernommenen Teilbetrieben bzw. den einzelnen Wirtschaftsgütern. Erkennbar entspricht der Übergangsbetrag der stillen Reserven dem Anpassungsbetrag bei der Kapitalkontenanpassungsmethode mit umgekehrtem Vorzeichen.

e) Rechtfertigung der Buchwertanpassung

Dieses Ergebnis wirft Fragen nach der Vereinbarkeit mit bilanzrechtlichen Grundsätzen wie dem Realisationsprinzip und dem Anschaffungswertprinzip auf. Die Buchwertanpassungsmethode ist des Weiteren angesichts des Grundsatzes der Bilanzkontinuität und des gesetzlichen Normenzwangs zur Buchwertfortführung nach § 16 Abs. 3 S. 2 ff. EStG fraglich. Denn sie stellt eine Bilanzmanipulation dar, mit deren Hilfe das bilanzielle Gleichgewicht hergestellt werden soll. Diese Methode hat zur Folge, dass die stillen Reserven nicht mehr im gleichen Umfang wie zuvor in denselben Wirtschaftsgütern verankert sind. Die stillen Reserven der einzelnen übertragenen Wirtschaftsgüter werden somit der Höhe nach manipuliert, die gesetzliche Norm der Buchwertfortführung wird schlichtweg durchbrochen. Die Summe der stillen Reserven und deren Verteilung auf die einzelnen Realteiler entsprechen zwar in ihrer Gesamtheit der Ausgangssituation, ebenso die gesellschaftsrechtliche Verteilung der stillen Reserven, nicht jedoch die stillen Reserven der Höhe nach bezogen auf die einzelnen Wirtschaftsgüter.[366]

Das zentrale Prinzip der Grundsätze ordnungsgemäßer Buchführung (GoB) zur Abgrenzung der Periodisierung von Erträgen ist das Realisationsprinzip. Zum einen regelt es, wann eine Leistung des Unternehmens realisiert gilt, das heißt zu welchem Zeitpunkt der Ertrag entsteht. Zum anderen bestimmt es den Wertansatz, mit dem die noch nicht realisierten Erzeugnisse bzw. Leistungen in der Bilanz auszuweisen sind (Anschaffungswertprinzip). Ein Veräußerungserlös ist danach erst dann in der Bilanz auszuweisen, wenn die Lieferung vollzogen bzw. die Dienstleistung beendet ist. Bis zu diesem Zeitpunkt sind die Vermögensgegenstände nach dem Anschaffungswertprinzip höchstens mit den Anschaffungs- und Herstellungskosten zu bewerten. Hierdurch wird erreicht, dass noch nicht realisierte Erträge nicht in der Bilanz ausgewiesen werden.

Vor diesem Hintergrund ist die Buchwertaufstockung des übernehmenden Realteilers nicht unproblematisch. Handelt es sich bei den aufzustockenden Wirtschaftsgütern um Umlaufvermögen, so kann es hierbei zu einem Verstoß des Realisations- und Anschaffungswertprinzips kommen. Bei Wirtschaftsgütern des Anlagevermögens dagegen, die stille Reserven verhaften, die größer sind als der Aufstockungsbetrag, könnte eine Aufstockung dagegen gerechtfertigt, mangels Anschaffungskosten aber nicht unkritisch sein. Eine Aufstockung ohne Anschaffungskosten führt zu einer Verzerrung der periodengerechten Gewinnermittlung, da der Gewinn bei Realisierung durch Veräußerung oder Entnahme des aufstockenden Gesellschafters zu niedrig und der des abstockenden Gesellschafters bezogen auf die übernommenen Wirtschaftsgüter zu hoch ist.

Nicht zuletzt kann die Buchwertaufstockung gegen das Vorsichtsprinzip verstoßen, nach dem der Unternehmer sich nicht reicher rechnen soll, als er tatsächlich ist. Der aufstockende Realteiler versteuert zwar im Fall der Realteilung ohne Spitzenausgleich im Sinne des Subjektsteuerprinzips in der Summe bezogen auf seine Person die zutreffende Höhe stiller Reserven, bezogen auf die stillen Reserven der einzelnen Wirtschaftsgüter kommt es dagegen zu einer Verschiebung und damit zu einer nicht verursachungsrechten Besteuerung. Die Abstockung der Buchwerte kann dagegen durch das Niederstwertprinzip und das Aufwandsantizipationsgebot gerechtfertigt sein.

Würde man die Buchwertaufstockung ungeachtet dessen gelten lassen, wenn genügend stille Reserven vorhanden sind und somit der Anpassungsbetrag niedriger oder gleich den vorhandenen stillen Reserven ist, dann müsste gelten:

366 Engl, Realteilung mit Einzelwirtschaftsgütern, DStR 2002, S. 119-122, hier: S. 122.

$$Ap_A^{BwAp} = \alpha \cdot Bw_{Tb2} - (1-\alpha) \cdot Bw_{Tb1} \leq gW_{Tb1} - Bw_{Tb1} = stR_{Tb1}$$

$$\Leftrightarrow$$

$$\alpha \cdot Bw_{Tb2} + \alpha \cdot Bw_{Tb1} \leq gW_{Tb1}$$

$$\Leftrightarrow$$

$$EK_A \leq gW_{Tb1}$$

Das heißt, der Anpassungsbetrag ist kleiner oder gleich den übernommenen stillen Reserven, wenn der Buchwert des Eigenkapitals kleiner oder gleich dem gemeinen Wert des übernommenen Vermögens ist. In diesem Fall käme eine Aufstockung der Buchwerte bis maximal zur Höhe des gemeinen Wertes des übernommenen Vermögens in Betracht. Eine bilanzielle Überbewertung wäre damit ausgeschlossen.

Wäre dagegen der Buchwert des Eigenkapitals größer als der gemeine Wert des übernommenen Vermögens, und somit der Anpassungsbetrag größer als die stillen Reserven, müsste der Buchwert des übernommenen Teilbetriebes über den gemeinen Wert aufgestockt werden, was ein Verstoß gegen das Anschaffungskostenprinzip sowie Realisations- und Vorsichtsprinzip wäre.

Durch die erfolgte Änderung der gesetzlichen Regelung zur Realteilung durch das UntStFG[367] im Jahr 2001 ist die Verweisung auf § 6 Abs. 3 EStG rückwirkend ab dem 01.01.2001 ersatzlos entfallen. Vor diesem Hintergrund stellt sich die Frage, ob die Kapitalkontenanpassungsmethode weiterhin anzuwenden oder stattdessen die Buchwertanpassungsmethode zu präferieren ist. Letztere wurde allerdings vom BFH zum alten Recht eindeutig abgelehnt.[368] Der IV. Senat hat bereits 1972 seine Bedenken gegen diese Methode geäußert, da die bisherigen Buchwerte ohne tatsächliche Wertänderung des ausgewiesenen Wirtschaftsgutes erhöht oder gesenkt werden.[369] Der Senat ist der Ansicht, dass keine dieser beiden Methoden in einer völlig unbedenklichen und befriedigenden Weise den allgemeinen steuerlichen Gewinnermittlungsgrundsätzen entspricht. Bei der Suche nach einer den allgemeinen Gewinngrundsätzen am ehesten adäquaten Methodik gibt er der Kapitalkontenanpassungsmethode eindeutig den Vorzug.[370] Der VIII. Senat teilt in seiner Entscheidung vom 10.12.1991[371] diese Bedenken und lehnt die Buchwertanpassungsmethode ebenfalls ab. Diese führe bei dem

367 Gesetz zur Fortentwicklung des Unternehmenssteuerrechtes (Unternehmenssteuerfortentwicklungsgesetz – UntStFG) vom 20.12.2001, a.a.O.

368 BFH-Urteil vom 10.12.1991, a.a.O.

369 BFH-Urteil vom 10.02.1972, a.a.O.

370 A.a.O.

371 BFH-Urteil vom 10.12.1991, a.a.O.

Realteiler, der zu hohe stille Reserven erhält, zu einer Aufstockung der Buchwerte der einzelnen Wirtschaftsgüter. Somit erhalte er gegebenenfalls zusätzliches Abschreibungsvolumen, das der andere Gesellschafter in gleicher Höhe verliert. Im Ergebnis widerspricht diese Methode den allgemeinen steuerlichen Gewinnermittlungsgrundsätzen. Es fehlt bei einer an den Kapitalanteilen der Gesellschafter orientierten Auf- und Abstockung der Buchwerte der nach dem Grundsatz der Bilanzkontinuität gebotene Bezug zur Bewertung der übernommenen zu derjenigen der eigenen Wirtschaftsgüter. Eine Neubewertung der Wirtschaftsgüter durch Verteilung der stillen Reserven ist auch nach dem Prinzip der Einzelbewertung nicht zulässig. Bei der Buchwertanpassungsmethode werden stille Reserven von einem auf das andere Wirtschaftsgut übertragen, ohne mit diesem in sachlichem Zusammenhang zu stehen. Damit sieht auch der BFH einen Verstoß der Buchwertanpassungsmethode gegen das Anschaffungskostenprinzip.[372]

Engl gibt der Buchwertanpassung dagegen konsequent den Vorzug, da allein diese Methode die Verlagerung stiller Reserven zwischen den Mitunternehmern verhindere.[373] Dabei übersieht Engl offensichtlich das Überspringen stiller Reserven zwischen den Wirtschaftsgütern. Des Weiteren geht er – wie andere Literaturmeinungen auch – irrtümlich nur von der Realteilung ohne Spitzenausgleich aus und übersieht die Frage der Erfassung des Spitzenausgleichs.[374] Denn weiterer Untersuchungsbedarf besteht insbesondere bei der Realteilung mit Spitzenausgleich, um die Auswirkungen einer Ausgleichszahlung auf die Verteilung der stillen Reserven zwischen den Wirtschaftsgütern und den Realteilern exakt festzustellen.

Engl stützt seine These auf eine bloße Gesetzesinterpretation. Die Buchwertanpassung sei geboten, weil die Rechtsgrundlage für das Überspringen stiller Reserven, nämlich die Verweisung auf § 6 Abs. 3 EStG durch das UntStFG entfallen ist und die entsprechende Regelung des § 6 Abs. 5 S. 4 EStG i.d.F. des UntStFG einen allgemeinen Grundsatz darstellt, wonach die personelle Zuordnung der stillen Reserven die Behaltefrist sogar entfallen lässt.[375] Engl begründet diese These mit dem Wegfall der Rechtsgrundlage für eine neutrale Anpassung der Kapitalkonten und dem alternativen Gebot, die Buchwerte der Wirtschaftsgüter an die Kapitalkonten anzupassen. Allerdings unterlässt er eine intensive Auseinandersetzung mit den allgemeinen Bilanzierungsgrundsätzen und übersieht die Verletzung des Anschaffungskostenprinzips.

Engl geht mit seiner Auffassung sogar soweit, dass er die Anpassung der Buchwerte an die Kapitalkonten ab dem VZ 2001 für zwingend erachtet.[376] Dies

372 A.a.O.

373 Engl, Realteilung mit Einzelwirtschaftsgütern, DStR 2002, S. 119-122, hier: S. 122.

374 Z.B. Fasold, Die einkommensteuerrechtliche Problematik der Buchwertfortführung, S. 81 ff.

375 Engl, Realteilung mit Einzelwirtschaftsgütern, a.a.O.

376 A.a.O.

ergebe sich aus der sinnfälligen reziproken Anwendung des Rechtsgedankens des § 6 Abs. 5 S. 4 1. Halbsatz EStG n.F. in Bezug auf die Zuordnung im Rahmen von Ergänzungsbilanzen bei der „Einbringung" auf den umgekehrten Fall der „Ausbringung" und damit auch der steuerlichen Realteilung.[377] Er begründet dies mit der Anpassung der steuerlichen Buchwerte der übernommenen Wirtschaftsgüter an die Kapitalkonten bei der „Ausbringung" mit dem entsprechenden – reziproken – Instrument der Ergänzungsbilanzen.[378] Dies kann aber bei der Begründung der Buchwertanpassung nicht überzeugen, da bei dieser Methode eben nicht eine Zuordnung der stillen Reserven durch Ergänzungsbilanzen hergestellt wird. § 6 Abs. 5 S. 4 EStG konkretisiert lediglich den Fall, dass bei einer Veräußerung des Wirtschaftsgutes während der Sperrfrist nicht der Teilwert anzusetzen ist, wenn die stillen Reserven bei einer vorherigen Einbringung zu einem höheren Wert durch eine negative Ergänzungsbilanz dem einbringenden Gesellschafter zugeordnet werden. Im Umkehrfall kann Engl nur daraus ableiten, dass die Buchwertanpassung durch gleichzeitige Anwendung von Ergänzungsbilanzen in Betracht kommt. Dadurch würde aber das gleiche Ergebnis wie bei der Kapitalkontenanpassung erreicht. Das gewünschte Ziel wäre damit verfehlt, da es dann auch zu einer interpersonellen Verlagerung der stillen Reserven kommen würde. Die Auffassung von Engl überzeugt nicht.

f) Zusammenfassende Beurteilung

Als Ergebnis ist festzuhalten, dass bei der Buchwertanpassungsmethode die stillen Reserven zwar nicht zwischen den Realteilern überspringen, wohl aber zwischen den übertragenen Wirtschaftsgütern. Die stillen Reserven verlagern sich stets in Höhe des Anpassungsbetrages der Buchwerte von dem „aufstockenden" Teilbetrieb auf den „abstockenden" Teilbetrieb und verschieben sich betragsmäßig genau wie bei der Verlagerung der stillen Reserven zwischen den Gesellschaftern durch die Kapitalkontenanpassung in Höhe des Anpassungsbetrages. Der Aufstockungsbetrag des einen Gesellschafters entspricht dabei stets dem Abstockungsbetrag des anderen Gesellschafters mit umgekehrtem Vorzeichen.

---

377 A.a.O.

378 Engl verbindet diese These mit der Sperrfrist des § 16 Abs. 3 S. 3 EStG und vertritt die Auffassung, dass die Anwendung des Rechtsgedankens des § 6 Abs. 5 S. 4 1. Halbsatz EStG in der Fassung des UntStFG, nämlich die Regelung des § 16 Abs. 3 S. 3 EStG zur Sperrfrist, keinen Sinn macht. Er setzt sich kritisch mit der Sinnhaftigkeit der Behaltefrist auseinander und vertritt die These, dass man im Gesetzgebungsverfahren schlichtweg übersehen habe, dass mit der Anpassung der Buchwerte an die Kapitalkonten bei der „Ausbringung" von Wirtschaftsgütern bereits automatisch der entsprechende – reziproke – rechtstechnische Grundsatz des § 6 Abs. 5 S. 4 1. Halbsatz EStG besteht. Bei wortgetreuer Anwendung sei die Neuregelung des § 16 Abs. 3 S. 3 EStG sinnlos. Bei Anpassung der Buchwerte an die Kapitalkonten sei die Regelung zur Sperrfrist überhaupt nicht anzuwenden und laufe somit leer.

Hinsichtlich der Frage der Vereinbarkeit der Buchwertanpassungsmethode mit bilanzrechtlichen Grundsätzen verstößt diese Methode im Ergebnis gegen das Anschaffungswertprinzip und das Realisationsprinzip. Die Buchwertaufstockung kann auch nicht allein damit gerechtfertigt werden, dass in den übernommenen Wirtschaftsgütern stille Reserven vorhanden sind, die größer sind als der Aufstockungsbetrag. Es bleibt abzuwägen, was besser bzw. schlechter ist – die Kapitalkontenanpassungsmethode mit einem Überspringen stiller Reserven zwischen den Realteilern und einem damit einhergehenden Verstoß gegen das Subjektsteuerprinzip, oder die Buchwertanpassungsmethode mit einem Überspringen stiller Reserven zwischen den Wirtschaftsgütern, aber begrenzt auf maximal die Höhe der vorhandenen stillen Reserven, mit einem Verstoß gegen das Anschaffungskostenprinzip. Allerdings kann diese Frage nicht isoliert von einem zweiten Aspekt beantwortet werden, nämlich dem Zusammenwirken der Buchwertanpassung einerseits und der weiteren Vorgehensweise im Fall der Realteilung mit Spitzenausgleich andererseits. Hier besteht weiterer Untersuchungsbedarf.[379]

Beispiel 7:

Die Ausgangssituation entspricht dem vorherigen Beispiel.[380]

Die Aufstockungs- und Abstockungsbeträge ergeben sich wie folgt:

Gesellschafter A:

- Allgemein:

$$Ap_A^{BwAp} = -\left[(1-\alpha)\cdot Bw_{Tb1} - \alpha \cdot Bw_{Tb2}\right] \tag{17a}$$

- im Zahlenbeispiel:

$$Ap_A^{BwAp} = -[0{,}5\cdot 20 - 0{,}5\cdot 80] = 30 > 0$$

Für Gesellschafter A ergibt sich ein Aufstockungsbetrag von 30. Daraus ergibt sich folgende Fortführungsbilanz für Realteiler A:

Bilanz des Einzelunternehmens des A *nach* Realteilung

	Bw	*gW*	*stR*		*Bw*	*gW*	*stR*
Teilbetrieb 1	20			Kapital A	50	100	50
+ Aufstockung	+30						
	50	100	50				
	50	100	50		50	100	50

379 Siehe hierzu unter C. IV. S. 156 ff.

380 Vgl. das Beispiel 6 auf S. 120.

Gesellschafter B:

- Allgemein:

$$Ap_B^{BwAp} = (1-\alpha) \cdot Bw_{Tb1} - \alpha \cdot Bw_{Tb2} \qquad (17b)$$

- im Zahlenbeispiel:

$$Ap_B^{BwAp} = 0,5 \cdot 20 - 0,5 \cdot 80 = -30 < 0$$

Für Gesellschafter B ergibt sich ein Abstockungsbetrag von –30. Daraus ergibt sich folgende Fortführungsbilanz für Realteiler B:

Bilanz des Einzelunternehmens des B *nach* Realteilung

	Bw	*gW*	*stR*		*Bw*	*gW*	*stR*
Teilbetrieb 2	80			Kapital B	50	100	50
– Abstockung	-30						
	50	100	50				
	50	100	50		50	100	50

Gegenüber der Ausgangssituation (Schlussbilanz der OHG) ist erkennbar, dass es im Zahlenbeispiel nicht zu einer interpersonellen Verlagerung der stillen Reserven zwischen den Gesellschaftern gekommen ist. Allerdings sind nach der Realteilung infolge der Buchwertanpassungsmethode stille Reserven in Höhe von 30 vom „aufstockenden" Teilbetrieb 1 auf den „abstockenden" Teilbetrieb 2 gewandert. Dies entspricht exakt wiederum dem Betrag der Buchwertanpassung.

Die stillen Reserven des Teilbetriebes 1 betrugen vor der Realteilung:

- Allgemein:

$$stR_{Tb1}^{AS} = gW_{Tb1} - Bw_{Tb1} \qquad (21a)$$

- im Zahlenbeispiel:

$$stR_{Tb1}^{AS} = 100 - 20 = 80$$

Nach der Buchwertanpassung verfügt Teilbetrieb 1 über stille Reserven in folgender Höhe:

- Allgemein:

$$stR_{Tb1}^{SS} = gW_{Tb1} - Bw_{Tb1}^{SS} \qquad (22a)$$

- im Zahlenbeispiel:

$$stR_{Tb1}^{SS} = 100 - 50 = 50$$

Die stillen Reserven des Teilbetriebes 2 betrugen vor der Realteilung:

- Allgemein:

$$stR_{Tb2}^{AS} = gW_{Tb2} - Bw_{Tb2} \qquad (21b)$$

- im Zahlenbeispiel:

$$stR_{Tb2}^{AS} = 100 - 80 = 20$$

Nach der Buchwertanpassung verfügt Teilbetrieb 2 über stille Reserven in folgender Höhe:

- Allgemein:

$$stR_{Tb2}^{SS} = gW_{Tb2} - Bw_{Tb2}^{SS} \qquad (22b)$$

- im Zahlenbeispiel:

$$stR_{Tb2}^{SS} = 100 - 50 = 50$$

Erkennbar führt die Buchwertanpassung zwar zu einer Gleichverteilung der stillen Reserven zwischen den Realteilern, aber zu einem Überspringen stiller Reserven:

Teilbetrieb 1:

- Allgemein:

$$\Delta\, stR_{Tb1} = stR_{Tb1}^{SS} - stR_{Tb1}^{AS} = -Ap_A^{BwAp} \qquad (23a)$$

- im Zahlenbeispiel:

$$\Delta\, stR_{Tb1} = 50 - 80 = -30$$

Teilbetrieb 2:

- Allgemein:

$$\Delta\, stR_{Tb2} = stR_{Tb2}^{SS} - stR_{Tb2}^{AS} = -Ap_B^{BwAp} \qquad (23b)$$

- im Zahlenbeispiel:

$$\Delta\, stR_{Tb2} = 50 - 20 = 30$$

Hieraus ist erkennbar, dass im Zahlenbeispiel stille Reserven in Höhe des Aufstockungs- bzw. Abstockungsbetrages von 30 vom „aufstockenden" Teilbetrieb 1 auf den „abstockenden" Teilbetrieb 2 übergehen.

5. Kapitalausgleichskontenmethode

a) Darstellung der Vorgehensweise anhand der Ausgangssituation

Bei der Kapitalausgleichskontenmethode werden in den Folgebetrieben der Gesellschafter sowohl die übernommenen Wirtschaftsgüter als auch die bisherigen Kapitalkonten mit ihren Buchwerten gemäß Schlussbilanz vor der Realteilung fortgeführt.[381]

Die Differenz zwischen beiden Beträgen wird dadurch ausgeglichen, dass jeder Gesellschafter in seinem Einzelunternehmen einen passiven oder aktiven Kapitalausgleichsposten erfolgsneutral einstellt. Der passive Ausgleichsposten repräsentiert dabei die stillen Reserven, die ein Realteiler zu wenig, ein aktiver Ausgleichsposten diejenigen, die ein Realteiler zu viel erhalten hat.[382]

Der zur Herstellung des bilanziellen Gleichgewichtes gebildete aktive oder passive Ausgleichsposten wird aufgelöst, soweit Wirtschaftsgüter veräußert und die in ihnen enthaltenen stillen Reserven dadurch realisiert werden. Bei dieser Methode werden weder die Buchwerte auf der Aktivseite noch das Kapital auf der Passivseite verändert. Demzufolge muss ein Ausgleichsposten auf der Aktivseite eingestellt werden, wenn diese in der Bilanz gegenüber der Passivseite zu niedrig ist und umgekehrt.[383] Der Ausgleichsposten nimmt zwar die charakteristischen Merkmale der Buchwertaufstockung an, unterscheidet sich aber nicht nur im Bilanzbild, sondern auch seinem Inhalt nach von der Aufstockung der Buchwerte im Rahmen der Buchwertanpassungsmethode. Aufgrund seiner Zielsetzung, den Ausweis eines gegenwärtigen Übernahmeverlustes zu verhindern und künftige Gewinne zu korrigieren, ist er inhaltlich nichts anderes als ein Wertberichtigungsposten zum Kapitalkonto.[384] Dieser ist bei Realisierung der stillen Reserven (durch Entnahme, Veräußerung, Betriebsaufgabe) aufzulösen. Bei dem Realteiler, der die höheren stillen Reserven übernommen hat, wird der realisierte Gewinn durch – ggf. anteilige – Auflösung des aktiven Ausgleichspostens ge-

381 BFH-Urteil vom 10.12.1991, a.a.O.; Fasold, Die einkommensteuerliche Problematik der Buchwertfortführung, S. 82 ff.

382 BFH-Urteil vom 10.12.1991, a.a.O.

383 Fasold, Die einkommensteuerliche Problematik der Buchwertfortführung, S. 83.

384 BFH-Urteil vom 10.12.1991, a.a.O.

mindert. Bei dem anderen Realteiler wird in diesem Fall der passive Ausgleichsposten gewinnerhöhend aufgelöst.[385]

Es wird im Folgenden (ohne Beschränkung der Allgemeinheit) angenommen, dass Mitunternehmer A, gemessen am Buchwert seines Kapitalkontos in der Schlussbilanz der Personengesellschaft einen Teilbetrieb mit einem zu niedrigen Buchwert und Mitunternehmer B entsprechend einen Teilbetrieb mit einem zu hohen Buchwert erhält. Gesellschafter A erhält Teilbetrieb 1 und Gesellschafter B Teilbetrieb 2.

Zum Ausgleich des bilanziellen Ungleichgewichts muss A einen aktiven und B einen passiven Ausgleichsposten bilden.

Unter Bezug auf die Ausgangssituation[386] haben die Fortführungsbilanzen der Gesellschafter bei Anwendung der Kapitalausgleichskontenmethode folgendes Bild:

Fortführungsbilanz des A

	Bw	gW	stR		Bw	gW	stR
Teilbetrieb 1	Bw_{Tb1}	gW_{Tb1}	stR_{Tb1}	Kapital A	$\alpha \cdot (Bw_{Tb1} + Bw_{Tb2})$	gW_{Tb1}	stR_{Tb1}
Ausgleichsposten	AuP_A						
	$\alpha \cdot (Bw_{Tb1} + Bw_{Tb2})$	gW_{Tb1}	stR_{Tb1}		$\alpha \cdot (Bw_{Tb1} + Bw_{Tb2})$	gW_{Tb1}	stR_{Tb1}

Fortführungsbilanz des B

	Bw	gW	stR		Bw	gW	stR
Teilbetrieb 2	Bw_{Tb2}	gW_{Tb2}	stR_{Tb2}	Kapital B	$\left((1-\alpha) \cdot (Bw_{Tb1} + Bw_{Tb2})\right)$	gW_{Tb2}	stR_{Tb2}
				Ausgleichsposten	AuP_B		
	Bw_{Tb2}	gW_{Tb2}	stR_{Tb2}		Bw_{Tb2}	gW_{Tb2}	stR_{Tb2}

b) Ausgleichsposten

Im Rahmen der Kapitalausgleichskontenmethode haben die Gesellschafter die Buchwerte ihrer übernommenen Wirtschaftsgüter und Kapitalkonten unverändert fortzuführen. Zur Herstellung des bilanziellen Gleichgewichts haben sie jeweils einen aktiven oder passiven Ausgleichsposten zu bilden.

---

385 A.a.O.

386 Zur Ausgangssituation siehe unter C. II. S. 107 f.

Die erforderlichen Ausgleichsposten AuP_i ergeben sich aus der Differenz zwischen dem Buchwert der Eigenkapitalkonten und dem Buchwert der übernommenen Wirtschaftsgüter.

Der aktive Ausgleichsposten lautet also:

$$\begin{aligned} AuP_A^{aktiv} &= \alpha \cdot \left(Bw_{Tb1} + Bw_{Tb2} \right) - Bw_{Tb1} \\ &= \alpha \cdot Bw_{Tb2} - (1-\alpha) \cdot Bw_{Tb1} \end{aligned} \tag{25a}$$

Der passive Ausgleichsposten lautet dagegen:

$$\begin{aligned} AuP_B^{passiv} &= Bw_{Tb2} - (1-\alpha) \cdot \left(Bw_{Tb1} + Bw_{Tb2} \right) \\ &= \alpha \cdot Bw_{Tb2} - (1-\alpha) \cdot Bw_{Tb1} \end{aligned} \tag{25b}$$

Hieraus folgt unmittelbar: $AuP_A^{aktiv} = AuP_B^{passiv}$

Im Allgemeinen gilt:

- wenn $Bw_{Tbj} > \alpha_i \cdot \left(Bw_{Tb1} + Bw_{Tb2} \right) \Rightarrow AuP_i^{passiv}$ – passiver Ausgleichsposten
- wenn $Bw_{Tbj} = \alpha_i \cdot \left(Bw_{Tb1} + Bw_{Tb2} \right) \Rightarrow$ keine Ausgleichsposten erforderlich
- wenn $Bw_{Tbj} < \alpha_i \cdot \left(Bw_{Tb1} + Bw_{Tb2} \right) \Rightarrow AuP_i^{aktiv}$ – aktiver Ausgleichsposten

Des Weiteren gilt:

$$AuP_i = \alpha \cdot Bw_{Tb2} - (1-\alpha) \cdot Bw_{Tb1} \underset{<}{\overset{>}{=}} 0 \tag{26a}$$

$$\Leftrightarrow$$

$$(1-\alpha) \cdot Bw_{Tb1} \underset{>}{\overset{<}{=}} \alpha \cdot Bw_{Tb2}$$

$$\Leftrightarrow$$

$$\frac{(1-\alpha)}{\alpha} \underset{>}{\overset{<}{=}} \frac{Bw_{Tb2}}{Bw_{Tb1}}$$

Der Ausgleichsposten muss aber als Bilanzposition stets positiv sein. Hieraus folgt für den umgekehrten Fall, wenn Gesellschafter A einen passiven und Gesellschafter B einen aktiven Ausgleichsposten bildet, dass die Ausgleichsposten mit dem umgekehrten Vorzeichen ermittelt werden.

Der aktive Ausgleichsposten lautet dann:

$$\begin{aligned} AuP_B^{aktiv} &= (1-\alpha) \cdot \left(Bw_{Tb1} + Bw_{Tb2} \right) - Bw_{Tb2} \\ &= (1-\alpha) \cdot Bw_{Tb1} - \alpha \cdot Bw_{Tb2} \end{aligned} \tag{27a}$$

Der passive Ausgleichsposten lautet dagegen:

$$AuP_A^{passiv} = Bw_{Tb1} - \alpha \cdot \left(Bw_{Tb1} + Bw_{Tb2}\right) \qquad (27b)$$
$$= (1-\alpha) \cdot Bw_{Tb1} - \alpha \cdot Bw_{Tb2}$$

Die Bedingung lautet in diesem Fall genau anders herum:

$$AuP_i = (1-\alpha) \cdot Bw_{Tb1} - \alpha \cdot Bw_{Tb2} \overset{>}{\underset{<}{=}} 0 \qquad (26b)$$

$$\Leftrightarrow$$

$$(1-\alpha) \cdot Bw_{Tb1} \overset{>}{\underset{<}{=}} \alpha \cdot Bw_{Tb2}$$

$$\Leftrightarrow$$

$$\frac{(1-\alpha)}{\alpha} \overset{>}{\underset{<}{=}} \frac{Bw_{Tb2}}{Bw_{Tb1}}$$

Folglich muss unterschieden werden, welcher Gesellschafter einen aktiven und welcher einen passiven Ausgleichsposten bildet, um stets zu einem positiven Ausgleichsposten zu gelangen. Die Ausgleichsposten sind aber der Höhe nach stets identisch, so dass die Beträge beider Ausgleichsposten demnach immer gleich sind, d.h. es gilt:

$$\left| \; AuP_i^{aktiv} \; \right| = \left| \; AuP_i^{passiv} \; \right|$$

Der Ausgleichsposten lässt sich dann immer nach folgender Gleichung ermitteln:

$$AuP_i = \left| \; \alpha \cdot Bw_{Tb2} - (1-\alpha) \cdot Bw_{Tb1} \; \right| \qquad (28)$$

c) Das Verhalten der stillen Reserven zwischen den Gesellschaftern

Nachfolgend wird untersucht, ob es durch die Bildung der Ausgleichsposten zu einer interpersonellen Verlagerung der stillen Reserven zwischen den Gesellschaftern kommt.

Gesellschafter A hat *vor* der Realteilung einen Anteil an den stillen Reserven in Höhe von:

$$stR_A^{AS} = \alpha \cdot \left[\left(gW_{Tb1} - Bw_{Tb1}\right) + \left(gW_{Tb2} - Bw_{Tb2}\right)\right] \qquad (12a)$$
$$= \alpha \cdot \left[\left(gW_{Tb1} + gW_{Tb2}\right) - \left(Bw_{Tb1} + Bw_{Tb2}\right)\right]$$

Seine stillen Reserven betragen dagegen *nach* der Realteilung:

$$
\begin{aligned}
stR_A^{SS} &= gW_{Tb1} - Bw_{Tb1} - AuP_A \\
&= gW_{Tb1} - Bw_{Tb1} - \alpha \cdot Bw_{Tb2} + (1-\alpha) \cdot Bw_{Tb1} \\
&= gW_{Tb1} - \alpha \cdot \left(Bw_{Tb1} + Bw_{Tb2} \right) \\
&= gW_{Tb1} - EK_A
\end{aligned}
\tag{29}
$$

Durch die Bildung der Differenz aus dem Betrag der stillen Reserven nach und vor der Realteilung ergibt sich der Betrag der zwischen den Gesellschaftern übergesprungenen stillen Reserven:

$$
\begin{aligned}
\Delta\, stR_A &= stR_A^{SS} - stR_A^{AS} \\
&= gW_{Tb1} - EK_A - \alpha \cdot \left[\left(gW_{Tb1} + gW_{Tb2} \right) - \left(Bw_{Tb1} + Bw_{Tb2} \right) \right] \\
&= (1-\alpha) \cdot gW_{Tb1} - \alpha \cdot gW_{Tb2}
\end{aligned}
\tag{30}
$$

Bei der Realteilung ohne Spitzenausgleich gilt stets $(1 - \alpha) \cdot gW_{Tb1} - \alpha \cdot gW_{Tb2} = 0$[387], so dass es bei der Kapitalausgleichkontenmethode nicht zu einem Überspringen von stillen Reserven zwischen den Gesellschaftern kommt. Das erwünschte Ziel wird insoweit erreicht.

Für Gesellschafter B gilt das Gleiche nur umgekehrt, so dass auf eine gesonderte Herleitung an dieser Stelle verzichtet wird.

d) Das Verhalten der stillen Reserven zwischen den Wirtschaftsgütern

Im Folgenden wird untersucht, ob stille Reserven zwar nicht zwischen den Realteilern, dagegen aber möglicherweise zwischen den übertragenen Wirtschaftsgütern überspringen.

Hierzu wird zunächst Teilbetrieb 1 betrachtet.

Teilbetrieb 1 hat *vor* der Realteilung stille Reserven in Höhe von:

$$stR_{Tb1}^{AS} = gW_{Tb1} - Bw_{Tb1} \tag{31}$$

Die stillen Reserven betragen auch *nach* der Realteilung:

$$stR_{Tb1}^{SS} = gW_{Tb1} - Bw_{Tb1} \tag{32}$$

387 Siehe unter C. III. 1. S. 108.

Durch die Bildung der Differenz aus dem Betrag der stillen Reserven nach und vor der Realteilung ergibt sich der Betrag der zwischen den Teilbetrieben übergesprungenen stillen Reserven:

$$
\begin{aligned}
\Delta\, stR_{Tb1} &= stR_{Tb1}^{SS} - stR_{Tb1}^{AS} \\
&= gW_{Tb1} - Bw_{Tb1} - gW_{Tb1} + Bw_{Tb1} \\
&= 0
\end{aligned}
\qquad (33)
$$

Erkennbar führt die Kapitalausgleichskontenmethode bezüglich des Teilbetriebes 1 nicht zu einem Überspringen stiller Reserven, da der Buchwert unverändert bleibt.

Für Teilbetrieb 2 gilt das Gleiche nur, so dass auf eine gesonderte Herleitung an dieser Stelle verzichtet wird.

e) Zusammenfassende Beurteilung

Bei Anwendung der Kapitalausgleichskontenmethode kommt es durch die ertragswirksame Erfassung der aktiven und passiven Ausgleichsposten nicht zu einer Verlagerung der stillen Reserven zwischen den Gesellschaftern. Der Ausgleich der unterschiedlichen stillen Reserven erfolgt über einen Ausgleichsposten, so dass jedem Realteiler seine ihm zustehenden stillen Reserven zugewiesen werden. Durch die Gewinnkorrektur bei Veräußerung der betreffenden Wirtschaftsgüter erfolgt eine zutreffende Erfassung der stillen Reserven im Nachhinein.

Hinsichtlich des Verhaltens der stillen Reserven zwischen den Gesellschaftern führt die Kapitalausgleichskontenmethode zum gleichen Ergebnis wie die Buchwertanpassungsmethode. Es springen keine stillen Reserven zwischen den Gesellschaftern über. Es verlagern sich unmittelbar auch keine stillen Reserven zwischen den übertragenen Wirtschaftsgütern, was schließlich eine Konsequenz dessen ist, dass der Buchwert der übertragenen Wirtschaftsgüter nicht verändert wird, sondern der Ausgleich divergenter stiller Reserven durch eine Gewinnkorrektur bei den Gesellschaftern erfolgt.

Offen bleibt hier die Frage der Behandlung der Ausgleichsposten, wenn die Wirtschaftsgüter voll abgeschrieben und verbraucht bzw. verschrottet sind. In diesem Fall wird der Gewinn im Jahr der Verschrottung der Wirtschaftsgüter als Spätfolge der Realteilung unzutreffend beeinflusst. Der Wegfall des aktiven Ausgleichspostens würde einen zusätzlichen Aufwand darstellen und den Gewinn mindern, während der passive Ausgleichsposten einen zusätzlichen Ertrag generiert, der den Gewinn erhöht. In der Gesamtbetrachtung haben zwar nur die historischen Anschaffungskosten der Wirtschaftsgüter über die Absetzungen für Abnutzungen gewinnmindernde Wirkung entfaltet, aber ob diese Gewinnmanipulation dem Sinn und Zweck einer Buchwertfortführung bei Realteilung entspricht, ist anzuzweifeln. In der Literatur ist diesbezüglich vorgeschlagen worden, den Ausgleichsposten unter Berücksichtigung der Nutzung der Wirtschaftsgüter durch Abschreibungen sukzessive aufzulösen.[388]

Die Kapitalausgleichskontenmethode vermeidet zwar den buchmäßigen Übergang der stillen Reserven von einem Wirtschaftsgut auf das andere bzw. von einem Gesellschafter auf den anderen, sie widerspricht aber in gravierender Weise den Grundsätzen ordnungsgemäßer Gewinnermittlung.[389] Die Kapitalausgleichskontenmethode verstößt gegen das Realisationsprinzip und die Tatbestandsmäßigkeit der Besteuerung. Beide Prinzipien fordern die Besteuerung von Tatbeständen, die an den Steuerpflichtigen selbst anknüpfen. Der Gesellschafter, der aufgrund der Übernahme geringerer stiller Reserven einen passiven Ausgleichsposten bilanziert, verwirklicht selbst keinen Realisationstatbestand. Er muss lediglich den passiven Ausgleichsposten gewinnerhöhend auflösen, weil der andere Gesellschafter den Tatbestand erfüllt, an den das Gesetz die Leistungspflicht knüpft.[390] Im Grunde ist das nichts anderes als bei der Buchwertanpassungsmethode. Allerdings erscheint die bilanzielle Anpassung vor dem Hintergrund der allgemeinen Bilanzierungsgrundsätze noch „gekünstelter".[391] Der passive Ausgleichsposten wird im Prinzip wic Gewinn behandelt, so dass die gebotene Gewinnrealisierung dadurch aufgeschoben wird. Der passive Ausgleichsposten stellt quasi einen „stillen Gewinn" dar.[392] Das Resultat ist das gleiche wie bei der Buchwertanpassungsmethode. Stille Reserven wandern im Prinzip auch hier, zwar nicht durch Manipulation der Buchwerte, sondern durch zusätzliche Bilanzpositionen. Der aktive Ausgleichsposten ist ein Ergänzungsbuchwert, der den späteren Gewinn reduzieren soll, während der passive Ausgleichsposten dagegen ein zukünftiger Gewinn ist, der als aufgeschobener Gewinn in einer fiktiven Bilanzposition bis zum Ausscheiden der Wirtschaftsgüter verborgen wird.

Die ältere Rechtsprechung des BFH hatte die Zulässigkeit der Buchwertübertragung in Realteilungsfällen an die Voraussetzung geknüpft, dass die spätere Besteuerung der stillen Reserven sichergestellt ist.[393] Der BFH hatte sich diesbezüglich auch mit den Bilanzierungsfragen der Nachfolgebetriebe befasst und hat neben der Buchwertanpassung auch die – zwar als zulässige Bilanzierungsmethode gesehene – Kapitalausgleichskontenmethode unabhängig von der inhaltlichen Begründung der Ausgleichsposten abgelehnt.[394] Der BFH ist der Auffas-

388 Vgl. auch BFH-Urteil vom 10.12.1991, a.a.O.

389 So auch BFH-Urteil vom 10.12.1991, a.a.O.

390 A.a.O.

391 Fasold, Die einkommensteuerliche Problematik der Buchwertfortführung, S. 83.

392 A.a.O.

393 BFH-Urteil vom 10.02.1972, a.a.O.; BFH-Urteil vom 19.01.1982, a.a.O.

394 A.a.O.

sung, dass weder die Kapitalkonten- noch die Buchwertanpassungsmethode in einer völlig unbedenklichen und befriedigenden Art und Weise den allgemeinen steuerlichen Grundsätzen entspreche. Gleichzeitig sei aber diejenige Methode zu suchen, die den Gewinnermittlungsgrundsätzen am ehesten nachkäme.[395] Vor diesem Hintergrund sei der Kapitalkontenanpassungsmethode vor der Buchwertanpassungsmethode der Vorzug zu geben.[396] Die Kapitalausgleichskontenmethode setzt er dabei der Buchwertanpassungsmethode mit der Begründung gleich, dass diese ähnlich wirke wie die Buchwertanpassung.[397] Darüber hinaus vertritt der BFH die Ansicht, dass es dem Sinn und Zweck einer endgültigen Auseinandersetzung einer Personengesellschaft durch Realteilung widerspreche, die Auseinandersetzung in die Nachfolgeunternehmen der Gesellschafter zu verlagern.[398]

Die Kapitalausgleichskontenmethode ist nach der hier vertretenen Auffassung sowie nach Ansicht des BFH von allen Methoden die bei weitem unpraktikabelste.[399] Die Verwaltung des Ausgleichspostens führt zu einem praktischen Mehraufwand in der Buchführung und Bilanzierung. In der Eröffnungsbilanz der Realteiler ist der Ausgleichsposten substantiiert an dem zugrunde liegenden Inventar zu bilden. Die exakte Höhe der stillen Reserven ist für jedes einzelne Wirtschaftsgut festzustellen und im Realisationszeitpunkt festzuhalten. Es bedarf somit einer langfristigen Überwachung der Realteiler, da jeder von ihnen aufgrund der korrespondierenden Auflösung des Ausgleichspostens seine Mitteilungspflichten gegenüber den anderen Realteilern zu erfüllen hat. Dies kann sich bei langfristig nutzbaren Wirtschaftsgütern über einen langen Zeitraum hinziehen. Darüber hinaus müssen auch die Finanzämter die betrags- und zeitgleiche Auflösung der Ausgleichsposten überwachen. Nicht zuletzt dieser Aufwand spricht neben den rechtlichen Bedenken gegen die Kapitalausgleichskontenmethode und ist somit abzulehnen.[400]

---

395 BFH-Urteil vom 10.02.1972, a.a.O.; BFH-Urteil vom 10.12.1991, a.a.O.

396 Der BFH hatte sich bereits 1982 ohne nähere Prüfung der Kapitalkontenanpassungsmethode angeschlossen. BFH-Urteil vom 19.01.1982, a.a.O.

397 BFH-Urteil vom 10.12.1991, a.a.O.

398 A.a.O.

399 A.a.O.

400 So auch BFH-Urteil vom 10.12.1991, a.a.O.

Beispiel 8:

Die Ausgangssituation entspricht dem Beispiel 6.[401]

Der Ausgleichsposten ergibt sich wie folgt:

- Allgemein:

$$AuP_{A,B}^{aktiv,passiv} = \left| \alpha \cdot Bw_{Tb2} - (1-\alpha) \cdot Bw_{Tb1} \right| \tag{28}$$

- im Zahlenbeispiel:

$$AuP_{A,B}^{aktiv,passiv} = 0,5 \cdot 80 - 0,5 \cdot 20 = 30$$

Die Bilanz des A nach der Realteilung durch Anwendung der Kapitalausgleichskontenmethode stellt sich wie folgt dar:

Bilanz des Einzelunternehmens des A *nach* Realteilung

	Bw	*gW*	*stR*		*Bw*	*gW*	*stR*
Teilbetrieb 1	20	100	80	Kapital A	50	100	50
Ausgleichs-posten	30	–	-30				
	50	100	50		50	100	50

Erkennbar ist es nicht zu einem Überspringen stiller Reserven für A gekommen.

- Allgemein:

$$\Delta\, stR_A = (1-\alpha) \cdot gW_{Tb1} - \alpha \cdot gW_{Tb2} \tag{43}$$

- im Zahlenbeispiel:

$$\Delta\, stR_A = 0,5 \cdot 100 - 0,5 \cdot 100 = 0$$

Auch der von A übernommene Teilbetrieb 1 hat die gleichen stillen Reserven wie vor der Realteilung.

- Allgemein:

$$\Delta\, stR_{Tb1} = gW_{Tb1} - Bw_{Tb1} - gW_{Tb1} + Bw_{Tb1} \tag{33}$$

- im Zahlenbeispiel:

$$\Delta\, stR_{Tb1} = 100 - 20 - 100 - 20 = 0$$

401 Vgl. das Beispiel 6 auf S. 120.

Gesellschafter A hat einen gesellschaftsrechtlichen Anspruch an den stillen Reserven in Höhe von 50. Da der Buchwert des von ihm übernommenen Wirtschaftsgutes niedriger ist als sein Kapitalkonto, übernimmt A mehr stille Reserven als ihm zustehen, so dass diese jetzt um 30 über seinem Anteil an den stillen Reserven in der Personengesellschaft liegen. Im Rahmen der Kapitalausgleichskontenmethode hat A zur Beseitigung des bilanziellen Ungleichgewichtes zwischen dem Betrag seines Kapitalkontos auf der einen Seite und dem Buchwert des übernommenen Wirtschaftsgutes auf der anderen Seite einen aktiven Ausgleichsposten zu bilden.

Unter Missachtung des aktiven Ausgleichspostens würde A bei der Veräußerung des Teilbetriebes 1 zum gemeinen Wert einen Veräußerungsgewinn in Höhe von 80 erzielen. Durch die Kapitalausgleichskontenmethode soll die Auflösung des aktiven Ausgleichspostens in diesem Fall bewirken, dass dieser Gewinn eben um den Betrag des Ausgleichspostens reduziert wird. Analog der Buchwertanpassungsmethode erzielt A somit nur einen Gewinn aus der Veräußerung des Teilbetriebes 1 in Höhe der ihm zustehenden stillen Reserven von 50. Es kommt hierbei also nicht zu latenten Steuerbelastungsdivergenzen – genau wie bei der Buchwertanpassung.

Das bedeutet aber zugleich, dass bei dieser Methode stille Reserven, die eine bestimmte Steuerhypothek innehaben, von dem Wirtschaftsgut des A abgezogen werden. Dies basiert darauf, dass in der Fortführungsbilanz des A eben nicht der Buchwert des Wirtschaftsgutes angepasst, sondern der Ausgleichsposten daneben als eine reine Rechengröße gesehen wird.

Der Buchungssatz für Gesellschafter A würde in diesem Fall lauten:

Bank	100	an	Teilbetrieb 1	20
		an	Ausgleichsposten	30
		an	außerordentliche Erträge	50

Für B ergibt sich folgende Fortführungsbilanz:

Bilanz des Einzelunternehmens des B *nach* Realteilung

	Bw	*gW*	*stR*		*Bw*	*gW*	*stR*
Teilbetrieb 2	80	100	20	Kapital B	50	70	20
				Ausgleichsposten	30	30	30
	80	100	20		80	100	50

Auch für B ist es erkennbar nicht zu einem Überspringen stiller Reserven gekommen.

- Allgemein:

$$\Delta\, stR_B = (1-\alpha)\cdot gW_{Tb1} - \alpha \cdot gW_{Tb2} \tag{30}$$

- im Zahlenbeispiel:

$$\Delta\, stR_B = 0{,}5\cdot 100 - 0{,}5\cdot 100 = 0$$

Auch der von B übernommene Teilbetrieb 2 hat die gleichen stillen Reserven wie vor der Realteilung.

- Allgemein:

$$\Delta\, stR_{Tb2} = gW_{Tb2} - Bw_{Tb2} - gW_{Tb2} + Bw_{Tb2} \tag{33}$$

- im Zahlenbeispiel:

$$\Delta\, stR_{Tb2} = 100 - 80 - 100 - 80 = 0$$

Bei einer Veräußerung des Teilbetriebes 2 wird dieser aufgeschobene Gewinn durch Auflösung des passiven Ausgleichspostens realisiert. Der Veräußerungsgewinn beträgt zunächst nur 20 und wird durch Auflösung des passiven Ausgleichspostens auf die anteiligen stillen Reserven von 50 erhöht. Im Ergebnis versteuern beide Realteiler später ihre ihnen tatsächlich zustehenden stillen Reserven.

Der Buchungssatz für Gesellschafter B würde in diesem Fall lauten:

Bank	100	an	Teilbetrieb 2	80
Ausgleichsposten	30	an	außerordentliche Erträge	50

6. Anpassung durch negative Ergänzungsbilanzen

a) Darstellung der Vorgehensweise anhand der Ausgangssituation

Die steuerliche Gesamtbilanz zur Ermittlung des Gewinns einer Mitunternehmerschaft besteht aus der Gesamthandsbilanz, der Sonderbilanz und der Ergänzungsbilanz. Die Ergänzungsbilanz ist dabei ein Instrument zur steuerbilanziellen Korrektur von Wertansätzen der Gesamthandsbilanz, das insbesondere in Einbringungsfällen nach dem Umwandlungssteuergesetz und beim Erwerb von Mitunternehmeranteilen verwendet wird (sog. Wertkorrekturbilanz). Sinn und Zweck von Ergänzungsbilanzen ist die Darstellung des zutreffenden steuerbilanziellen Kapitals der Mitunternehmer in der Gesamtbilanz. Ist das bilanzielle Eigenkapital des Mitunternehmers in der Gesamthandsbilanz zu hoch, muss es in der Darstellung der steuerlichen Gesamtbilanz durch eine negative Ergänzungsbilanz reduziert werden und umgekehrt. Bei Einbringungen i. S. des § 24 UmwStG wird eine negative Ergänzungsbilanz immer dann gebildet, wenn die eingebrachten Wirtschaftsgüter in der Bilanz der Personengesellschaft (Gesamthandsbilanz) mit ihren gemeinen Werten angesetzt werden, die Einbringung aber insgesamt gewinnneutral zu Buchwerten erfolgen soll. In diesem Fall wird der in der Gesamthandsbilanz angesetzte gemeine Wert mit Hilfe der negativen Ergänzungsbilanz auf den Buchwert herabgeschleust, so dass das Einzelunternehmen nach den steuergesetzlichen Vorschriften erfolgsneutral in die Personengesellschaft eingebracht wird. Unter Hinweis auf die Anwendung des § 24 UmwStG hat der BFH im Jahr 1991 bereits auf die entsprechende Bildung „reziproker negativer Ergänzungsbilanzen" bei der „Ausbringung" hingewiesen, um das bilanzielle Ungleichgewicht zwischen der Summe der übernommenen Wirtschaftsgüter und den Kapitalkonten in den Fortführungsbilanzen der Realteiler zu beseitigen.[402] Beim Erwerb von Mitunternehmeranteilen dient die Ergänzungsbilanz der korrekten steuerbilanziellen Darstellung der Anschaffungskosten der erworbenen Anteile.

Im Rahmen der Realteilung würde die Ergänzungsbilanz nach Fasold allerdings eine andere Funktion bei Einzelunternehmern als in den beschriebenen Fällen erfüllen.[403] Bei dieser Methode werden bei einer Realteilung mit Hilfe von Ergänzungsbilanzen die Buchwerte der einzelnen übertragenen Wirtschaftsgüter den Kapitalkonten angeglichen. Der in den Ergänzungsbilanzen gebildete Ausgleichsposten ist als Wertberichtigungsposten zum Kapitalkonto des Realteilers anzusehen.[404] Es handelt sich somit um eine andere Art der Anpassung der Kapitalkonten. Das bilanzielle Ungleichgewicht zwischen den Buchwerten der übernommenen Wirtschaftsgüter und dem Kapitalkonto wird durch eine Ergänzungsbilanz ausgeglichen, die aufgelöst wird, soweit Wirtschaftsgüter veräußert und die in ihnen enthaltenen stillen Reserven dadurch realisiert werden. Es werden also weder die Buchwerte auf der Aktivseite noch die Kapitalkonten auf der Passivseite verändert. Vielmehr muss eine negative Ergänzungsbilanz mit dem Ausgleichsposten auf der Aktivseite zur Anpassung des Kapitalkontos an die niedrigeren Buchwerte der aktiven Wirtschaftsgüter erstellt werden, wenn die Bilanzsumme der Aktivseite gegenüber der Passivseite zu niedrig ist. Ist die Bilanzsumme der Passivseite gegenüber der Aktivseite zu niedrig, muss umgekehrt eine Ergänzungsbilanz mit einem Ausgleichsposten auf der Passivseite errichtet werden.[405]

---

402 BFH-Urteil vom 10.12.1991, a.a.O.

403 Fasold, Die einkommensteuerliche Problematik der Buchwertfortführung, S. 84 ff.

404 BFH-Urteil vom 10.12.1991, a.a.O.

405 Fasold, Die einkommensteuerliche Problematik der Buchwertfortführung, S. 84 ff.

Es wird im Folgenden (ohne Beschränkung der Allgemeinheit) wiederum angenommen, dass Mitunternehmer A, gemessen am Buchwert seines Kapitalkontos in der Schlussbilanz der Personengesellschaft einen Teilbetrieb mit einem zu niedrigen Buchwert und Mitunternehmer B entsprechend einen Teilbetrieb mit einem zu hohen Buchwert erhält. Gesellschafter A erhält Teilbetrieb 1 und Gesellschafter B Teilbetrieb 2.

Zum Ausgleich des bilanziellen Ungleichgewichts bilden Gesellschafter A und B jeweils eine Ergänzungsbilanz.

Unter Bezug auf die Ausgangssituation[406] haben die Fortführungsbilanzen der Gesellschafter bei Anwendung dieser Methode folgendes Bild.

Die Fortführungsbilanz des Gesellschafters A stellt sich wie vor dar:

Fortführungsbilanz des A

	Bw	gW	stR		Bw	gW	stR
Teilbetrieb 1	Bw_{Tb1}	gW_{Tb1}	stR_{Tb1}	Kapital A	$\alpha \cdot (Bw_{Tb1} + Bw_{Tb2})$	gW_{Tb1}	stR_{Tb1}
	Bw_{Tb1}	gW_{Tb1}	stR_{Tb1}		$\alpha \cdot (Bw_{Tb1} + Bw_{Tb2})$	gW_{Tb1}	stR_{Tb1}

Annahmegemäß hat Mitunternehmer A, gemessen am Buchwert seines Kapitalkontos in der Schlussbilanz der Personengesellschaft einen Teilbetrieb (Tb1) mit einem zu niedrigen Buchwert übernommen, so dass gilt:

$$Bw_{Tb1} < \alpha \cdot \left(Bw_{Tb1} + Bw_{Tb2}\right)$$

Die Summe der Aktivseite entspricht damit nicht der Summe der Passivseite.

Das bilanzielle Ungleichgewicht zwischen dem Betrag des Kapitals und dem Buchwert der übernommenen Wirtschaftsgüter wird durch eine negative Ergänzungsbilanz ausgeglichen.

Die negative Ergänzungsbilanz des A hat folgendes Bild:

Ergänzungsbilanz des A

	Bw		Bw
Teilbetrieb 1	AuP_A	Kapital A	0
	AuP_A		0

406 Zur Ausgangssituation siehe unter C. II. S. 107 f.

Die Fortführungsbilanz des Gesellschafters B stellt sich wie vor dar:

Fortführungsbilanz des B

	Bw	gW	stR		Bw	gW	stR
Teilbetrieb 2	Bw_{Tb2}	gW_{Tb2}	stR_{Tb2}	Kapital B	$\left((1-\alpha)\cdot (Bw_{Tb1}+Bw_{Tb2})\right)$	gW_{Tb2}	stR_{Tb2}
	Bw_{Tb2}	gW_{Tb2}	stR_{Tb2}		$\left((1-\alpha)\cdot (Bw_{Tb1}+Bw_{Tb2})\right)$	gW_{Tb2}	stR_{Tb2}

Annahmegemäß hat Mitunternehmer B, gemessen am Buchwert seines Kapitalkontos in der Schlussbilanz der Personengesellschaft einen Teilbetrieb (Tb2) mit einem zu hohen Buchwert übernommen, so dass gilt:

$$Bw_{Tb2} > (1-\alpha)\cdot(Bw_{Tb1}+Bw_{Tb2})$$

Die Summe der Aktivseite entspricht damit auch hier wertmäßig nicht der Summe der Passivseite.

Das bilanzielle Ungleichgewicht zwischen dem Betrag des Kapitals und dem Buchwert der übernommenen Wirtschaftsgüter wird durch eine Ergänzungsbilanz ausgeglichen.

Die Ergänzungsbilanz hat folgendes Bild:

Ergänzungsbilanz des B

	Bw		Bw
Teilbetrieb 2	0	Kapital B	AuP_B
	0		AuP_B

b) Ausgleichsposten

Im Rahmen der Anpassung durch Ergänzungsbilanzen haben die Gesellschafter die Buchwerte ihrer übernommenen Wirtschaftsgüter und Kapitalkonten unverändert fortzuführen. Zur Herstellung des bilanziellen Gleichgewichts haben sie jeweils einen aktiven oder passiven Ausgleichsposten in den jeweiligen Ergänzungsbilanzen zu bilden. Die Vorgehensweise entspricht im Ergebnis der bei der Kapitalausgleichkontenmethode. Die Ausgleichposten sind identisch.[407]

407 Vgl. unter C. III. 5. b) S. 139 ff.

Gesellschafter A stellt also eine negative Ergänzungsbilanz mit einem Korrekturposten zum Eigenkapital auf, während Gesellschafter B einen Korrekturposten zur Aktivseite – also zu den übernommenen Wirtschaftsgütern – in die Ergänzungsbilanz aufnimmt. Das bilanzielle Gleichgewicht der steuerlichen Gesamtbilanz soll damit hergestellt sein, obwohl die Aktivseite weder in der Gesamthandsbilanz noch in der Ergänzungsbilanz jeweils der Passivseite entspricht.

c) Zusammenfassende Beurteilung

Bei der Methode zur Anpassung der Bilanzen durch Ergänzungsbilanzen erfolgt der Ausgleich der unterschiedlichen stillen Reserven über einen Ausgleichsposten in der Ergänzungsbilanz, so dass jedem Gesellschafter seine ihm zustehenden stillen Reserven zugewiesen werden. Im Ergebnis ist die Wirkungsweise der Ergänzungsbilanzen mit der Funktionsweise der Ausgleichsposten vergleichbar.[408]

Es kommt hier nicht zu einer Verlagerung der stillen Reserven zwischen den Teilbetrieben, sondern durch die Bildung des Ausgleichspostens in den Ergänzungsbilanzen werden die unterschiedlichen stillen Reserven in den übernommenen Wirtschaftsgütern gekünstelt ausgeglichen.

Diese in der Literatur vorgeschlagene Darstellung der Fortführungs- und Ergänzungsbilanzen der Einzelunternehmer ist äußerst fragwürdig, da in allen Fällen diese Bilanzen nicht ausgeglichen sind. Der üblichen Vorgehensweise von Ergänzungsbilanzen würde es eher entsprechen, wie bei der Kapitalkontenanpassungsmethode in den Fortführungsbilanzen die Eigenkapitalkonten der Gesellschafter den Buchwerten der übernommenen Teilbetriebe anzupassen und dafür in den jeweiligen Ergänzungsbilanzen die Differenzen zum bisherigen Kapitalkonto als Mehr- und Minderkapital auszuweisen. Analog zum Einbringungsfall, bei dem mit Hilfe der negativen Ergänzungsbilanz der Stand wiedergegeben wird, den die Kapitalkonten und die Anteile der Gesellschafter an den stillen Reserven vor der Einbringung hatten, soll hier bei der Realteilung mit Hilfe der Ergänzungsbilanzen der Gleichklang hergestellt werden, der vor der „Ausbringung" bestanden hat.[409] Diese Methodik erwiese sich dann im Ergebnis als eine Kombination der Buchwertanpassungs- und Kapitalkontenanpassungsmethode.

Als Folge dieser Vorgehensweise verbleibt es allerdings bei dem i.d.R. auftretenden bilanziellen Ungleichgewicht in den Fortführungsbilanzen und auch in den Ergänzungsbilanzen. Die Methode der negativen Ergänzungsbilanzen verstößt in nicht unbedenklicher Art und Weise gegen die allgemeinen Bilanzierungs- und Gewinnermittlungsgrundsätze, so dass diese Methodik letztlich nicht brauchbar und somit abzulehnen ist.

---

408 Vgl. unter C. III. 5. S. 138 ff.

409 So auch: Fasold, Die einkommensteuerliche Problematik der Buchwertfortführung, S. 86.

Beispiel 9:

Die Ausgangssituation entspricht dem Beispiel 6.[410]

Der Ausgleichsposten ergibt sich wie folgt:

- Allgemein:

$$AuP_{A,B}^{aktiv,passiv} = \left| \alpha \cdot Bw_{Tb2} - (1-\alpha) \cdot Bw_{Tb1} \right|$$

- im Zahlenbeispiel:

$$AuP_{A,B}^{aktiv,passiv} = 0{,}5 \cdot 80 - 0{,}5 \cdot 20 = 30$$

Die Fortführungsbilanz des A nach der Realteilung stellt sich wie folgt dar:

Bilanz des Einzelunternehmens des A *nach* Realteilung

	Bw	*gW*	*stR*		*Bw*	*gW*	*stR*
Teilbetrieb 1	20	100	80	Kapital A	50	100	50
	20	100	80		50	100	50

Das bilanzielle Ungleichgewicht zwischen dem Betrag des Kapitals auf der einen Seite und dem Buchwert des übernommenen Wirtschaftsgutes auf der anderen Seite wird durch eine negative Ergänzungsbilanz zur Anpassung des Kapitals ausgeglichen. Die negative Ergänzungsbilanz hat man sich wie folgt vorzustellen:

Ergänzungsbilanz des Einzelunternehmens des A *nach* Realteilung

Teilbetrieb 1	30	Kapital A	0
	30		0

Die Bilanzen des B würden folgendermaßen aussehen:

Bilanz des Einzelunternehmens des B *nach* Realteilung

	Bw	*gW*	*stR*		*Bw*	*gW*	*stR*
Teilbetrieb 2	80	100	20	Kapital B	50	100	50
	80	100	20		50	100	50

410 Vgl. das Beispiel 6 auf S. 120.

Ergänzungsbilanz des Einzelunternehmens des B *nach* Realteilung

Teilbetrieb 2	0	Kapital B	30
	0		30

Das Beispiel zeigt, dass mit Hilfe der Ergänzungsbilanzen das bilanzielle Ungleichgewicht äußerst gekünstelt und in unbefriedigender Weise beseitigt wird. Wenn A den Teilbetrieb 1 veräußert, realisiert er in der Gesamthandsbilanz einen Gewinn von 80. Durch Auflösung der negativen Ergänzungsbilanz beträgt der steuerliche Gewinn dagegen nur 50, was genau seinem Anteil an den stillen Reserven vor der Realteilung entspricht. Gesellschafter B dagegen realisiert bei Veräußerung zunächst einen Gewinn von 20 und nach Korrektur durch Auflösung der Ergänzungsbilanz ebenfalls zutreffend einen von 50.

7. Zusammenfassung

Die Realteilung ohne Spitzenausgleich setzt als notwendige Bedingung voraus, dass das Verhältnis der Beteiligungsquoten dem Verhältnis der gemeinen Werte der Teilbetriebe entspricht, so dass eine Ausgleichszahlung entbehrlich ist.

Bei der idealtypischen Realteilung kommt es weder zu einem Anpassungsbedarf auf der Aktiv- oder Passivseite und damit nicht zu einem Überspringen stiller Reserven noch zum Erfordernis eines Spitzenausgleichs. In der Realität sind diese Voraussetzungen aber sehr unwahrscheinlich.

Die Realteilung führt im Regelfall aufgrund unterschiedlicher Buchwerte der übertragenen Wirtschaftsgüter in den Fortführungsbilanzen der Gesellschafter zu einem bilanziellen Ungleichgewicht. Zur Herstellung des bilanziellen Gleichgewichtes wird von der Rechtsprechung und Finanzverwaltung die Kapitalkontenanpassungsmethode angewandt, wonach für den Fall, dass die Summe der Buchwerte der übernommenen Wirtschaftsgüter nicht dem bisherigen Buchwert des Eigenkapitals eines beteiligten Mitunternehmers entspricht, eine entsprechende Buchwertanpassung des Eigenkapitalkontos in dessen Fortführungsbilanz nach erfolgter Realteilung zu erfolgen hat. Durch den gesetzlichen Zwang zur Buchwertfortführung in Verbindung mit der Kapitalkontenanpassungsmethode kommt es allerdings i.d.R. zu einer interpersonellen Verlagerung der stillen Reserven zwischen den Realteilern.

Es wurde gezeigt, dass bei der Realteilung ohne Spitzenausgleich stille Reserven exakt in der Höhe des Anpassungsbetrages der Kapitalkonten zwischen den Realteilern überspringen. Diese interpersonelle Verlagerung erfolgt immer von dem das Eigenkapitalkonto aufstockenden Gesellschafter auf den abstockenden Gesellschafter. Dagegen bleibt es nur in einem besonderen Fall bei der ursprünglichen Verteilung der stillen Reserven, wenn das Verhältnis der Buchwerte der beiden Teilbetriebe dem Verhältnis der Beteiligungsquoten der Gesellschafter entspricht, also eine Kapitalkontenanpassung unnötig wäre. Da diese Voraussetzung jedoch höchstens zufällig erfüllt ist, verhindert die Kapitalkontenanpassungsmethode i.d.R. nicht – wie gewünscht – ein Überspringen stiller Reserven. Das Problem des Überspringens stiller Reserven ist in der Literatur und Finanzverwaltung weitestgehend ungeklärt. Vielmehr sieht man in der Methode der Kapitalkontenanpassung einen praxisgerechten Lösungsansatz, obwohl die Verlagerung der stillen Reserven zwischen den Mitunternehmern zu steuerlichen Belastungsdivergenzen führt und gegen das steuerliche Subjektprinzip verstößt. Nach dem Subjektsteuerprinzip ist eine Verlagerung der stillen Reserven zwischen den Steuersubjekten nicht zulässig.

Die alternative Buchwertanpassungsmethode führt dagegen durch Anpassung der Buchwerte der übernommenen Wirtschaftsgüter durch Auf- oder Abstocken an das fortgeführte Kapitalkonto zwar nicht zu einem Überspringen stiller Reserven zwischen den Realteilern. Das erwünschte Ziel wird damit erreicht, das Subjektsteuerprinzip wird insoweit nicht verletzt. Sie führt aber zu einer Verlagerung stiller Reserven von einem Wirtschaftsgut des einen Realteilers auf ein anderes Wirtschaftsgut des anderen Realteilers und wird deshalb wegen Verstoßes gegen allgemeine Gewinnermittlungsgrundsätze vom BFH abgelehnt.[411]

Es verlagern sich die stillen Reserven in Höhe des Anpassungsbetrages von den „aufstockenden" Wirtschaftsgütern auf die „abstockenden" Wirtschaftsgüter. Es wurde gezeigt, dass der Übergangsbetrag der stillen Reserven dem Anpassungsbetrag bei der Kapitalkontenanpassungsmethode mit umgekehrtem Vorzeichen entspricht. Beide Anpassungsbeträge müssen ebenso wie der Betrag der übergehenden stillen Reserven bei beiden Methoden identisch sein.

Die Aufstockung bei der Buchwertanpassung ist aber vor dem Hintergrund elementarer Grundsätze ordnungsgemäßer Buchführung nicht unproblematisch. Aufgrund eines fehlenden Veräußerungsvorgangs bei der Realteilung ohne Spitzenausgleich werden insbesondere das Anschaffungskostenprinzip und das Realisationsprinzip verletzt. Nicht zuletzt wird der gesetzliche Zwang zur Buchwertfortführung des § 16 Abs. 3 S. 2 ff. EStG durchbrochen. In sinngemäßer Analogie dieser Vorschrift zu § 6 Abs. 3 und 5 EStG sind hier eindeutig die Buchwerte der einzelnen Wirtschaftsgüter gemeint, so dass eine Anpassung der Kapitalkonten der Realteiler dem gesetzlichen Normenzweck eher entsprechen dürfte. Eine zufrieden stellende Lösung kann hierin wohl nicht gesehen werden.

Es bleibt wegen des Verstoßes gegen das Subjektsteuerprinzip einerseits und das Anschaffungskostenprinzip andererseits zwischen beiden Methoden abzu-

411 BFH-Urteil vom 10.02.1972, a.a.O.; BFH-Urteil vom 10.12.1991. a.a.O.

wägen, welche der Methoden besser oder schlechter ist. Dies sollte jedoch nicht isoliert ohne die Betrachtung des Spitzenausgleichs erfolgen.[412]

Die Kapitalausgleichskontenmethode stellt das bilanzielle Gleichgewicht nach Realteilung durch zusätzliche aktive und passive Ausgleichsposten her und wird vom BFH als zulässige steuerliche Bilanzierungsmethode gesehen. Durch die Gewinnkorrektur bei Veräußerung der betreffenden Wirtschaftsgüter erfolgt eine zutreffende Erfassung der stillen Reserven im Nachhinein. Diese Methode verstößt aber gegen das Realisationsprinzip und die Tatbestandsmäßigkeit der Besteuerung und widerspricht den Grundsätzen ordnungsgemäßer Gewinnermittlung. Denn die stillen Reserven werden durch den Ausgleichsposten ebenfalls verlagert – nur die Methodik ist anders. Nicht zuletzt ist sie auch die unpraktikabelste Methode und damit abzulehnen.

Die Anpassung durch Ergänzungsbilanzen ist in analoger Anwendung des § 24 UmwStG zwar insoweit eine zielgerichtete Methodik. Sie lässt das bilanzielle Ungleichgewicht in der Gesamthandsbilanz in unverständlicher Art und Weise bestehen und korrigiert dieses durch eine zusätzliche Bilanz, nämlich die Ergänzungsbilanz. Dieses Darstellungsergebnis ist vor dem Hintergrund eines klaren Bilanzbildes äußerst unbefriedigend, da in allen Fällen diese Bilanzen nicht ausgeglichen sind. Die Methode der Anpassung durch negative Ergänzungsbilanzen ist im Ergebnis vergleichbar mit der Kapitalausgleichskontenmethode. Insbesondere aufgrund der nicht ausgeglichenen Bilanzen ist auch diese Methode abzulehnen.

IV. Realteilung mit Spitzenausgleich

1. Ableitung der Bedingung für die Notwendigkeit eines Spitzenausgleichs

Im Folgenden wird gezeigt, unter welcher Bedingung in der Ausgangssituation[413] ein Wertausgleich durch Zahlung eines Spitzenausgleichs zwischen den Gesellschaftern erforderlich ist.

Die Ausgleichszahlung beträgt:

$$\begin{aligned} Az_A &= \alpha \cdot (gW_{Tb1} + gW_{Tb2}) - gW_{Tb1} \\ &= \alpha \cdot gW_{Tb2} - (1-\alpha) \cdot gW_{Tb1} \end{aligned} \tag{34a}$$

412 Vgl. hierzu unter C. IV. S. 156 ff.

413 Zur Ausgangssituation siehe unter C. II. S. 107 f.

Daraus folgt:

$$Az_A \overset{<}{\underset{>}{=}} 0 \Leftrightarrow gW_{Tb1} \overset{>}{\underset{<}{=}} \alpha \cdot (gW_{Tb1} + gW_{Tb2}) \Leftrightarrow \frac{(1-\alpha)}{\alpha} \overset{>}{\underset{<}{=}} \frac{gW_{Tb2}}{gW_{Tb1}} \tag{35a}$$

Aus der formalen Definition der Ausgleichszahlung folgt, dass ein positiver Wert einer Ausgleichszahlung immer eine empfangene Zahlung, dagegen ein negativer Wert eine geleistete Zahlung repräsentiert.

Wenn A zu viel erhält, ist also Az_A negativ und umgekehrt.

Entsprechend gilt für Gesellschafter B:

$$\begin{aligned} Az_B &= (1-\alpha) \cdot (gW_{Tb1} + gW_{Tb2}) - gW_{Tb2} \\ &= -\alpha \cdot gW_{Tb2} + (1-\alpha) \cdot gW_{Tb1} \end{aligned} \tag{34b}$$

Daraus folgt:

$$Az_B \overset{>}{\underset{<}{=}} 0 \Leftrightarrow gW_{Tb2} \overset{<}{\underset{>}{=}} (1-\alpha) \cdot (gW_{Tb1} + gW_{Tb2}) \Leftrightarrow \frac{(1-\alpha)}{\alpha} \overset{>}{\underset{<}{=}} \frac{gW_{Tb2}}{gW_{Tb1}} \tag{35b}$$

Aus $\begin{aligned} Az_A &= \alpha \cdot (gW_{Tb1} + gW_{Tb2}) - gW_{Tb1} \\ &= \alpha \cdot gW_{Tb2} - (1-\alpha) \cdot gW_{Tb1} \end{aligned}$

und $\begin{aligned} Az_B &= (1-\alpha) \cdot (gW_{Tb1} + gW_{Tb2}) - gW_{Tb2} \\ &= -\alpha \cdot gW_{Tb2} + (1-\alpha) \cdot gW_{Tb1} \end{aligned}$

folgt unmittelbar: $Az_A = -Az_B$

Die Beträge beider Ausgleichszahlungen sind demnach immer gleich, d.h. dass gilt:

$$| \; Az_A \; | = | \; Az_B \; |$$

Wegen $Az_B = -Az_A$ wird zur Vereinfachung im Folgenden nur mit der Variablen Az gearbeitet.

$$\begin{aligned} Az &= Az_B = -\alpha \cdot gW_{Tb2} + (1-\alpha) \cdot gW_{Tb1} \\ &= (1-\alpha) \cdot gW_{Tb1} - \alpha \cdot gW_{Tb2} \end{aligned} \tag{36a}$$

$$\Rightarrow -Az = Az_A \tag{36b}$$

Ist $Az > 0$ ($\sim Az_B > 0$), so erhält Gesellschafter B eine positive Zahlung, das heißt er ist ausgleichsberechtigt, und Gesellschafter A ist ausgleichsverpflichtet und umgekehrt.

Weiterhin wird im Folgenden (ohne Beschränkung der Allgemeinheit) angenommen, dass Mitunternehmer A, gemessen am gemeinen Wert seines Kapitalkontos in der Schlussbilanz der Personengesellschaft einen Teilbetrieb (Tb1) mit einem zu hohen gemeinen Wert, und Mitunternehmer B entsprechend einen Teilbetrieb (Tb2) mit einem zu niedrigen gemeinen Wert erhält. Gesellschafter A ist zum Ausgleich verpflichtet, Gesellschafter B ist entsprechend ausgleichsberechtigt.

2. Die Bedeutung der Anschaffungskosten

Die Anschaffungskosten sind in § 255 Abs. 1 HGB definiert als Aufwendungen, die geleistet werden, um einen Vermögensgegenstand zu erwerben, bzw. die dazu dienen, diesen in einen betriebsbereiten Zustand zu versetzen, soweit sie dem erworbenen Vermögensgegenstand einzeln zuzuordnen sind.[414] Zu den Anschaffungskosten gehören grundsätzlich auch die Nebenkosten sowie nachträgliche Kosten. Sowohl im Anlage- als auch im Umlaufvermögen gelten die Anschaffungskosten einschließlich der Transaktionskosten als Ausgangspunkt und gleichzeitig als Obergrenze der Bewertung (§ 253 Abs. 1 HGB). Entsprechend dem Vorsichtsprinzip wird somit der Ausweis unrealisierter Gewinne verhindert. Der Begriff der Anschaffungskosten in § 6 EStG wird über das Maßgeblichkeitsprinzip insoweit inhaltsgleich verwendet.[415]

Anschaffungskosten können auch beim unentgeltlichen Erwerb mit der Folge der Buchwertfortführung entstehen, soweit Abfindungszahlungen geleistet werden. So hat der Große Senat in seinem Beschluss zur Erbauseinandersetzung am 05.07.1990[416] festgestellt, dass Abfindungszahlungen eines Erben im Rahmen der Erbauseinandersetzung und Aufwendungen für den Erwerb des Erbteils eines Miterben beim Leistenden grundsätzlich zu Anschaffungskosten führen und in gleicher Höhe beim weichenden Erben ein Veräußerungserlös entsteht.

Nach Auffassung des Großen Senats entstehen aus einer Auseinandersetzung einer Erbengemeinschaft über Betriebsvermögen Anschaffungskosten in demselben Umfang wie in anderen Fällen, in denen sich Mitunternehmer über gemeinschaftliches Vermögen auseinandersetzen. Für den übernehmenden Miterben stellen die Leistungen Anschaffungskosten für den Mehrerwerb, für den weichenden Erben einen Veräußerungserlös, gleichsam ein Entgelt für aufgege-

---

414 BFH-Urteil vom 24.08.1995, BStBl. II 1995, S. 895.

415 BFH-Urteil vom 21.01.1999, BStBl. II 1999, S. 638.

416 BFH-Beschluss vom 05.07.1990, a.a.O.

benes Vermögen dar. Da der Große Senat die Ermittlung des Veräußerungsgewinns offen lässt,[417] ist die Schlussfolgerung zu rechtfertigen, dass er den Anschaffungskosten die Ausgleichsleistung gegenüber stellt.

Die Finanzverwaltung hat in ihrem Anwendungsschreiben zu dem Beschluss des Großen Senats zur Erbauseinandersetzung vom 11.01.1993[418] dagegen klarstellend eine anteilige Buchwertgegenrechnung zugrunde gelegt. Bei der Ermittlung der Anschaffungskosten und des Veräußerungsgewinns ist bei der Übertragung die Abfindungszahlung dem Teil des Kapitalkontos gegenüberzustellen, der dem Verhältnis der Abfindungszahlung zum Wert des vom Ausgleichsverpflichteten übernommenen Betriebsvermögens entspricht.[419]

Der BFH hat noch nicht entschieden, in welcher Höhe bei einer Realteilung mit Spitzenausgleich und Buchwertfortführung Gewinn entsteht bzw. realisiert wird und wie der Veräußerungserlös und die Anschaffungskosten den einzelnen Wirtschaftsgütern zuzuordnen sind. Er vertritt die Auffassung, dass bei einer Realteilung mit Spitzenausgleich ein Gewinn in Höhe des Ausgleichsbetrages entsteht.[420]

Bei der Auseinandersetzung mit Abfindungszahlungen sind nach herrschender Meinung Übertragungen von betrieblichen Einheiten nicht mehr unentgeltlich, wenn das Entgelt den Buchwert überschreitet.[421] Das übertragene Betriebsvermögen ist in diesem Fall durch Anschaffung erworben mit der Folge, dass nach der Einheitstheorie die anfallenden Anschaffungskosten anzusetzen und auf die einzelnen erworbenen Wirtschaftsgüter zu verteilen sind.[422] Bei der Übertragung von Einzelwirtschaftsgütern gilt insofern nichts anderes, als beim Ausgleichsverpflichteten der Buchwert nach der Trennungstheorie in einen unentgeltlichen und einen entgeltlichen Anschaffungsteil aufzuteilen ist.[423]

Vor diesem Hintergrund gilt für die Definition der Anschaffungskosten bei Realteilungen mit Spitzenausgleich, dass die Buchwerte der Teilungsmasse oder der Einzelwirtschaftsgüter desjenigen Realteilers, der wertmäßig mehr übernommen hat und somit zu einer Ausgleichsleistung verpflichtet ist, in einen entgeltlichen und unentgeltlichen Teil aufzuteilen sind. Für den unentgeltlichen Teil sind die Buchwerte fortzuführen, für den entgeltlichen um die geleisteten Anschaffungskosten zu erhöhen. Zu deren Ermittlung ist der Ausgleichszahlung der (anteilige) Buchwert des entgeltlich erworbenen Teils gegenüberzustellen.

---

417 A.a.O.

418 BMF-Schreiben vom 11.01.1993, a.a.O.; geändert durch BMF-Schreiben vom 14.03.2006, a.a.O.

419 A.a.O.

420 BFH-Urteil vom 01.12.1992, a.a.O.

421 Vgl. u.a. Glanegger, in: Schmidt, EStG, § 6 Rz. 145.

422 Glanegger, in: Schmidt, EStG, § 6 Rz. 145.

423 Strittig nach Glanegger, in: Schmidt, EStG, § 6 Rz. 145, 544.

Die Anschaffungskosten entsprechen dabei dem Veräußerungsgewinn des ausgleichsberechtigten Gesellschafters.

Bei der Realteilung mit Spitzenausgleich kommt dem Begriff der Anschaffungskosten als originärem Wertmaßstab elementare Bedeutung zu. Im Vergleich zur geltenden BFH-Rechtsprechung ist der Lösung der Finanzverwaltung zu bescheinigen, dass die Grundidee, zur Ermittlung des Veräußerungsgewinns des ausgleichsberechtigten Realteilers der Ausgleichszahlung dessen Anschaffungskosten für die Vermögenswerte gegenüberzustellen, die er dem ausgleichsverpflichteten Realteiler entgeltlich überlassen hat, zutreffend ist. Denn der Spitzenausgleich ist Grundlage für ein entgeltliches Veräußerungsgeschäft und führt aufgrund der (anteiligen) Realisierung stiller Reserven stets zu Anschaffungskosten in Höhe dieses Veräußerungsgewinns für den leistenden Gesellschafter. Somit sind faktisch zwei unterschiedliche Anschaffungskostenbegriffe zu unterscheiden – zum einen die Anschaffungskosten des ausgleichsberechtigten Gesellschafters in Höhe der anteiligen Buchwerte des entgeltlich überlassenen Vermögens und im Umkehrschluss die Anschaffungskosten des Ausgleichsverpflichteten in Höhe des Veräußerungsgewinns des die Ausgleichszahlung empfangenen Gesellschafters. Der für die Realteilung mit Spitzenausgleich relevante Anschaffungskostenbegriff betrifft den Betrag, den der die Ausgleichszahlung empfangene Gesellschafter diesem Spitzenausgleich gegenüberstellen kann, um seinen Veräußerungsgewinn zu bestimmen. Der ermittelte Veräußerungsgewinn entspricht gleichzeitig den Anschaffungskosten des Ausgleichsverpflichteten.

Wie in den nachfolgenden Ausführungen zu zeigen sein wird, kommt der Definition der Anschaffungskosten elementare Bedeutung hinsichtlich der durch den Spitzenausgleich realisierten und den nach der Realteilung verteilten stillen Reserven zu. Sofern der Unterschiedsbetrag der verteilten stillen Reserven nicht dem Veräußerungsgewinn entspricht, kommt es bei der Realteilung mit Spitzenausgleich – wie gezeigt wird – zu einer unerwünschten interpersonellen Verlagerung von stillen Reserven. Genau das ist die grundlegende Überlegung für die Definition der richtigen Anschaffungskosten zur Ermittlung des Veräußerungsgewinns für den ausgleichsberechtigten Gesellschafter. Während der BFH eine Buchwertgegenrechnung völlig unterlässt, wird gezeigt, dass der BMF-Lösung eine unzutreffende Definition der Anschaffungskosten und damit gleichzeitig des Veräußerungsgewinns zugrunde liegt.

3. Kapitalkontenanpassungsmethode

a) Der Ansatz des BFH

aa) Vorgehensweise

Die Realteilung ist (zunächst) ohne etwaigen Spitzenausgleich durchzuführen. Die Gesellschafter haben ihre Kapitalkonten im ersten Schritt durch Aufstockung bzw. Abstockung in Höhe der Differenz zwischen dem Buchwert des übernommenen Vermögens und dem Buchwert ihrer bisherigen Kapitalkonten anzupassen (Kapitalkontenanpassung 1. Stufe).[424]

Nach der Auffassung des BFH[425] führt der Spitzenausgleich in vollem Umfang zu einem Veräußerungsgewinn des ausgleichsberechtigten Gesellschafters (hier: Gesellschafter B),

$$VG_{BFH} = Az \,, \tag{37}$$

und demzufolge zu Anschaffungskosten des Ausgleichsberechtigten (hier: Gesellschafter B) für die auf den Ausgleichsverpflichteten übergegangenen Wirtschaftsgüter von

$$AK_{BFH} = 0 \,. \tag{38}$$

Im Rahmen der Kapitalkontenanpassung der 2. Stufe hat der Ausgleichsverpflichtete (hier: Gesellschafter A) in Höhe des gesamten Spitzenausgleichs

- eine Verbindlichkeit gegenüber dem ausgleichsberechtigten Gesellschafter (hier: Gesellschafter B) zu passivieren und
- den Buchwert seines übernommenen Teilbetriebes (hier: Teilbetrieb 1) in Höhe der Ausgleichszahlung aufzustocken.

Der Ausgleichsberechtigte (hier: Gesellschafter B) hat ebenfalls in Höhe des gesamten Spitzenausgleichs

- eine Forderung gegenüber dem anderen Gesellschafter zu aktivieren und
- einen Veräußerungsgewinn in Höhe der Ausgleichszahlung zu passivieren.

---

424 Hierzu wird auf die Ausführungen zur Realteilung ohne Spitzenausgleich verwiesen. S. 108 ff.

425 BFH-Urteil vom 01.12.1992, a.a.O.

bb) Überspringen stiller Reserven

Es wurde bei der einstufigen Realeilung ohne Spitzenausgleich gezeigt, dass sich durch die Kapitalkontenanpassung in der 1. Stufe stille Reserven in Höhe der folgenden Differenz verschieben.[426]

$$\Delta\, stR_A^{(1.Stufe)} = \left[(1-\alpha)\cdot gW_{Tb1} - \alpha \cdot gW_{Tb2}\right] - \left[(1-\alpha)\cdot Bw_{Tb1} - \alpha \cdot Bw_{Tb2}\right] \qquad (14a)$$

Bei der Realteilung mit Spitzenausgleich gilt:

$$Az = (1-\alpha)\cdot gW_{Tb1} - \alpha \cdot gW_{Tb2} \neq 0\,.$$

Daraus folgt:

$$\Delta\, stR_A^{(1.Stufe)} = Az - Ap_A^{(1.Stufe)} \qquad (39a)$$

$$\Delta\, stR_B^{(1.Stufe)} = -Az - Ap_B^{(1.Stufe)} \qquad (39b)$$

Im Rahmen der Kapitalkontenanpassung der 2. Stufe hat der Ausgleichsverpflichtete den übernommenen Buchwert des Teilbetriebes 1 um den Anpassungsbetrag nach BFH aufzustocken:

$$\begin{aligned} Bw_{Tb1}^{SS} &= Bw_{Tb1}^{(1.Stufe)} + Az \qquad (40) \\ &= Bw_{Tb1} + Az \end{aligned}$$

Nach Abschluss der Realteilung verfügt Gesellschafter A – so auch Wosnitza – über die folgenden stillen Reserven:

$$\begin{aligned} stR_A^{SS} &= gW_{Tb1} - Bw_{Tb1}^{SS} = gW_{Tb1} - \left(Bw_{Tb1} + Az\right) \qquad (41a) \\ &= gW_{Tb1} - Bw_{Tb1} - Az \\ &= gW_{Tb1} - Bw_{Tb1} + \alpha \cdot gW_{Tb2} - (1-\alpha)\cdot gW_{Tb1} \\ &= gW_{Tb1} - (1-\alpha)\cdot gW_{Tb1} - Bw_{Tb1} + \alpha \cdot gW_{Tb2} \\ &= \alpha \cdot \left(gW_{Tb1} + gW_{Tb2}\right) - Bw_{Tb1} \end{aligned}$$

Hieraus lässt sich der Betrag der übergesprungenen stillen Reserven in der 2. Stufe ermitteln:

$$\Delta\, stR_A^{(2.Stufe)} = stR_A^{SS} - stR_A^{(1.Stufe)} \qquad (42a)$$

426 Zur Herleitung siehe unter C. III. 3. c) S. 115 ff.

$$= \left[\alpha \cdot \left(gW_{Tb1} + gW_{Tb2}\right) - Bw_{Tb1}\right] - \left(gW_{Tb1} - Bw_{Tb1}\right)$$

$$= \alpha \cdot gW_{Tb2} - (1-\alpha) \cdot gW_{Tb1}$$

$$= -Az$$

Es ist leicht erkennbar, dass es im Ergebnis gegenüber der Ausgangssituation zu einer Verlagerung der stillen Reserven in Höhe des Anpassungsbetrages der Kapitalkonten kommen muss, denn es gilt:

$$\Delta\, stR_A^{(1.Stufe)} = Az - Ap_A^{(1.Stufe)} \tag{39a}$$

$$\Delta\, stR_A^{(2.Stufe)} = -Az \tag{42a}$$

$$\Delta\, stR_A^{(gesamt)} = \Delta\, stR_A^{(1.Stufe)} + \Delta\, stR_A^{(2.Stufe)} = -Ap_A^{(1.Stufe)} \tag{43a}$$

Entsprechendes gilt für Gesellschafter B.

Nach Abschluss der Realteilung verfügt Gesellschafter B über die folgenden stillen Reserven:

$$stR_B^{SS} = gW_{Tb2} - Bw_{Tb2}^{SS} + Az = gW_{Tb2} - Bw_{Tb2} + Az \tag{41b}$$

$$= gW_{Tb2} - Bw_{Tb2} + \left[(1-\alpha) \cdot gW_{Tb1} - \alpha \cdot gW_{Tb2}\right]$$

$$= gW_{Tb2} - \alpha \cdot gW_{Tb2} + (1-\alpha) \cdot gW_{Tb1} - Bw_{Tb2}$$

$$= (1-\alpha) \cdot \left(gW_{Tb1} + gW_{Tb2}\right) - Bw_{Tb2}$$

Für den ausgleichsberechtigten Gesellschafter sind die stillen Reserven um die durch die Ausgleichszahlung realisierten stillen Reserven zu erhöhen.

In der 2. Stufe der Kapitalkontenanpassung verlagern sich die stillen Reserven wie folgt:

$$\Delta\, stR_B^{(2.Stufe)} = stR_B^{SS} - stR_B^{(1.Stufe)} \tag{42b}$$

$$= \left[(1-\alpha) \cdot \left(gW_{Tb1} + gW_{Tb2}\right) - Bw_{Tb2}\right] - \left(gW_{Tb2} - Bw_{Tb2}\right)$$

$$= (1-\alpha) \cdot gW_{Tb1} - \alpha \cdot gW_{Tb2}$$

$$= Az$$

Zusammenfassend ergibt sich für B:

$$\Delta\, stR_B^{(1.Stufe)} = -Az - Ap_B^{(1.Stufe)} \tag{39b}$$

$$\Delta\, stR_B^{(2.Stufe)} = Az \tag{42b}$$

$$\Delta\, stR_B^{(gesamt)} = \Delta\, stR_B^{(1.Stufe)} + \Delta\, stR_B^{(2.Stufe)} = -Ap_B^{(1.Stufe)} \tag{43b}$$

Durch die Kapitalkontenanpassung in der 1. Stufe verschieben sich stille Reserven in Höhe der Differenz zwischen der Ausgleichszahlung und dem Anpassungsbetrag. Die stillen Reserven wandern in der 2. Stufe der Anpassung der Kapitalkonten und der Bilanzierung des Spitzenausgleichs vom ausgleichsverpflichteten Realteiler auf den ausgleichsberechtigten in Höhe der Ausgleichszahlung mit umgekehrtem Vorzeichen zur 1. Stufe. Im Ergebnis werden somit bei der BFH-Lösung immer stille Reserven genau in Höhe der Kapitalkontenanpassung übertragen. Gegenüber der Ausgangssituation verschieben sich stille Reserven in Höhe des Anpassungsbetrages – jeweils mit umgekehrtem Vorzeichen. Kommt es bei A zur Aufstockung des Kapitalkontos, verliert er in entsprechender Höhe grundsätzlich stille Reserven in gleicher Höhe an B (und umgekehrt).

Die Zusammenfassung der Bedingungen (43a) und (43b) zeigt, dass gilt:

$$Ap_A^{(1.Stufe)} \gtreqless 0 \Leftrightarrow Ap_B^{(1.Stufe)} \lesseqgtr 0 \Leftrightarrow \Delta\, stR_A^{(gesamt)} \lesseqgtr 0 \Leftrightarrow \Delta\, stR_B^{(gesamt)} \gtreqless 0 \tag{44}$$

Als Ergebnis ist festzuhalten, dass es bei der BFH-Lösung bei Anwendung der Kapitalkontenanpassungsmethode grundsätzlich zu einem Überspringen stiller Reserven in Höhe des Anpassungsbetrages vom Aufstockenden auf den Abstockenden gegenüber der Ausgangssituation kommt. Der BFH gibt der Kapitalkontenanpassungsmethode zwar konsequent den Vorzug, verletzt jedoch insoweit das Anschaffungskostenprinzip, als der Aufstockende seine (neuen) Anschaffungskosten in Höhe der Ausgleichzahlung aktivieren muss. Der BFH verkennt bei dem Veräußerungsvorgang, dass in den vom Ausgleichsverpflichteten übernommenen Buchwerten ein von dem ausgleichsberechtigten Gesellschafter an den ausgleichsverpflichteten Gesellschafter veräußerter anteiliger Buchwert enthalten ist. Dadurch aktiviert der Ausgleichsverpflichtete in Höhe der anteiligen Buchwerte zu viel, was – wie zu zeigen sein wird – exakt dem Anpassungsbetrag der Kapitalkontenanpassung der 1. Stufe entspricht.

Die BFH-Lösung verhindert lediglich in solchen Fällen ein Überspringen stiller Reserven zwischen den beteiligten Mitunternehmern, wenn gilt:

$$(1-\alpha)\cdot Bw_{Tb1} - \alpha \cdot Bw_{Tb2} = Ap_A^{(1.Stufe)} = -Ap_B^{(1.Stufe)} = 0$$

$$\Leftrightarrow$$

$$\frac{Bw_{Tb1}}{Bw_{Tb2}} = \frac{\alpha}{(1-\alpha)} \tag{11}$$

d.h. wenn das Verhältnis der Buchwerte der beiden Teilbetriebe dem Verhältnis der Beteiligungsquoten der Gesellschafter entspricht, also eine Kapitalkontenanpassung unnötig wäre. Diese Voraussetzung ist allerdings höchstens zufällig erfüllt, so dass die BFH-Lösung nicht grundsätzlich – wie gewünscht – ein Überspringen stiller Reserven verhindert und somit abzulehnen ist.

Beispiel 10:

Bei dem nachfolgenden Zahlenbeispiel wird auf das Beispiel der Finanzverwaltung zurückgegriffen, das von der Literatur aufgegriffen und wiederholt wird.[427]

Die Ausgangssituation wird hier übernommen, anhand derer der Ansatz des BFH verdeutlicht werden soll.

A und B sind Gesellschafter der AB-OHG. Sie sind je zu 50% am Gewinn und Vermögen beteiligt. Das Vermögen der OHG wird durch Realteilung geteilt.

Folgende Realteilungsbilanz liegt vor:

AB-OHG: Bilanz vor Realteilung

	Bw	*gW*	*stR*		*Bw*	*gW*	*stR*
Teilbetrieb 1	200	2.000	1.800	Kapital A	180	1.800	1.620
Teilbetrieb 2	160	1.600	1.440	Kapital B	180	1.800	1.620
	360	3.600	3.240		360	3.600	3.240

Die Bilanz enthält stille Reserven i.H.v. 3.240, die A und B je zur Hälfte zustehen (1.620). A erhält Teilbetrieb 1, B erhält Teilbetrieb 2. Außerdem zahlt A an B eine Ausgleichszahlung i.H.v. 200.

Gesellschafter A stehen wertmäßig 1.800 zu. Da er aber 2.000 erhält, also 200 mehr, zahlt er diesen Betrag für einen Teil des Vermögens des Teilbetriebes 1, das er mehr erhält. Nach der BFH-Lösung muss A die Aktivwerte um 200 aufstocken, während B einen Veräußerungsgewinn von 200 zu versteuern hat.

Die erforderlichen Anpassungsbeträge (Aufstockungs- und Abstockungsbeträge) stellen sich analog der Realteilung ohne Spitzenausgleich wie folgt dar.

427 BMF-Schreiben vom 28.02.2006, a.a.O.; BMF-Schreiben vom 11.01.1993, a.a.O. – ersetzt durch BMF-Schreiben vom 14.03.2006, a.a.O.; Brönner, Die Besteuerung der Gesellschaften, S. 528.

Gesellschafter A:

- Allgemein:

$$Ap_A^{(1.Stufe)} = (1-\alpha) \cdot Bw_{Tb1} - \alpha \cdot Bw_{Tb2} \tag{8a}$$

- im Zahlenbeispiel:

$$Ap_A^{(1.Stufe)} = 0{,}5 \cdot 200 - 0{,}5 \cdot 160 = 20$$

Für Gesellschafter A ergibt sich ein Aufstockungsbetrag von 20. Daraus ergibt sich folgende Fortführungsbilanz für Realteiler A nach Abschluss der 1. Stufe:

Bilanz des Einzelunternehmens des A *ohne* Spitzenausgleich

	Bw	*gW*	*stR*		*Bw*	*gW*	*stR*
Teilbetrieb 1	200	2.000	1.800	Kapital A	180		
				+ Auf-	+20		
				stockung	200	2.000	1.800
	200	2.000	1.800		200	2.000	1.800

Gesellschafter B:

- Allgemein:

$$Ap_B^{(1.Stufe)} = -\left[(1-\alpha) \cdot Bw_{Tb1} - \alpha \cdot Bw_{Tb2}\right] \tag{8b}$$

- im Zahlenbeispiel:

$$Ap_B^{(1.Stufe)} = -\left[0{,}5 \cdot 200 - 0{,}5 \cdot 160\right] = -20$$

Für Gesellschafter B ergibt sich ein Abstockungsbetrag von –20. Daraus ergibt sich folgende Fortführungsbilanz für Realteiler B nach Abschluss der 1. Stufe:

Bilanz des Einzelunternehmens des B *ohne* Spitzenausgleich

	Bw	*gW*	*stR*		*Bw*	*gW*	*stR*
Teilbetrieb 2	160	1.600	1.440	Kapital B	180		
				– Ab-	–20		
				stockung	160	1.600	1.440
	160	1.600	1.440		160	1.600	1.440

Gegenüber der Ausgangssituation (Schlussbilanz der OHG) ist erkennbar, dass es im Zahlenbeispiel bei der Kapitalkontenanpassung der 1. Stufe zu einer interpersonellen Verlagerung der stillen Reserven gekommen ist. Gesellschafter A hatte vor der Realteilung anteilige stille Reserven in Höhe von 1.620 und nach der Kapitalanpassung 1.800. Gesellschafter B hatte vor der Realteilung ebenfalls anteilige stille Reserven in Höhe von 1.620 und nach der Kapitalanpassung 1.440. Hier sind infolge der Kapitalkontenanpassungsmethode stille Reserven in Höhe von 180 vom Gesellschafter B auf den Gesellschafter A übergesprungen.

Nach Zahlung des Spitzenausgleichs in Höhe von 200 durch den Gesellschafter A ergibt sich folgende Fortführungsbilanz von A nach Abschluss der 2. Stufe:

Bilanz des Einzelunternehmens des A *mit* Spitzenausgleich

	Bw	*gW*	*stR*		*Bw*	*gW*	*stR*
Teilbetrieb 1	200			Kapital A	200	1.800	1.600
+Aufstockung	+200			Verbind-	200	200	
	400	2.000	1.600	lichkeit			
	400	2.000	1.600		400	2.000	1.600

Für B ergibt sich die folgende Fortführungsbilanz nach Abschluss der 2. Stufe:

Bilanz des Einzelunternehmens des B *mit* Spitzenausgleich

	Bw	*gW*	*stR*		*Bw*	*gW*	*stR*
Teilbetrieb 2	160	1.600	1.440	Kapital B	160	1.600	1.440
Forderung	200	200	–	Gewinn	200	200	–
	360	1.800	1.440		360	1.800	1.440

Hier ist erkennbar, dass es gegenüber der Ausgangssituation (Realteilungsbilanz) durch die Zahlung des Spitzenausgleichs zu einer weiteren interpersonellen Verlagerung der stillen Reserven gekommen ist.

- Gesellschafter A besitzt nach der Realteilung mit Spitzenausgleich stille Reserven in Höhe von 1.600 gegenüber 1.620 vor der Realteilung und 1.800 nach der Realteilung vor Spitzenausgleich, d.h. A hat durch die Realteilung mit Spitzenausgleich gegenüber der Ausgangssituation stille Reserven in Höhe von 20 verloren.
- Gesellschafter B besitzt dagegen nach der Realteilung mit und ohne Spitzenausgleich stille Reserven in Höhe von 1.440 gegenüber 1.620 vor der Realteilung. B hat allerdings stille Reserven von 200 aufgedeckt, so dass ihm insgesamt stille Reserven in Höhe von 1.640 zuzurechnen sind, d.h. es sind im Ergebnis stille Reserven in Höhe von 20 von A auf B übergegangen.

Die Veränderung der stillen Reserven gegenüber der Ausgangssituation lässt sich zusammengefasst wie folgt darstellen:

Gesellschafter A:

- Allgemein:

$$\Delta\, stR_A^{(1.Stufe)} = Az - Ap_A^{(1.Stufe)}$$

$$\Delta\, stR_A^{(2.Stufe)} = -Az$$

$$\Delta\, stR_A^{(gesamt)} = -Ap_A^{(1.Stufe)}$$

- im Zahlenbeispiel:

$$\Delta\, stR_A^{(1.Stufe)} = 200 - 20 = 180$$

$$\Delta\, stR_A^{(2.Stufe)} = -200$$

$$\Delta\, stR_A^{(gesamt)} = -20$$

Gesellschafter B:

- Allgemein:

$$\Delta\, stR_B^{(1.Stufe)} = -Az - Ap_B^{(1.Stufe)}$$

$$\Delta\, stR_B^{(2.Stufe)} = Az$$

$$\Delta\, stR_B^{(gesamt)} = -Ap_B^{(1.Stufe)}$$

- im Zahlenbeispiel:

$$\Delta\, stR_B^{(1.Stufe)} = -200 + 20 = -180$$

$$\Delta\, stR_B^{(2.Stufe)} = 200$$

$$\Delta\, stR_B^{(gesamt)} = 20$$

b) Die Auffassung der Finanzverwaltung

aa) Vorgehensweise

Der grundlegende Unterschied bei dieser Vorgehensweise im Vergleich zur BFH-Lösung liegt in der anteiligen Buchwertgegenrechnung bei der Ermittlung des Veräußerungsgewinns des ausgleichsberechtigten Realteilers und damit in der begrifflichen Definition der Anschaffungskosten des die Ausgleichszahlung empfangenen Gesellschafters.

Die Realteilung ist (zunächst) ohne etwaigen Spitzenausgleich durchzuführen. Die Gesellschafter haben ihre Kapitalkonten im ersten Schritt durch Aufstockung bzw. Abstockung in Höhe der Differenz zwischen dem Buchwert des übernommenen Vermögens und dem Buchwert ihrer bisherigen Kapitalkonten anzupassen (Kapitalkontenanpassung 1. Stufe).[428]

Im Rahmen der Kapitalkontenanpassung der 2. Stufe hat der Ausgleichsverpflichtete

- in Höhe des gesamten Spitzenausgleichs eine Verbindlichkeit gegenüber dem Ausgleichsberechtigten zu passivieren,
- den Buchwert seines übernommenen Vermögens *nur* in Höhe des Veräußerungsgewinns des ausgleichsberechtigten Realteilers aufzustocken und
- in Höhe der Differenz zwischen der gesamten Ausgleichszahlung und dem Veräußerungsgewinn des anderen Gesellschafters sein Eigenkapitalkonto erfolgsneutral abzustocken.

Der die Ausgleichszahlung empfangene Gesellschafter hat

- in Höhe des gesamten Spitzenausgleichs eine Forderung gegenüber dem ausgleichsverpflichteten Gesellschafter zu aktivieren und
- den Veräußerungsgewinn zu passivieren sowie
- zusätzlich eine erfolgsneutrale Anpassung des Buchwertes des Eigenkapitalkontos in Höhe der Differenz zwischen der gesamten Ausgleichszahlung und dem erfolgswirksamen Veräußerungsgewinn durchzuführen.

bb) Ermittlung des Veräußerungsgewinns

Im Rahmen der Ermittlung des Veräußerungsgewinns durch anteilige Buchwertgegenrechnung ermittelt die Finanzverwaltung zunächst die Anschaffungskosten für den die Ausgleichszahlung empfangenen Gesellschafter (hier: Gesellschafter B). Gesucht sind die Buchwerte des von dem ausgleichsberechtigten Gesellschafter (hier: Gesellschafter B) gegen die Zahlung des Spitzenausgleichs an den ausgleichsverpflichteten Gesellschafter veräußerten Teilbetriebes. Hierbei bezieht sie sich auf den von dem Ausgleichsverpflichteten übernommen Teilbetrieb und ermittelt den auf den entgeltlich erworbenen Teil entfallenden anteiligen Buchwert als Quotient aus dem Spitzenausgleich und dem gemeinen Wert des übernommenen Vermögens. Sie teilt damit den vom ausgleichsverpflichteten Realteiler A übernommenen Teilbetrieb in einen unentgeltlich und einen entgelt-

428 Hierzu wird auf die Ausführungen zur Realteilung ohne Spitzenausgleich verwiesen. S. 108 ff.

lich erworbenen Teil auf. Wie Wosnitza bereits gezeigt hat, ergibt sich dieser Quotient wie folgt:

$$\delta = \frac{Az}{gW_{Tb1}} \tag{45}$$

Die Finanzverwaltung ermittelt mit Hilfe dieses Quotienten den Buchwert des entgeltlich vom leistenden Gesellschafter übernommenen Teilbetriebes und legt diesen Buchwert als Anschaffungskosten für den ausgleichsberechtigten Gesellschafter zugrunde. Die anteiligen Anschaffungskosten für Zwecke der Buchwertgegenrechnung ergeben sich dann durch Multiplikation dieses Anteils mit dem Buchwert des (teilweise) veräußerten Teilbetriebes:

$$AK_{BMF} = \delta \cdot Bw_{Tb1} = \frac{Az}{gW_{Tb1}} \cdot Bw_{Tb1} \tag{46}$$

Für den ausgleichsberechtigten Realteiler ergibt sich im Allgemeinen ein Veräußerungsgewinn in Höhe der Differenz zwischen der Ausgleichszahlung und den Anschaffungskosten für den veräußerten Anteil am Teilbetrieb 1, den Wosnitza nur für den Fall von zwei gleich hoch beteiligten Gesellschaftern gezeigt hat.

$$\begin{aligned} VG_{BMF} &= Az - AK_{BMF} \\ &= Az - \frac{Az}{gW_{Tb1}} \cdot Bw_{Tb1} = Az \cdot \left(1 - \frac{Bw_{Tb1}}{gW_{Tb1}}\right), \text{ wobei gilt: } \frac{Bw_{Tb1}}{gW_{Tb1}} \leq 1 \\ &= Az \cdot \frac{gW_{Tb1} - Bw_{Tb1}}{gW_{Tb1}} \\ &= \left[(1-\alpha) \cdot gW_{Tb1} - \alpha \cdot gW_{Tb2}\right] \cdot \frac{gW_{Tb1} - Bw_{Tb1}}{gW_{Tb1}} \end{aligned} \tag{47}$$

cc) Anpassungsbetrag der Kapitalkonten

Die Kapitalkontenanpassung auf der 2. Stufe entspricht stets den Anschaffungskosten des Ausgleichsberechtigten, da gilt: $VG_{BMF} = Az - AK_{BMF}$. Wenn der ausgleichsverpflichtete Realteiler seine Wirtschaftsgüter in Höhe des Veräußerungsgewinns aufstocken muss, hat er zum Ausgleich seiner Bilanz bei Passivierung der Ausgleichzahlung sein Kapitalkonto in Höhe der Anschaffungskosten in der 2. Stufe abzustocken. Im Umkehrschluss hat der ausgleichsberechtigte Mitunternehmer zum Ausgleich seiner Bilanz bei Aktivierung der Ausgleichsforderung sein Kapitalkonto in Höhe der Anschaffungskosten aufzustocken.

Der Anpassungsbetrag der Kapitalkontenanpassung der 2. Stufe beträgt also:

$$Ap_A^{(2.Stufe)} = -AK_{BMF} \tag{48a}$$

$$Ap_B^{(2.Stufe)} = AK_{BMF} \tag{48b}$$

Daraus folgt: $Ap_A^{(2.Stufe)} = -Ap_B^{(2.Stufe)}$

Da nun die einzelnen Anpassungsbeträge der 1. und 2. Stufe bekannt sind, lässt sich daraus der saldierte Anpassungsbetrag der Kapitalkonten der Mitunternehmer nach der Realteilung im Vergleich zur Ausgangssituation ableiten.

$$\begin{aligned} Ap_A^{(gesamt)} &= Ap_A^{(1.Stufe)} + Ap_A^{(2.Stufe)} \\ &= (1-\alpha)\cdot Bw_{Tb1} - \alpha\cdot Bw_{Tb2} - AK_{BMF} \\ &= (1-\alpha)\cdot Bw_{Tb1} - \alpha\cdot Bw_{Tb2} - \frac{Az}{gW_{Tb1}}\cdot Bw_{Tb1} \\ &= Ap_A^{(1.Stufe)} - AK_{BMF} \end{aligned} \tag{49a}$$

$$\begin{aligned} Ap_B^{(gesamt)} &= Ap_B^{(1.Stufe)} + Ap_B^{(2.Stufe)} \\ &= -\left[(1-\alpha)\cdot Bw_{Tb1} - \alpha\cdot Bw_{Tb2}\right] + AK_{BMF} \\ &= -(1-\alpha)\cdot Bw_{Tb1} + \alpha\cdot Bw_{Tb2} + \frac{Az}{gW_{Tb1}}\cdot Bw_{Tb1} \\ &= -\left[(1-\alpha)\cdot Bw_{Tb1} - \alpha\cdot Bw_{Tb2} - \frac{Az}{gW_{Tb1}}\cdot Bw_{Tb1}\right] \\ &= Ap_B^{(1.Stufe)} + AK_{BMF} \end{aligned} \tag{49b}$$

Aus $Ap_A^{(gesamt)} = (1-\alpha)\cdot Bw_{Tb1} - \alpha\cdot Bw_{Tb2} - \frac{Az}{gW_{Tb1}}\cdot Bw_{Tb1}$

und $Ap_B^{(gesamt)} = -\left[(1-\alpha)\cdot Bw_{Tb1} - \alpha\cdot Bw_{Tb2} - \frac{Az}{gW_{Tb1}}\cdot Bw_{Tb1}\right]$

folgt unmittelbar: $Ap_A^{(gesamt)} = -Ap_B^{(gesamt)}$

Als Ergebnis ist festzuhalten, dass der gesamte Aufstockungsbetrag des einen Gesellschafters stets dem Abstockungsbetrag des anderen Gesellschafters mit umgekehrtem Vorzeichen entspricht.

dd) Überspringen stiller Reserven

Nachfolgend wird bewiesen, dass auch die Lösung der Finanzverwaltung bei der Realteilung mit Spitzenausgleich ein Überspringen stiller Reserven zwischen den Gesellschaftern nicht generell verhindert.

Auch bei der BMF-Lösung gilt, dass sich durch die Kapitalkontenanpassung in der 1. Stufe stille Reserven in Höhe der Differenz zwischen der Ausgleichszahlung und dem Anpassungsbetrag verschieben.[429]

$$\Delta\, stR_A^{(1.Stufe)} = Az - Ap_A^{(1.Stufe)} \tag{39a}$$

$$\Delta\, stR_B^{(1.Stufe)} = -Az - Ap_B^{(1.Stufe)} \tag{39b}$$

Im Rahmen der Kapitalkontenanpassung der 2. Stufe hat der Ausgleichsverpflichtete den übernommenen Buchwert des Teilbetriebes 1 um den Anpassungsbetrag nach BMF aufzustocken:

$$\begin{aligned} Bw_{Tb1}^{SS} &= Bw_{Tb1}^{(1.Stufe)} + VG_{BMF} \\ &= Bw_{Tb1} + VG_{BMF} \end{aligned} \tag{50}$$

Nach Abschluss der Realteilung verfügt Gesellschafter A – so im Ansatz auch Wosnitza – über die folgenden stillen Reserven:

$$\begin{aligned} stR_A^{SS} &= gW_{Tb1} - Bw_{Tb1}^{SS} = gW_{Tb1} - \left(Bw_{Tb1} + VG_{BMF}\right) \\ &= gW_{Tb1} - Bw_{Tb1} - Az + AK_{BMF} \\ &= gW_{Tb1} - Bw_{Tb1} + \alpha \cdot gW_{Tb2} - (1-\alpha) \cdot gW_{Tb1} + AK_{BMF} \\ &= \alpha \cdot \left(gW_{Tb1} + gW_{Tb2}\right) - Bw_{Tb1} + AK_{BMF} \end{aligned} \tag{51a}$$

Hieraus lassen sich die übergesprungenen stillen Reserven der 2. Stufe ermitteln:

$$\begin{aligned} \Delta\, stR_A^{(2.Stufe)} &= stR_A^{SS} - stR_A^{(1.Stufe)} \\ &= \left(gW_{Tb1} - Bw_{Tb1}^{SS}\right) - \left(gW_{Tb1} - Bw_{Tb1}\right) \\ &= gW_{Tb1} - \left(Bw_{Tb1} + VG_{BMF}\right) - \left(gW_{Tb1} - Bw_{Tb1}\right) \\ &= gW_{Tb1} - Bw_{Tb1} - VG_{BMF} - gW_{Tb1} + Bw_{Tb1} \\ &= -VG_{BMF} \end{aligned} \tag{52a}$$

---

429 Zur Herleitung siehe unter C. III. 3. c) S. 115 ff.

Daraus folgt:

$$\Delta\, stR_A^{(gesamt)} = \Delta\, stR_A^{(1.Stufe)} + \Delta\, stR_A^{(2.Stufe)} \tag{53a}$$

$$= Az - Ap_A^{(1.Stufe)} - VG_{BMF}$$

$$= -Ap_A^{(1.Stufe)} + AK_{BMF}$$

$$= -Ap_A^{(1.Stufe)} - Ap_A^{(2.Stufe)}$$

$$= -Ap_A^{(gesamt)}$$

Entsprechendes gilt für Gesellschafter B.

Nach Abschluss der Realteilung verfügt Gesellschafter B über die folgenden stillen Reserven:

$$stR_B^{SS} = gW_{Tb2} - Bw_{Tb2}^{SS} + VG_{BMF} = gW_{Tb2} - Bw_{Tb2} + VG_{BMF} \tag{51b}$$

$$= gW_{Tb2} - Bw_{Tb2} + Az - AK_{BMF}$$

$$= gW_{Tb2} - Bw_{Tb2} - \alpha \cdot gW_{Tb2} + (1-\alpha) \cdot gW_{Tb1} - AK_{BMF}$$

$$= (1-\alpha) \cdot (gW_{Tb1} + gW_{Tb2}) - Bw_{Tb2} - AK_{BMF}$$

Für Gesellschafter B ist zu berücksichtigen, dass hier der Veräußerungsgewinn mit zu den stillen Reserven gerechnet wird, obwohl dieser keineswegs (mehr) als stille Reserven zu interpretieren ist, da er offen in der Bilanz ausgewiesen ist. Der Veräußerungsgewinn entspricht früheren stillen Reserven. Die Summe der dem ausgleichsberechtigten Gesellschafter zuzurechnenden stillen Reserven setzt sich insoweit aus den stillen Reserven und dem realisierten Veräußerungsgewinn zusammen.

Der Betrag der übergegangenen stillen Reserven der 2. Stufe durch die Bilanzierung des Spitzenausgleichs lässt sich wie folgt ermitteln:

$$\Delta\, stR_B^{(2.Stufe)} = stR_B^{SS} - stR_B^{(1.Stufe)} \tag{52b}$$

$$= \left(gW_{Tb2} - Bw_{Tb2}^{SS} + VG_{BMF}\right) - \left(gW_{Tb2} - Bw_{Tb2}\right)$$

$$= \left(gW_{Tb2} - Bw_{Tb2} + VG_{BMF}\right) - \left(gW_{Tb2} - Bw_{Tb2}\right)$$

$$= gW_{Tb2} - Bw_{Tb2} + VG_{BMF} - gW_{Tb2} + Bw_{Tb2}$$

$$= VG_{BMF}$$

Daraus folgt:

$$\begin{aligned}\Delta\, stR_B^{(gesamt)} &= \Delta\, stR_B^{(1.Stufe)} + \Delta\, stR_B^{(2.Stufe)} \\ &= -Az - Ap_B^{(1.Stufe)} + VG_{BMF} \\ &= -Ap_B^{(1.Stufe)} - AK_{BMF} \\ &= -Ap_B^{(1.Stufe)} - Ap_B^{(2.Stufe)} \\ &= -Ap_B^{(gesamt)}\end{aligned} \tag{53b}$$

Hieraus ist erkennbar, dass sich stille Reserven in Höhe des Veräußerungsgewinns durch die Bilanzierung des Spitzenausgleichs zwischen den Realteilern verlagern. Wenn Gesellschafter A zwischen der ersten und zweiten Stufe stille Reserven in Höhe des Veräußerungsgewinns verliert, gewinnt Gesellschafter B entsprechende stille Reserven hinzu (und umgekehrt). Gegenüber der Ausgangssituation verlagern sich stille Reserven in Höhe des gesamten Anpassungsbetrages. Im Gegensatz zur BFH-Lösung kommt es durch die Bilanzierung des Veräußerungsgewinns und nicht der gesamten Ausgleichszahlung als Anschaffungskosten für den ausgleichsverpflichteten Realteiler zwangsläufig zu einer weiteren Anpassung seines Kapitalkontos in Höhe der Anschaffungskosten (Kapitalkontenanpassung 2. Stufe).

Im Ergebnis ist festzuhalten, dass auch bei der BMF-Lösung ein Überspringen stiller Reserven nicht grundsätzlich vermieden wird. Es kommt entscheidend auf die Ausgangssituation an. Denn bei Anwendung der Kapitalkontenanpassungsmethode kommt es immer zum Überspringen stiller Reserven in Höhe des Anpassungsbetrages ($Ap^{(1.Stufe)}$) zuzüglich bzw. abzüglich der Anschaffungskosten (AK_{BMF}) gegenüber der Ausgangssituation. Während Gesellschafter A als Aufstockender stille Reserven verliert, gewinnt Gesellschafter B in gleicher Höhe stille Reserven dazu (und umgekehrt).

Das bedeutet, dass nur in bestimmten Fällen ein Überspringen stiller Reserven vermieden wird, nämlich wenn gilt:

$$\Delta\, stR_A^{(gesamt)} = -Ap_A^{(1.Stufe)} + AK_{BMF} = 0$$

$$\Leftrightarrow$$

$$Ap_A^{(1.Stufe)} = AK_{BMF}$$

$$\Leftrightarrow$$

$$(1-\alpha)\cdot Bw_{Tb1}-\alpha\cdot Bw_{Tb2} = \frac{(1-\alpha)\cdot gW_{Tb1}-\alpha\cdot gW_{Tb2}}{gW_{Tb1}}\cdot Bw_{Tb1}$$

$$= (1-\alpha)\cdot Bw_{Tb1}-\alpha\cdot\frac{gW_{Tb2}}{gW_{Tb1}}\cdot Bw_{Tb1}$$

$\Leftrightarrow$

$$-\alpha\cdot Bw_{Tb2} = -\alpha\cdot\frac{gW_{Tb2}}{gW_{Tb1}}\cdot Bw_{Tb1}$$

$\Leftrightarrow$

$$\alpha\cdot\left(\frac{gW_{Tb2}}{gW_{Tb1}}\cdot Bw_{Tb1}-Bw_{Tb2}\right)=0$$

$\Leftrightarrow$

$$\frac{gW_{Tb1}}{gW_{Tb2}}=\frac{Bw_{Tb1}}{Bw_{Tb2}}\ \text{(für } \alpha\neq 0\text{)}$$

$\Leftrightarrow$

$$\frac{Bw_{Tb1}}{gW_{Tb1}}=\frac{Bw_{Tb2}}{gW_{Tb2}} \tag{54}$$

Die Analyse lässt also genau erkennen, wann der Ansatz der Finanzverwaltung ein Überspringen stiller Reserven verhindert. Die Anwendung der Lösung des BMF führt nur dann nicht zu einem Überspringen stiller Reserven, wenn in der Ausgangssituation vor Realteilung zufällig der Anpassungsbetrag der Eigenkapitalkonten auf der 1. Stufe den anteiligen Anschaffungskosten der abgegebenen Vermögensgegenstände des ausgleichsberechtigten Realteilers bzw. das Verhältnis der gemeinen Werte beider Teilbetriebe dem Verhältnis ihrer Buchwerte entspricht, was Wosnitza für den einfachen Fall aufgezeigt hat. Das bedeutet, dass man an der bilanziellen Ausgangsituation vor Realteilung erkennen kann, ob es zufällig nicht zu einem Überspringen stiller Reserven kommt. Genau dieser Sonderfall liegt jedoch in den Zahlenbeispielen in den BMF-Schreiben[430] vor. Wie das nachfolgende Zahlenbeispiel zeigt, ist die BMF-Lösung zwar im Ansatz richtig, führt aber aufgrund einer unzutreffenden Definition der Anschaffungskosten zu einer – bisher wohl unentdeckten – falschen Lösung. Im Ergebnis ist somit auch die von der Finanzverwaltung vorgeschlagene Vorgehensweise der Realteilung mit Spitzenausgleich abzulehnen.

430 BMF-Schreiben vom 11.01.1993, a.a.O. Tz. 19 – ersetzt durch BMF-Schreiben vom 14.03.2006, a.a.O.; BMF-Schreiben vom 28.02.2006, a.a.O.

ee) Steuerausgleich bei Belastungsdivergenzen

Wie die Analyse der BMF-Lösung gezeigt hat, kommt es durch die von der Finanzverwaltung zugrunde gelegten Prämissen bei der Anwendung der Kapitalkontenanpassungsmethode in der Regel zu einer interpersonellen Verlagerung der stillen Reserven. Dadurch enthalten die verteilten Wirtschaftsgüter divergente latente Steuerbelastungen, die zu unterschiedlichen Belastungen der Gesellschafter führen. Diese müssen im Rahmen der Realteilung kompensiert werden.[431] Nachfolgend wird deshalb aufgezeigt, wie sich etwaige weitere Ausgleichszahlungen zur Kompensation von unterschiedlichen latenten Steuerbelastungen auf das Verhalten der stillen Reserven auswirken.

Übernimmt ein Gesellschafter nach abgeschlossener Realteilung mehr stille Reserven, als ihm aufgrund seiner Beteiligungshöhe zuzurechnen wären, führt dies bei diesem Gesellschafter zu einer steuerlichen Mehrbelastung, da bei einer späteren Realisierung der stillen Reserven durch Verkauf oder Entnahme der Wirtschaftsgüter die zu viel übernommenen stillen Reserven zu einer höheren Steuerbelastung führen. Demgegenüber wird der Gesellschafter, der weniger stille Reserven übernimmt, als ihm zuzurechnen wären, steuerlich entlastet.[432]

Im Rahmen der Realteilung können zwischen den Gesellschaftern Steuererstattungsansprüche zur Korrektur der latenten steuerlichen Belastungsdivergenzen vereinbart werden. Durch diese Ausgleichszahlungen wird versucht, eine dem Subjektsteuerprinzip entsprechende Verteilung der Steuerlast zwischen den Gesellschaftern herzustellen. Eine Korrektur der Höhe der übernommenen stillen Reserven ist insofern nicht erforderlich. Fraglich sind nur die steuerliche Behandlung dieser Ausgleichszahlungen und deren Wirkungen.

Denkbar wäre, diese Ausgleichszahlung bei den Realteilern dem außerbetrieblichen Bereich zuzuordnen, da sie sich auf die spätere Einkommensteuer des Realteilers bezieht. Der den Ausgleich empfangende Realteiler kann dagegen die später bei ihm anfallende Einkommensteuer aus der Realisierung der stillen Reserven nicht als Betriebsausgabe abziehen. Dies verbietet sich nach dem Abzugsverbot des § 12 Nr. 3 EStG. Vor diesem Hintergrund ließe sich die Auffassung vertreten, dass auch die Zahlung bereits dem außerbetrieblichen Bereich zugeordnet werden muss. Diese Behandlung müsste bei dieser Argumentation wiederum auch auf den ausgleichsverpflichteten Realteiler durchschlagen, der dann die geleistete Ausgleichszahlung steuerlich nicht nutzen kann, weil sie auch dem außerbetrieblichen Bereich zugeordnet würde.

---

431 Vgl. auch Bordewin, Realteilung, DStZ 1992, S. 353-358, hier: S. 358.

432 Vgl. auch Wellisch, Besteuerung von Erträgen, a.a.O., S. 346 ff.

Die Ausgleichsvereinbarung ist aber grundsätzlich ein Bestandteil der Realteilungsabrede und hat den Zweck, die mit der Realteilung verbundenen finanziellen Nachteile auszugleichen. Der Rechtsgrund für diesen Steuerausgleich liegt eindeutig im betrieblichen Bereich. Die im Rahmen der Realteilung entstehende unterschiedliche latente Steuerbelastung ist einer der Bestimmungsfaktoren für die Teilungsvereinbarung. Vor diesem Hintergrund wird auch in der Literatur die Auffassung vertreten, diese Steuerausgleichszahlung wie andere Wertausgleichszahlungen zu behandeln.[433] Sofern im Rahmen der Auseinandersetzungsvereinbarung ein Ausgleich vereinbart wird, weil Quantum und Art der stillen Reserven unterschiedlich sind und damit zukünftige Steuerbelastungsdivergenzen auslösen, sollte nach eigener Auffassung die gleiche steuerliche Behandlung wie beim Spitzenausgleich gelten.[434]

Die Ausgleichszahlung aufgrund steuerlicher Belastungsdivergenzen führt zu einem Gewinn für den ausgleichsberechtigten Realteiler, da dieser insoweit stille Reserven der von ihm übernommenen Wirtschaftsgüter realisiert. Bei dieser Ausgleichszahlung kann allerdings keine anteilige Buchwertgegenrechnung – wie beim Spitzenausgleich – erfolgen, weil es sich nicht um ein entgeltliches Veräußerungsgeschäft handelt. Die Ausgleichszahlung ist in voller Höhe steuerpflichtig. Vor diesem Hintergrund muss sie nach Steuern eine Kompensation der unterschiedlichen Belastungen ermöglichen. Für den Ausgleichsverpflichteten stellt diese Ausgleichszahlung Anschaffungskosten für die von ihm übernommenen Wirtschaftsgüter dar.

Der Ausgleichsverpflichtete A hat in Höhe der gesamten (zusätzlichen) Ausgleichszahlung

- eine Verbindlichkeit gegenüber dem ausgleichsberechtigten Gesellschafter B zu passivieren und
- den Buchwert seines übernommenen Teilbetriebes in Höhe der Ausgleichszahlung aufzustocken.

Der Ausgleichsberechtigte B hat ebenfalls in Höhe der gesamten Ausgleichszahlung

- eine Forderung gegenüber dem anderen Gesellschafter zu aktivieren und
- einen Veräußerungsgewinn in Höhe der Ausgleichszahlung zu passivieren.

433 Wacker, in: Schmidt, EStG, § 16 Rz. 548; Bordewin, DStZ 1992, S. 353-358, hier S. 358.
434 So auch Wacker, in: Schmidt, EStG, § 16 Rz. 548; Bordewin, Realteilung, DStZ 1992, S. 353-358, hier S. 358; vgl. auch BFH-Urteil vom 01.12.1992, a.a.O.

Die Auswirkung auf die überspringenden stillen Reserven lassen sich anhand der BMF-Lösung wie folgt darstellen:

$$\Delta\, stR_A^{(gesamt)} = -Ap_A^{(1.Stufe)} + AK_{BMF} + Az_{ESt} \tag{55a}$$

$$= -Ap_A^{(gesamt)} + Az_{ESt}$$

$$\Delta\, stR_B^{(gesamt)} = -Ap_B^{(1.Stufe)} - AK_{BMF} + Az_{ESt} \tag{55b}$$

$$= -Ap_B^{(gesamt)} + Az_{ESt}$$

Hieraus lässt sich ableiten, dass es bei der Kapitalkontenanpassungsmethode Fälle geben kann, in denen es unter Berücksichtigung der Ausgleichszahlungen für latente steuerliche Belastungsdivergenzen nicht zu einem Überspringen stiller Reserven kommt.

Das ist dann der Fall, wenn für

$$\Delta\, stR_A^{(gesamt)} = -Ap_A^{(gesamt)} + Az_{ESt} = 0$$

$$\Leftrightarrow$$

$$Ap_A^{(gesamt)} = Az_{ESt}$$

$$\Leftrightarrow$$

$$Ap_B^{(gesamt)} = Az_{ESt}$$

Da diese Bedingung jedoch höchstens zufällig erfüllt ist, verhindert auch ein Steuerausgleich von Belastungsdivergenzen bei der BMF-Lösung i.d.R. nicht – wie gewünscht – ein Überspringen stiller Reserven. Der Ausgleich der Belastungsdivergenzen ist eher ein verunglückter Versuch, die Folgen unterschiedlicher Belastungen der Realteiler aufgrund des Überspringens stiller Reserven zu beseitigen.

Beispiel 11:

Die Ausgangssituation entspricht dem vorherigen Beispiel.[435]

Die Anpassungsbeträge der Kapitalkontenanpassung der 1. Stufe lauten[436]:

$$Ap_A^{(1.Stufe)} = 20$$

$$Ap_B^{(1.Stufe)} = -20$$

435 Vgl. das Beispiel 10 auf S. 165.

436 A.a.O.

Die Fortführungsbilanzen am Ende der 1. Stufe ergeben sich wie folgt:

Bilanz des Einzelunternehmens des A *ohne* Spitzenausgleich

	Bw	*gW*	*stR*		*Bw*	*gW*	*stR*
Teilbetrieb 1	200	2.000	1.800	Kapital A	180		
				+Auf-	+20		
				stockung	200	2.000	1.800
	200	2.000	1.800		200	2.000	1.800

Bilanz des Einzelunternehmens des B *ohne* Spitzenausgleich

	Bw	*gW*	*stR*		*Bw*	*gW*	*stR*
Teilbetrieb 2	160	1.600	1.440	Kapital B	180		
				–Ab-	–20		
				stockung	160	1.600	1.440
	160	1.600	1.440		160	1.600	1.440

Die Ausgleichszahlung beträgt:

$Az = 200$

Der veräußerte Buchwertanteil δ des durch den ausgleichsberechtigten Gesellschafter A an den ausgleichsverpflichteten Gesellschafter B veräußerten Vermögens ergibt sich wie folgt:

- Allgemein:

$$\delta = \frac{Az}{gW_{Tb1}} \tag{45}$$

- im Zahlenbeispiel:

$$\delta = \frac{200}{2.000} = 0,1$$

Die Anschaffungskosten des ausgleichsberechtigten Gesellschafters B ergeben sich wie folgt:

- Allgemein:

$$AK_{BMF} = \delta \cdot Bw_{Tb1} = \frac{Az}{gW_{Tb1}} \cdot Bw_{Tb1} \tag{46}$$

- im Zahlenbeispiel:

$$AK_{BMF} = 0{,}1 \cdot 200 = \frac{200}{2.000} \cdot 200 = 20$$

Für den ausgleichberechtigten Realteiler ergibt sich folgender Veräußerungsgewinn:

- Allgemein:

$$VG_{BMF} = Az - AK_{BMF} \tag{47}$$

- im Zahlenbeispiel:

$$VG_{BMF} = 200 - 20 = 180$$

Aus der Auffassung des BMF resultiert im Zahlenbeispiel die folgende weitere Vorgehensweise. Gesellschafter A passiviert in seiner Fortführungsbilanz eine Verbindlichkeit in Höhe der Ausgleichszahlung von 200. Auf der Aktivseite werden von ihm Anschaffungskosten lediglich in Höhe des Veräußerungsgewinns des Gesellschafters B aktiviert. Die verbleibende Differenz führt zu einer erfolgsneutralen Abstockung seines Eigenkapitalkontos.

Für Gesellschafter A ergibt sich folgende Fortführungsbilanz nach Abschluss der 2. Stufe:

Bilanz des Einzelunternehmens des A *mit* Spitzenausgleich

	Bw	*gW*	*stR*		*Bw*	*gW*	*stR*
Teilbetrieb 1	200	2.000	1.620	Kapital A	200		
+Aufstockung	+180			–Ab-	–20		
	380			stockung	180	1.800	1.620
				Verbind-lichkeit	200	200	
	380	2.000	1.620		380	2.000	1.620

Erkennbar neutralisiert im vorliegenden Beispiel zufällig der Abstockungsbetrag der 2. Stufe gerade den Aufstockungsbetrag der 1. Stufe.

Der ausgleichsberechtigte Gesellschafter B aktiviert den Ausgleichsanspruch gegen A in Höhe des Spitzenausgleichs und passiviert einen Veräußerungsgewinn in gleicher Höhe. In Höhe der Anschaffungskosten stockt B sein Kapitalkonto erfolgsneutral auf.

Für B ergibt sich die folgende Fortführungsbilanz nach Abschluss der 2. Stufe:

Bilanz des Einzelunternehmens des B *mit* Spitzenausgleich

	Bw	*gW*	*stR*		*Bw*	*gW*	*stR*
Teilbetrieb 2	160	1.600	1.440	Kapital B	160		
Forderung	200	200		+Auf-	+20		
				stockung	180	1.620	1.440
				Gewinn	180	180	
	360	1.800	1.440		360	1.800	1.440

Auch bei Gesellschafter B neutralisiert im Umkehrschluss im vorliegenden Beispiel zufällig der Aufstockungsbetrag der 2. Stufe gerade den Abstockungsbetrag der 1. Stufe.

Nach Abschluss der Realteilung verfügen die Gesellschafter über die folgenden stillen Reserven:

Gesellschafter A:

- Allgemein:

$$stR_A^{SS} = \alpha \cdot (gW_{Tb1} + gW_{Tb2}) - Bw_{Tb1} + AK_{BMF} \tag{51a}$$

- im Zahlenbeispiel:

$$stR_A^{SS} = 0{,}5 \cdot (2.000 + 1.600) - 200 + 20 = 1.620$$

Gesellschafter B:

- Allgemein:

$$stR_B^{SS} = (1-\alpha) \cdot (gW_{Tb1} + gW_{Tb2}) - Bw_{Tb2} - AK_{BMF} \tag{51b}$$

- im Zahlenbeispiel:

$$stR_B^{SS} = 0{,}5 \cdot (2.000 + 1.600) - 160 - 20 = 1.620$$

Die Höhe der stillen Reserven des Gesellschafters B betragen laut Bilanz:

$gW^{Tb2} - Bw^{Tb2} = 1.600 - 160 = 1.440$,

also nicht 1.620.

Die zusätzlichen bzw. fehlenden 180 entsprechen dem Veräußerungsgewinn, und der ist keineswegs (mehr) als stille Reserven zu interpretieren, denn er ist offen in der Bilanz ausgewiesen. Der Veräußerungsgewinn entspricht früheren stillen Reserven.

In diesem Zahlenbeispiel liefert die Auffassung des BMF erkennbar eine Lösung, die ein unerwünschtes Überspringen stiller Reserven verhindert. Die Verteilung der stillen Reserven entspricht exakt der Ausgangssituation (Schlussbilanz der AB-OHG).

Der Anpassungsbetrag der 2. Stufe entspricht genau den Anschaffungskosten, die in dem gewählten Zahlenbeispiel zufällig dem Anpassungsbetrag der 1. Stufe entsprechen mit der Folge, dass in diesem Fall keine stillen Reserven überspringen. Die Aufstockung des Kapitalkontos des Gesellschafters A in der ersten Stufe wird durch die betragsgleiche Abstockung in der 2. Stufe wiederum neutralisiert. Gleiches gilt umgekehrt für Gesellschafter B.

Beispiel 12:

Wie gezeigt wurde, kommt es bei der BMF-Lösung nur dann nicht zu einem Überspringen stiller Reserven, wenn gilt:

$$\frac{gW_{Tb1}}{gW_{Tb2}} = \frac{Bw_{Tb1}}{Bw_{Tb2}}$$

$$\Leftrightarrow$$

$$\frac{Bw_{Tb1}}{gW_{Tb1}} = \frac{Bw_{Tb2}}{gW_{Tb2}} \tag{54}$$

Genau diese Bedingung ist im Zahlenbeispiel lt. BMF zufällig erfüllt.

$$\frac{2.000}{1.600} = \frac{200}{160}$$

$$\Leftrightarrow$$

$$\frac{200}{2.000} = \frac{160}{1.600}$$

Eine leichte Modifikation des Zahlenbeispiels 11[437] zeigt, dass diese Bedingung verletzt wird und stille Reserven überspringen. Der einzige Unterschied zum bisherigen Zahlenbeispiel besteht darin, dass der Buchwert von Teilbetrieb 1 nicht 200, sondern 240 beträgt. Die stillen Reserven vermindern sich bei gleich bleibendem gemeinem Wert um 40.

---

437 Vgl. das Beispiel 11 auf S. 178.

Die Realteilungsbilanz der OHG hat somit folgendes Aussehen:

AB-OHG: Schlussbilanz vor Realteilung

	Bw	*gW*	*stR*		*Bw*	*gW*	*stR*
Teilbetrieb 1	240	2.000	1.760	Kapital A	200	1.800	1.600
Teilbetrieb 2	160	1.600	1.440	Kapital B	200	1.800	1.600
	400	3.600	3.200		400	3.600	3.200

Die Lösung der Finanzverwaltung sieht bei der Realteilung mit Spitzenausgleich folgende Schritte vor:

- Bei Anwendung der Kapitalkontenanpassungsmethode hat A nun eine Aufstockung seines Kapitalkontos um 40, B dagegen eine entsprechende Abstockung vorzunehmen.
- Da die gemeinen Werte beider Teilbetriebe gegenüber dem Zahlenbeispiel lt. BMF unverändert sind, bleibt auch die Höhe des Spitzenausgleichs unberührt; er beträgt weiterhin 200.
- Durch die Erhöhung des Buchwertes des Teilbetriebes 1 des ausgleichsverpflichteten Gesellschafters A verändern sich auch die Anschaffungskosten, die nach der Auffassung der Finanzverwaltung als Quotient aus dem Spitzenausgleich und gemeinen Wert des dem anderen Realteiler überlassenen Teilbetriebes definiert sind.

Die erforderlichen Anpassungsbeträge (Aufstockungs- und Abstockungsbeträge) der 1. Stufe ergeben sich wie folgt:

Gesellschafter A:

- Allgemein:

$$Ap_A^{(1.Stufe)} = (1-\alpha) \cdot Bw_{Tb1} - \alpha \cdot Bw_{Tb2} \tag{8a}$$

- im Zahlenbeispiel:

$$Ap_A^{(1.Stufe)} = 0,5 \cdot 240 - 0,5 \cdot 160 = 40$$

Gesellschafter B:

- Allgemein:

$$Ap_B^{(1.Stufe)} = -(1-\alpha) \cdot Bw_{Tb1} + \alpha \cdot Bw_{Tb2} \tag{8b}$$

- im Zahlenbeispiel:

  $Ap_B^{(1.Stufe)} = -0,5 \cdot 240 + 0,5 \cdot 160 = -40$

Daraus resultieren folgende Fortführungsbilanzen am Ende der 1. Stufe:

Bilanz des Einzelunternehmens des A *ohne* Spitzenausgleich

	Bw	*gW*	*stR*		*Bw*	*gW*	*stR*
Teilbetrieb 1	240	2.000	1.760	Kapital A	200		
				+Auf-	+40		
				stockung	240	2.000	1.760
	240	2.000	1.760		240	2.000	1.760

Bilanz des Einzelunternehmens des B *ohne* Spitzenausgleich

	Bw	*gW*	*stR*		*Bw*	*gW*	*stR*
Teilbetrieb 2	160	1.600	1.440	Kapital B	200		
				–Abstockung	–40		
					160	1.600	1.440
	160	1.600	1.440		160	1.600	1.440

Die Anschaffungskosten des ausgleichsberechtigten Gesellschafters B betragen:

- Allgemein:

$$AK_{BMF} = \delta \cdot Bw_{Tb1} = \frac{Az}{gW_{Tb1}} \cdot Bw_{Tb1} \qquad (46)$$

- im Zahlenbeispiel:

$$AK_{BMF} = 0,1 \cdot 240 = \frac{200}{2.000} \cdot 240 = 24$$

Für den ausgleichberechtigten Realteiler B ergibt sich folgender Veräußerungsgewinn:

- Allgemein:

$$VG_{BMF} = Az - AK_{BMF} \qquad (47)$$

- im Zahlenbeispiel:

  $VG_{BMF} = 200 - 24 = 176$

Die Fortführungsbilanzen der Realteiler nach Abschluss der 2. Stufe ergeben sich wie folgt:

Bilanz des Einzelunternehmens des A *mit* Spitzenausgleich

	Bw	*gW*	*stR*		*Bw*	*gW*	*stR*
Teilbetrieb 1	240			Kapital A	240		
+Aufstockung	+176			–Abstockung	–24		
	416	2.000	1.584		216	1.800	1.584
				Verbindlichkeit	200	200	–
	416	2.000	1.584		416	2.000	1.584

Bilanz des Einzelunternehmens des B *mit* Spitzenausgleich

	Bw	*gW*	*stR*		*Bw*	*gW*	*stR*
Teilbetrieb 2	160	1.600	1.440	Kapital B	160		
Forderung	200	200		+Aufstockung	+24		
					184	1.624	1.440
				Gewinn	176	176	–
	360	1.800	1.440		360	1.800	1.440

Nach Abschluss der Realteilung verfügen die Gesellschafter nunmehr über die folgenden stillen Reserven:

Gesellschafter A:

- Allgemein:

$$stR_A^{SS} = \alpha \cdot (gW_{Tb1} + gW_{Tb2}) - Bw_{Tb1} + AK_{BMF} \quad (51a)$$

- im Zahlenbeispiel:

$$stR_A^{SS} = 0{,}5 \cdot (2.000 + 1.600) - 240 + 24 = 1.584$$

Gesellschafter B:

- Allgemein:

$$stR_B^{SS} = (1-\alpha) \cdot (gW_{Tb1} + gW_{Tb2}) - Bw_{Tb2} - AK_{BMF} \quad (51b)$$

- im Zahlenbeispiel:

$$stR_B^{SS} = 0{,}5 \cdot (2.000 + 1.600) - 160 - 24 = 1.616$$

In diesem Zahlenbeispiel liefert die Auffassung des BMF erkennbar eine Lösung, die das erwünschte Ergebnis nicht erreicht. Bei der Realteilung mit Spitzenausgleich sind in dem veränderten Zahlenbeispiel bei der BMF-Lösung stille Reserven in Höhe von 16 von Gesellschafter A auf Gesellschafter B übergesprungen.

Die Veränderung der stillen Reserven gegenüber der Ausgangssituation lässt sich zusammengefasst wie folgt darstellen:

Gesellschafter A:

- Allgemein:

$$\Delta\, stR_A^{(1.Stufe)} = Az - Ap_A^{(1.Stufe)}$$

$$\Delta\, stR_A^{(2.Stufe)} = -VG_{BMF}$$

$$\Delta\, stR_A^{(gesamt)} = -Ap_A^{(1.Stufe)} + AK_{BMF} = -Ap_A^{(gesamt)}$$

- im Zahlenbeispiel:

$$\Delta\, stR_A^{(1.Stufe)} = 200 - 40 = 160$$

$$\Delta\, stR_A^{(2.Stufe)} = -176$$

$$\Delta\, stR_A^{(gesamt)} = -40 + 24 = -16$$

Gesellschafter B:

- Allgemein:

$$\Delta\, stR_B^{(1.Stufe)} = -Az - Ap_B^{(1.Stufe)}$$

$$\Delta\, stR_B^{(2.Stufe)} = VG_{BMF}$$

$$\Delta\, stR_B^{(gesamt)} = -Ap_B^{(1.Stufe)} - AK_{BMF} = -Ap_B^{(gesamt)}$$

- im Zahlenbeispiel:

$$\Delta\, stR_B^{(1.Stufe)} = -200 + 40 = -160$$

$$\Delta\, stR_B^{(2.Stufe)} = 176$$

$$\Delta\, stR_B^{(gesamt)} = 40 - 24 = 16$$

c) Die alternative Lösung

aa) Definition der zutreffenden Anschaffungskosten

Die Grundidee der Kapitalkontenanpassungsmethode im Rahmen der BMF-Lösung durch anteilige Buchwertgegenrechnung ist grundsätzlich richtig und findet auch in der Literatur – im Gegensatz zur BFH-Lösung – Zustimmung.[438] Die zutreffende Höhe der Anschaffungskosten der Wirtschaftsgüter, die der ausgleichsberechtigte Realteiler dem ausgleichsverpflichteten Realteiler überlassen hat, ergibt sich jedoch nach Wosnitza aus einer anderen Überlegung. Zur Ermittlung der Anschaffungskosten und damit des korrekten Veräußerungsgewinns wird zunächst die theoretisch korrekte (fiktive) Realteilung, bezogen auf die Ausgangssituation[439], betrachtet. Die zutreffende Verteilung bei einer Realteilung wäre eine solche, bei der jeder Gesellschafter Folgendes erhielte:

Gesellschafter A:

Bw	gW	Bw	gW
$\alpha \cdot (Bw_{Tb1} + Bw_{Tb2})$	$\alpha \cdot (gW_{Tb1} + gW_{Tb2})$	$\alpha \cdot (Bw_{Tb1} + Bw_{Tb2})$	$\alpha \cdot (gW_{Tb1} + gW_{Tb2})$

Gesellschafter B:

Bw	gW	Bw	gW
$(1-\alpha) \cdot (Bw_{Tb1} + Bw_{Tb2})$	$(1-\alpha) \cdot (gW_{Tb1} + gW_{Tb2})$	$(1-\alpha) \cdot (Bw_{Tb1} + Bw_{Tb2})$	$(1-\alpha) \cdot (gW_{Tb1} + gW_{Tb2})$

Das heißt, dass bei einer zutreffenden Realteilung beide Realteiler einen gegenüber der Ausgangssituation unveränderten Buchwert des jeweiligen übernommenen Vermögens erhielten. Beide Gesellschafter müssten also im Allgemeinen nach der Realteilung über Buchwerte in folgender Höhe verfügen:

Gesellschafter A: $\alpha \cdot \left(Bw_{Tb1} + Bw_{Tb2}\right)$

Gesellschafter B: $\left(1-\alpha\right) \cdot \left(Bw_{Tb1} + Bw_{Tb2}\right)$

Faktisch realisiert wird jedoch vor dem Spitzenausgleich:
bei Gesellschafter A:

Bw	gW	Bw	gW
Bw_{Tb1}	gW_{Tb1}	Bw_{Tb1}	gW_{Tb1}

bei Gesellschafter B:

Bw	gW	Bw	gW
Bw_{Tb2}	gW_{Tb2}	Bw_{Tb2}	gW_{Tb2}

438 Z.B. Wacker, in: Schmidt, EStG, § 16 Rz. 549.

439 Siehe unter C. II. S. 107 f.

Der ausgleichsberechtigte Realteiler bekommt einen Spitzenausgleich, da der ausgleichsverpflichtete Realteiler, gemessen an den gemeinen Werten beider Teilbetriebe, einen zu hohen Wert erhält. Der Ausgleichsberechtigte veräußert dem Ausgleichsverpflichteten die Differenz zwischen dem Buchwert, den er hätte erhalten müssen, und dem tatsächlich erhaltenen Buchwert. Anders gesagt, erwirbt der Ausgleichsverpflichtete mit Zahlung des Spitzenausgleichs vom Ausgleichsberechtigten Buchwerte in Höhe dieser Buchwertdifferenz. Und genau diese Differenz entspricht den Anschaffungskosten des an den ausgleichsverpflichteten Realteiler veräußerten Vermögens.

$$Bw_{Tb1} - \alpha \cdot \left(Bw_{Tb1} + Bw_{Tb2} \right)$$

$$= (1-\alpha) \cdot Bw_{Tb1} - \alpha \cdot Bw_{Tb2}$$

Der ausgleichsverpflichtete Gesellschafter erwirbt damit erkennbar von dem ausgleichsberechtigten Gesellschafter Buchwerte in Höhe des Anpassungsbetrages der Kapitalkontenanpassung der 1. Stufe von

$$Bw_{Tb1} - \alpha \cdot \left(Bw_{Tb1} + Bw_{Tb2} \right) = (1-\alpha) \cdot Bw_{Tb1} - \alpha \cdot Bw_{Tb2} = Ap_A^{(1.Stufe)} \quad (8a)$$

Wird wie bisher (ohne Beschränkung der Allgemeinheit) angenommen, dass Gesellschafter A ausgleichspflichtig ist, weil er, gemessen an den gemeinen Werten beider Teilbetriebe, einen zu hohen Wert erhält, veräußert also Gesellschafter B ihm gegen diesen Spitzenausgleich gerade die Differenz zwischen dem Buchwert, den er eigentlich hätte erhalten müssen, und dem Buchwert des Teilbetriebs 2, den er tatsächlich erhalten hat. Diese Buchwertdifferenz entspricht damit aber offensichtlich – so auch Wosnitza – den Anschaffungskosten des von dem ausgleichsberechtigten Realteiler B veräußerten Vermögens:

$$\begin{aligned} AK_{AL} &= (1-\alpha) \cdot \left(Bw_{Tb1} + Bw_{Tb2} \right) - Bw_{Tb2} \quad (56) \\ &= (1-\alpha) \cdot Bw_{Tb1} - \alpha \cdot Bw_{Tb2} \\ &= Ap_A^{(1.Stufe)} \end{aligned}$$

Der die Ausgleichszahlung empfangende Gesellschafter B veräußert nicht nur seinen Anteil an Teilbetrieb 1, den Gesellschafter A erhält, sondern er hat gegenüber der fiktiven richtigen Verteilung zu wenig erhalten, also genau diesen Betrag an A gegen die Ausgleichszahlung veräußert.

$$Bw_{Tb2} - (1-\alpha) \cdot \left(Bw_{Tb1} + Bw_{Tb2} \right) = -(1-\alpha) \cdot Bw_{Tb1} + \alpha \cdot Bw_{Tb2} = Ap_B^{(1.Stufe)} \quad (8b)$$

Dieser – von Wosnitza im Ansatz vorgeschlagene – Lösungsansatz ist bereits in der Analyse der BFH-Lösung ersichtlich, da bei dieser aufgrund fehlender Buchwertgegenrechnung stille Reserven exakt in der Höhe des Anpassungsbetrages zwischen den Realteilern überspringen. Erkennbar entspricht der Unterschiedsbetrag zwischen der zutreffenden Verteilung der Buchwerte und den tatsächlich erhaltenen Buchwerten dem Anpassungsbetrag der 1. Stufe bei der Kapitalkontenanpassungsmethode. Und genau dieser Betrag ist der Ausgleichszahlung als Anschaffungskosten gegenüber zu stellen, damit ein Überspringen stiller Reserven verhindert wird. Folglich muss diese Buchwertdifferenz dem Anpassungsbetrag entsprechen. Der übersehene Fehler des BFH ist damit offensichtlich.

Der Fehler des BMF liegt dagegen darin, dass bei der Buchwertgegenrechnung die Anschaffungskosten aus dem Quotienten der Ausgleichszahlung und dem gemeinen Wert des übernommenen Vermögens ermittelt werden. Der Quotient entspricht zwar dem entgeltlich erworbenen Teil des übernommenen Vermögens, was aber nicht bedeutet, dass der Ausgleichsverpflichtete in dieser Höhe Buchwerte übernommen hat. Der so ermittelte Buchwertanteil entspricht i.d.R. nicht den tatsächlich erworbenen Buchwerten. Das führt dazu, dass von dem die Ausgleichszahlung leistenden Gesellschafter in Höhe der übergesprungenen stillen Reserven ($AP^{(gesamt)}$) zu viel aktiviert wird. Vielmehr kommt es darauf an, den Buchwertanteil zu ermitteln, den der Ausgleichsverpflichtete vom Ausgleichsberechtigten entgeltlich erworben hat – und der entspricht genau der Differenz zwischen dem Buchwert, den der Ausgleichsverpflichtete erhalten hat und den er hätte erhalten dürfen.

bb) Ermittlung und Bilanzierung des Veräußerungsgewinns

Die Anschaffungskosten sind dem Spitzenausgleich gegenüber zu stellen, um den Veräußerungsgewinn bei dem Ausgleichsberechtigten zu ermitteln.

$$
\begin{aligned}
VG_{AL} &= Az - AK_{AL} \\
&= (1-\alpha)\cdot gW_{Tb1} - \alpha\cdot gW_{Tb2} - (1-\alpha)\cdot Bw_{Tb1} + \alpha\cdot Bw_{Tb2} \\
&= (1-\alpha)\cdot(gW_{Tb1} - Bw_{Tb1}) - \alpha\cdot(gW_{Tb2} - Bw_{Tb2})
\end{aligned} \tag{57}
$$

Erkennbar entspricht der Veräußerungsgewinn damit dem Betrag der übergegangenen stillen Reserven bei der Kapitalkontenanpassung der 1. Stufe:

$$
\begin{aligned}
\Delta\, stR_A^{(1.Stufe)} &= \left[(1-\alpha)\cdot gW_{Tb1} - \alpha\cdot gW_{Tb2}\right] - \left[(1-\alpha)\cdot Bw_{Tb1} - \alpha\cdot Bw_{Tb2}\right] \\
&= (1-\alpha)\cdot(gW_{Tb1} - Bw_{Tb1}) - \alpha\cdot(gW_{Tb2} - Bw_{Tb2}) \\
&= Az - Ap_A^{(1.Stufe)} \\
&= Az - AK_{AL} \\
&= VG_{AL}
\end{aligned} \tag{58a}
$$

Der ausgleichsberechtigte Gesellschafter B hat nur in dieser Höhe einen Veräußerungsgewinn in seiner Fortführungsbilanz nach der Realteilung auszuweisen. In Höhe der anteiligen Buchwerte des veräußerten Teils des Vermögens, also der Differenz zwischen Ausgleichszahlung und Veräußerungsgewinn, ist das Eigenkapitalkonto des Ausgleichsberechtigten erfolgsneutral aufzustocken. Die Ausgleichsforderung ist in voller Höhe zu aktivieren.

Wosnitza hat für den einfachen Fall von zwei gleich hoch beteiligten Gesellschaftern gezeigt, wie sich die Kapitalkonten der Gesellschafter und der Buchwert des Teilbetriebes 1 in dieser alternativen Lösung entwickeln, was nachfolgend für den allgemeinen Fall fortentwickelt wird.

Der neue (zutreffende) Buchwert des Kapitals des B lässt sich im Allgemeinen wie folgt darstellen:

$$\begin{aligned} EK_B^{SS} &= Bw_{Tb2} + (1-\alpha)\cdot Bw_{Tb1} - \alpha \cdot Bw_{Tb2} \\ &= Bw_{Tb2} + AK_{AL} \\ &= Bw_{Tb2} - Ap_B^{(1.Stufe)} \\ &= (1-\alpha)\cdot\left(Bw_{Tb1} + Bw_{Tb2}\right) \\ &= EK_B^{AS} \end{aligned} \tag{59b}$$

Der Buchwert des Eigenkapitals des Gesellschafters B nach Abschluss der 2. Stufe setzt sich zusammen aus dem Buchwert des übernommenen Teilbetriebes 2 bzw. dem Buchwert des Eigenkapitals nach der Anpassung auf der 1. Stufe zuzüglich dem anteiligen Buchwert des an den ausgleichsverpflichteten Gesellschafter veräußerten Teilbetriebes. Dieser entspricht wiederum den zutreffenden Anschaffungskosten und dem Anpassungsbetrag der 1. Stufe, so dass im Ergebnis der Buchwert des Eigenkapitals nach Kapitalkontenanpassung unverändert gegenüber der Ausgangssituation bleibt.

Der ausgleichsverpflichtete Gesellschafter A hat in Höhe dieses Veräußerungsgewinns den Buchwert der von ihm übernommenen Vermögensgegenstände aufzustocken. In Höhe der Ausgleichszahlung hat er eine Verbindlichkeit zu passivieren und das Eigenkapitalkonto in Höhe der erworbenen Buchwerte erfolgsneutral abzustocken.

Der neue Buchwert des Teilbetriebes 1 beträgt somit:

$$\begin{aligned} Bw_{Tb1}^{SS} &= Bw_{Tb1} + VG_{AL} \\ &= Bw_{Tb1} + Az - AK_{AL} \\ &= Bw_{Tb1} + (1-\alpha)\cdot gW_{Tb1} - \alpha \cdot gW_{Tb2} - (1-\alpha)\cdot Bw_{Tb1} + \alpha \cdot Bw_{Tb2} \end{aligned} \tag{60a}$$

$$= \alpha \cdot \left(Bw_{Tb1} + Bw_{Tb2} \right) + Az$$

$$= EK_A^{AS} + Az$$

und der neue Buchwert des Kapitals des A beträgt:

$$EK_A^{SS} = Bw_{Tb1} - \left(1-\alpha\right) \cdot Bw_{Tb1} + \alpha \cdot Bw_{Tb2} \tag{59a}$$

$$= Bw_{Tb1} - AK_{AL}$$

$$= Bw_{Tb1} - Ap_A^{(1.Stufe)}$$

$$= \alpha \cdot \left(Bw_{Tb1} + Bw_{Tb2} \right)$$

$$= EK_A^{AS}$$

Der zutreffende Buchwert des Eigenkapitals von A bestimmt sich aus dem Buchwert des übernommenen Teilbetriebes und des dem B zustehenden Buchwertanteils. Mit anderen Worten: Der Buchwert des Kapitals des Aufstockenden verändert sich um die dem anderen Gesellschafter zustehende Buchwertdifferenz des übernommenen Teilbetriebes. Dieser Anpassungsbetrag entspricht wiederum den zutreffenden Anschaffungskosten und dem Anpassungsbetrag der 1. Stufe, so dass im Ergebnis der Buchwert des Eigenkapitals nach Kapitalkontenanpassung unverändert gegenüber der Ausgangssituation bleibt.

Im Ergebnis hat der ausgleichsverpflichtete Gesellschafter A lediglich seine Buchwerte der übernommenen Vermögensgegenstände angepasst, während die Buchwerte der Eigenkapitalkonten der Gesellschafter nach der Realteilung der Ausgangssituation entsprechen.

cc) Anpassungsbetrag der Kapitalkonten

Die Kapitalkontenanpassung der 2. Stufe entspricht wie bei der BMF-Lösung stets den Anschaffungskosten des Ausgleichsberechtigten, da gilt: $VG_{AL} = Az - AK_{AL}$. Wenn der Ausgleichsverpflichtete seine Wirtschaftsgüter in Höhe des Veräußerungsgewinns aufstocken muss, hat er zum Ausgleich seiner Bilanz bei Passivierung der Ausgleichzahlung sein Kapitalkonto in Höhe der Anschaffungskosten in der 2. Stufe abzustocken.

Der Anpassungsbetrag der Kapitalkontenanpassung der 2. Stufe beträgt:

$$Ap_A^{(2.Stufe)} = -AK_{AL} \tag{61a}$$

$$Ap_B^{(2.Stufe)} = AK_{AL} \tag{61b}$$

Daraus folgt auch hier: $Ap_A^{(2.Stufe)} = -Ap_B^{(2.Stufe)}$

Da nun die einzelnen Anpassungsbeträge der 1. und 2. Stufe bekannt sind, lässt sich daraus der saldierte Anpassungsbetrag der Kapitalkonten der Mitunternehmer nach der Realteilung im Vergleich zur Ausgangssituation ableiten.

$$\begin{aligned} Ap_A^{(gesamt)} &= Ap_A^{(1.Stufe)} + Ap_A^{(2.Stufe)} \\ &= (1-\alpha)\cdot Bw_{Tb1} - \alpha\cdot Bw_{Tb2} - AK_{AL} \\ &= (1-\alpha)\cdot Bw_{Tb1} - \alpha\cdot Bw_{Tb2} - (1-\alpha)\cdot Bw_{Tb1} + \alpha\cdot Bw_{Tb2} \\ &= 0 \end{aligned} \tag{62a}$$

Der ausgleichsverpflichtete Gesellschafter A erhöht die Buchwerte der übernommenen Wirtschaftsgüter um den Veräußerungsgewinn des B. Da er gleichzeitig die Verbindlichkeit zu passivieren hat, muss er sein Kapitalkonto um die Anschaffungskosten des von B erworbenen Vermögens reduzieren. Da der Anpassungsbetrag der ersten Stufe den Anschaffungskosten entspricht, wird die Anpassung des Kapitalkontos durch Subtraktion der Anschaffungskosten wieder neutralisiert mit dem Ergebnis, dass die Kapitalkonten der Realteiler vor und nach der Realteilung exakt den gleichen Wert betragen.

$$\begin{aligned} Ap_B^{(gesamt)} &= Ap_B^{(1.Stufe)} + Ap_B^{(2.Stufe)} \\ &= -\left[(1-\alpha)\cdot Bw_{Tb1} - \alpha\cdot Bw_{Tb2}\right] + AK_{AL} \\ &= -(1-\alpha)\cdot Bw_{Tb1} + \alpha\cdot Bw_{Tb2} + (1-\alpha)\cdot Bw_{Tb1} - \alpha\cdot Bw_{Tb2} \\ &= 0 \end{aligned} \tag{62b}$$

Erkennbar führt die alternative Lösung als modifizierte Kapitalkontenanpassungsmethode zu einem gesamten Anpassungsbetrag der Eigenkapitalkonten in Höhe von Null. Wie nachfolgend gezeigt wird, kommt es somit nicht zu einem Überspringen stiller Reserven zwischen den Gesellschaftern.

dd) Zutreffende Verteilung der stillen Reserven nach der Realteilung

Im Folgenden ist aufzuzeigen, dass diese modifizierte Kapitalkontenanpassungsmethode auch allgemein eine interpersonelle Verlagerung von stillen Reserven zwischen den Realteilern vermeidet. Hierzu sind die stillen Reserven beider Gesellschafter nach der Realteilung zu ermitteln und ihrem Anteil in der Ausgangssituation gegenüberzustellen.

Die Verteilung der stillen Reserven nach Zahlung des Spitzenausgleichs lässt sich allgemein wie folgt darstellen:

$$
\begin{aligned}
stR_A^{SS} &= gW_{Tb1} - Bw_{Tb1}^{SS} = gW_{Tb1} - EK_A^{AS} - Az \\
&= gW_{Tb1} - \left(Bw_{Tb1} + VG_{AL}\right) \\
&= gW_{Tb1} - Bw_{Tb1} - VG_{AL} \\
&= gW_{Tb1} - Bw_{Tb1} - (1-\alpha)\cdot\left(gW_{Tb1} - Bw_{Tb1}\right) + \alpha\cdot\left(gW_{Tb2} - Bw_{Tb2}\right) \\
&= \alpha\cdot\left(gW_{Tb1} - Bw_{Tb1}\right) + \alpha\cdot\left(gW_{Tb2} - Bw_{Tb2}\right) \\
&= \alpha\cdot\left[\left(gW_{Tb1} - Bw_{Tb1}\right) + \left(gW_{Tb2} - Bw_{Tb2}\right)\right] \\
&= stR_A^{AS}
\end{aligned} \tag{63a}
$$

Für den ausgleichverpflichteten Gesellschafter A entsprechen die stillen Reserven in der Schlusssituation dem Unterschiedsbetrag zwischen dem gemeinen Wert und dem Buchwert des übernommenen Teilbetriebes nach der Kapitalkontenanpassung. Dies entspricht den stillen Reserven in Teilbetrieb 1 in der Ausgangssituation abzüglich des Veräußerungsgewinns, so dass die stillen Reserven des Gesellschafters A nach der Kapitalkontenanpassung exakt den stillen Reserven in der Ausgangssituation entsprechen.

Auf Gesellschafter B entfallen unter Berücksichtigung der in Höhe des Spitzenausgleichs aufgedeckten stillen Reserven nach vollzogener Realteilung folgende stille Reserven:

$$
\begin{aligned}
stR_B^{SS} &= gW_{Tb2} - Bw_{Tb2}^{SS} + VG_{AL} \\
&= gW_{Tb2} - Bw_{Tb2} + VG_{AL} \\
&= gW_{Tb2} - Bw_{Tb2} + (1-\alpha)\cdot\left(gW_{Tb1} - Bw_{Tb1}\right) - \alpha\cdot\left(gW_{Tb2} - Bw_{Tb2}\right) \\
&= (1-\alpha)\cdot\left(gW_{Tb1} - Bw_{Tb1}\right) + (1-\alpha)\cdot\left(gW_{Tb2} - Bw_{Tb2}\right) \\
&= (1-\alpha)\cdot\left[\left(gW_{Tb1} - Bw_{Tb1}\right) + \left(gW_{Tb2} - Bw_{Tb2}\right)\right] \\
&= stR_B^{AS}
\end{aligned} \tag{63b}
$$

Für den ausgleichberechtigten Gesellschafter B entsprechen die realisierten und stillen Reserven in der Schlusssituation dem Unterschiedsbetrag zwischen dem gemeinen Wert und dem Buchwert des übernommenen Teilbetriebes nach der Kapitalkontenanpassung zuzüglich des Veräußerungsgewinns, der früheren stillen Reserven entspricht. Die realisierten und stillen Reserven des Gesellschafters B nach der Kapitalkontenanpassung entsprechen exakt den stillen Reserven in der Ausgangssituation.

Die Verteilung der stillen Reserven nach der Realteilung entspricht exakt der Verteilung der stillen Reserven in der Ausgangssituation und damit dem gewünschten Ergebnis.

Es lässt sich auch zeigen, warum die Veränderung der stillen Reserven der 1. Stufe durch die Aktivierung der zutreffenden Anschaffungskosten in der 2. Stufe wieder aufgehoben wird:

$$\Delta\, stR_A^{(1.Stufe)} = VG_{AL} \tag{64a}$$

$$\Delta\, stR_B^{(1.Stufe)} = -VG_{AL} \tag{64b}$$

$$\begin{aligned} \Delta\, stR_A^{(2.Stufe)} &= stR_A^{SS} - stR_A^{(1.Stufe)} \\ &= \left(gW_{Tb1} - Bw_{Tb1}^{SS}\right) - \left(gW_{Tb1} - Bw_{Tb1}\right) \\ &= gW_{Tb1} - \left(Bw_{Tb1} + VG_{AL}\right) - \left(gW_{Tb1} - Bw_{Tb1}\right) \\ &= gW_{Tb1} - Bw_{Tb1} - VG_{AL} - gW_{Tb1} + Bw_{Tb1} \\ &= -VG_{AL} \end{aligned} \tag{65a}$$

$$\begin{aligned} \Delta\, stR_B^{(2.Stufe)} &= stR_B^{SS} - stR_B^{(1.Stufe)} \\ &= \left(gW_{Tb2} - Bw_{Tb2}^{SS} + VG_{AL}\right) - \left(gW_{Tb2} - Bw_{Tb2}\right) \\ &= \left(gW_{Tb2} - Bw_{Tb2} + VG_{AL}\right) - \left(gW_{Tb2} - Bw_{Tb2}\right) \\ &= gW_{Tb2} - Bw_{Tb2} + VG_{AL} - gW_{Tb2} + Bw_{Tb2} \\ &= VG_{AL} \end{aligned} \tag{65b}$$

Hieraus ist erkennbar, dass sich durch die Bilanzierung des Spitzenausgleichs in der 2. Stufe wiederum stille Reserven in Höhe des Veräußerungsgewinns zwischen den Realteilern verlagern. Während der ausgleichsverpflichtete Gesellschafter A durch die Anpassung seines Eigenkapitalkontos in Höhe der Anschaffungskosten des an ihn veräußerten Teils in der 1. Stufe stille Reserven in Höhe des Veräußerungsgewinns erhält, verliert er den gleichen Betrag wieder bei Bilanzierung des Spitzenausgleichs in der 2. Stufe.

Bereits bei dem Ansatz der Finanzverwaltung und der BFH-Lösung sprangen in der 1. Stufe stille Reserven in dieser Höhe über. Während eine Neutralisierung bei der BMF-Lösung durch eine unzutreffende Definition der Anschaffungskosten nicht grundsätzlich erreicht werden kann, kommt es nach Bilanzierung des Spitzenausgleichs bei der BFH-Lösung i.d.R. zum Überspringen in Höhe des Anpassungsbetrages der 1. Stufe, der wiederum dem Betrag der hier definierten Anschaffungskosten entspricht. So ist der Fehler der BFH-Lösung klar zu erkennen, in dem der BFH die Übernahme der Buchwerte in Höhe des Anpassungsbetrages nicht erkannt hat.

Die modifizierte Kapitalkontenanpassungsmethode legt eine andere Ermittlung der Buchwerte des von dem ausgleichsberechtigten Gesellschafter gegen die Zahlung des Spitzenausgleichs an den ausgleichsverpflichteten Gesellschafter veräußerten Teilbetriebes zugrunde. Durch Zugrundelegung der Buchwertdifferenz als Anschaffungskosten, die gleichzeitig dem Anpassungsbetrag der Kapitalkonten entspricht, bleiben die Kapitalkonten der Gesellschafter gegenüber der Ausgangssituation unverändert. Die modifizierte Kapitalkontenanpassungsmethode führt im Ergebnis bei der Realteilung mit Spitzenausgleich generell nicht zu einem Überspringen stiller Reserven zwischen den Gesellschaftern und zu der Verteilung der stillen Reserven in der Ausgangssituation vor Realteilung und damit zu dem gewünschten Ergebnis.

Beispiel 13:

Die Ausgangssituation entspricht dem vorherigen Beispiel.[440]

Der zu zahlende Spitzenausgleich von A an B beträgt, wie oben gezeigt, weiterhin 200. Der Unterschied zur BMF-Lösung liegt in der Ermittlung der Anschaffungskosten des ausgleichsberechtigten Gesellschafters (im Zahlenbeispiel: B) für sein an A veräußertes (Buch-) Vermögen.

Die Fortführungsbilanzen nach der Kapitalkontenanpassung (1. Stufe) sehen – wie bei der BMF-Lösung – wie folgt aus:

Bilanz des Einzelunternehmens des A *ohne* Spitzenausgleich

	Bw	*gW*	*stR*		*Bw*	*gW*	*stR*
Teilbetrieb 1	240	2.000	1.760	Kapital A	200		
				+Auf-	+40		
				stockung	240	2.000	1.760
	240	2.000	1.760		240	2.000	1.760

Bilanz des Einzelunternehmens des B *ohne* Spitzenausgleich

	Bw	*gW*	*stR*		*Bw*	*gW*	*stR*
Teilbetrieb 2	160	1.600	1.440	Kapital B	200		
				–Ab-	–40		
				stockung	160	1.600	1.440
	160	1.600	1.440		160	1.600	1.440

440 Vgl. das Beispiel 12 auf S. 182.

Die Anschaffungskosten des ausgleichsberechtigten Gesellschafters B betragen:

- Allgemein:

$$AK_{AL} = (1-\alpha)\cdot Bw_{Tb1} - \alpha\cdot Bw_{Tb2} = Ap_A^{(1.Stufe)} \tag{56}$$

- im Zahlenbeispiel:

$$AK_{AL} = 0{,}5\cdot 240 - 0{,}5\cdot 160 = 40$$

Für den ausgleichsberechtigten Realteiler ergibt sich folgender Veräußerungsgewinn:

- Allgemein:

$$VG_{AL} = Az - AK_{AL} \tag{57}$$

- im Zahlenbeispiel:

$$VG_{AL} = 200 - 40 = 160$$

Der neue (zutreffende) Buchwert des Kapitals von B lässt sich wie folgt darstellen:

- Allgemein:

$$\begin{aligned} EK_B^{SS} &= Bw_{Tb2} + AK_{AL} = Bw_{Tb2} - Ap_B^{(1.Stufe)} \\ &= (1-\alpha)\cdot\left(Bw^{Tb1} + Bw^{Tb2}\right) \\ &= EK_B^{AS} \end{aligned} \tag{59b}$$

- im Zahlenbeispiel:

$$\begin{aligned} EK_B^{SS} &= 160 + 40 \\ &= 0{,}5\cdot(240+160) \\ &= 200 \end{aligned}$$

Der neue Buchwert des Teilbetriebes 1 beträgt somit:

- Allgemein:

$$Bw_{Tb1}^{SS} = \alpha\cdot\left(Bw_{Tb1} + Bw_{Tb2}\right) + Az = EK_A^{AS} + Az \tag{60}$$

- im Zahlenbeispiel:

$$Bw_{Tb1}^{SS} = 0{,}5\cdot(240+160) + 200 = 200 + 200 = 400$$

und der neue Buchwert des Kapitals des A beträgt:

- Allgemein:

$$EK_A^{SS} = Bw_{Tb1} - AK_{AL} = Bw_{Tb1} - Ap_A^{(1.Stufe)} \qquad (59a)$$
$$= \alpha \cdot \left(Bw_{Tb1} + Bw_{Tb2} \right)$$
$$= EK_A^{AS}$$

- im Zahlenbeispiel:

$$EK_A^{SS} = 240 - 40$$
$$= 0{,}5 \cdot (240 + 160)$$
$$= 200$$

Die Fortführungsbilanzen der Realteiler nach Abschluss der 2. Stufe ergeben sich wie folgt:

Bilanz des Einzelunternehmens des A *mit* Spitzenausgleich

	Bw	*gW*	*stR*		*Bw*	*gW*	*stR*
Teilbetrieb 1	240			Kapital A	240		
+Aufstockung	+160			–Abstockung	–40		
	400	2.000	1.600		200	1.800	1.600
				Verbindlichkeit	200	200	–
	400	2.000	1.600		400	2.000	1.600

Bilanz des Einzelunternehmens des B *mit* Spitzenausgleich

	Bw	*gW*	*stR*		*Bw*	*gW*	*stR*
Teilbetrieb 2	160	1.600	1.440	Kapital B	160		
Forderung	200	200	–	+Aufstockung	+40		
					200	1.640	1.440
				Gewinn	160	160	–
	360	1.800	1.440		360	1.800	1.440

Nach Abschluss der Realteilung verfügen die Gesellschafter nunmehr über die folgenden stillen Reserven:

Gesellschafter A:

- Allgemein:

$$stR_A^{SS} = gW_{Tb1} - Bw_{Tb1}^{SS} = gW_{Tb1} - EK_A^{AS} - Az \qquad (63a)$$

- im Zahlenbeispiel:

$$stR_A^{SS} = 2.000 - 200 - 200 = 1.600$$

Gesellschafter B:

- Allgemein:

$$stR_B^{SS} = gW_{Tb2} - Bw_{Tb2}^{SS} + VG_{AL} = gW_{Tb2} - Bw_{Tb2} + VG_{AL} \qquad (63b)$$

- im Zahlenbeispiel:

$$stR_B^{SS} = 1.600 - 160 + 160 = 1.600$$

Gesellschafter A verfügt nun über stille Reserven in Höhe von 1.600, was exakt der Ausgangssituation entspricht. Auf Gesellschafter B entfallen nach abgeschlossener Realteilung stille Reserven in Höhe von 1.440. Unter Berücksichtigung der in Form des Veräußerungsgewinns aufgedeckten stillen Reserven in Höhe von 160 betragen für Gesellschafter B seine gesamten stillen und aufgedeckten Reserven damit insgesamt 1.600, was ebenfalls der Ausgangssituation entspricht.

d) Der Sonderfall negativer Anschaffungskosten

aa) Ausgangssituation

Die modifizierte Kapitalkontenanpassungsmethode führt nach der Realteilung zur Wiederherstellung der ursprünglichen Kapitalkonten beider Realteiler, d.h. sie macht die Kapitalkontenanpassung der 1. Stufe insoweit wieder rückgängig und ist somit im Ergebnis eine Art Buchwertanpassung. Nicht zuletzt vor diesem Hintergrund ist diese Alternativlösung noch weiter auf ihre Wirkungsweise in Bezug auf andere bilanzielle Ausgangssituationen hin zu untersuchen, in denen die Anschaffungskosten des Ausgleichsberechtigten negativ sind, d.h. in den Fällen, in denen bei dem Ausgleichsberechtigten die tatsächlich erhaltenen Buchwerte höher sind als die Buchwerte, die er hätte erhalten müssen und er deshalb sein Kapitalkonto aufstockt. Zu prüfen ist hierbei einerseits, wie sich negative Anschaffungskosten auf das Überspringen stiller Reserven auswirken. Andererseits ist zu untersuchen, ob bei dieser Handhabung die bilanzrechtlichen Grundsätze gewahrt bleiben.

Die Anschaffungskosten betragen:

$$AK_{AL} = (1-\alpha)\cdot\left(Bw_{Tb1} + Bw_{Tb2}\right) - Bw_{Tb2} \qquad (56)$$

$$= (1-\alpha)\cdot Bw_{Tb1} - \alpha\cdot Bw_{Tb2}$$

Daraus folgt:

$$AK_{AL} \gtreqless 0 \Leftrightarrow (1-\alpha)\cdot Bw_{Tb1} - \alpha\cdot Bw_{Tb2} \gtreqless 0 \qquad (66)$$

$$\Leftrightarrow (1-\alpha)\cdot\left(Bw_{Tb1} + Bw_{Tb2}\right) \gtreqless Bw_{Tb2}$$

$$\Leftrightarrow \frac{(1-\alpha)}{\alpha} \gtreqless \frac{Bw_{Tb2}}{Bw_{Tb1}}$$

Hieraus ist unmittelbar erkennbar, dass es für den Ausgleichsberechtigten zu negativen Anschaffungskosten kommt, wenn sein Kapitalkonto kleiner ist als der Buchwert seines übernommenen Teilbetriebes bzw. das Verhältnis der Buchwerte der beiden Teilbetriebe vor Realteilung verhältnismäßig größer ist als die Beteiligungsquoten der beiden Gesellschafter.

Es können also Fälle auftreten, in denen der ausgleichsberechtigte Realteiler aufgrund der Ausgangssituation, gemessen an der „idealtypischen Realteilung", vor der Ausgleichszahlung zwar einen zu geringen gemeinen Wert, dagegen aber einen zu hohen Buchwert erhält und daher nicht nur einen Spitzenausgleich, sondern im Rahmen der zutreffenden Lösung auch Buchwertanteile vom ausgleichsverpflichteten Realteiler übernimmt. In diesem Fall stockt der ausgleichsverpflichtete Gesellschafter sein Kapitalkonto ab, so dass gilt: $Ap_A = (1-\alpha)\cdot Bw_{Tb1} - \alpha\cdot Bw_{Tb2} < 0$ und $AK_{AL} < 0$. Der ausgleichsverpflichtete Gesellschafter übernimmt weiniger Buchwerte, während der ausgleichsberechtigte Gesellschafter mehr Buchwerte übernimmt als ihm zustehen. Der Ausgleichsverpflichtete erwirbt also in diesem Fall keine zusätzlichen Buchwerte von dem die Ausgleichszahlung empfangenen Gesellschafter. Dieser veräußert dem Ausgleichsverpflichteten auch keine anteiligen Buchwerte. Das hat zur Folge, dass die Anschaffungskosten, also die Buchwertdifferenz für den ausgleichsberechtigten Gesellschafter, negativ sind. Zur Ermittlung des Veräußerungsgewinns sind dem Spitzenausgleich somit negative Anschaffungskosten gegenüber zu stellen.

bb) Das Verhalten der stillen Reserven

Der Veräußerungsgewinn beträgt:

$$VG_{AL} = Az - AK_{AL} \tag{57}$$

$\Leftrightarrow$

$$AK_{AL} = Az - VG_{AL} \tag{67}$$

Daraus folgt:

$$AK_{AL} \overset{>}{\underset{<}{=}} 0 \Leftrightarrow Az \overset{>}{\underset{<}{=}} VG_{AL} \tag{68}$$

Es ist leicht zu erkennen, dass im Fall negativer Anschaffungskosten der Veräußerungsgewinn des ausgleichsberechtigten Realteilers größer ist als der erhaltene Spitzenausgleich.

Negative Anschaffungskosten führen bei sonst unveränderter Anwendung der Kapitalkontenanpassungsmethode im Ergebnis zu den folgenden Konsequenzen:

- Der Veräußerungsgewinn des ausgleichsberechtigten Realteilers ist höher als die Ausgleichszahlung.
- Der Buchwert des Teilbetriebs des ausgleichsverpflichteten Realteilers ist dementsprechend um mehr als die Ausgleichszahlung aufzustocken, was wiederum durch eine Aufstockung seines Kapitalkontos auszugleichen ist.
- Dagegen hat der ausgleichsberechtigte Realteiler sein Kapitalkonto in Höhe des Betrags seiner Anschaffungskosten abzustocken.

Das Ergebnis der modifizierten Kapitalkontenanpassungsmethode wird hierdurch allerdings nicht beeinflusst.

Aus $\Delta\, stR_A = VG_{AL}$

und $\Delta\, stR_A^{(2.Stufe)} = -VG_{AL}$

folgt unmittelbar: $\Delta\, stR_A^{(gesamt)} = 0$

Die überspringenden stillen Reserven der 1. und 2. Stufe der Kapitalkontenanpassung heben sich gegenseitig auf. Das ist unabhängig von der Höhe des Veräußerungsgewinns und gilt auch für $VG_{AL} > Az$.

Des Weiteren gilt:

$$Ap_A^{(2.Stufe)} = -AK_{AL} \tag{69a}$$

$$Ap_B^{(2.Stufe)} = AK_{AL} \tag{69b}$$

Auch hier haben die negativen Anschaffungskosten nur die Folge der Umkehr der Vorzeichen, so dass gilt:

$$\begin{aligned} Ap_A^{(gesamt)} &= Ap_A^{(1.Stufe)} + Ap_A^{(2.Stufe)} \\ &= (1-\alpha)\cdot Bw_{Tb1} - \alpha\cdot Bw_{Tb2} - AK_{AL} \\ &= 0 \end{aligned} \tag{70}$$

Es kommt also auch im Fall negativer Anschaffungskosten generell nicht zu einem Überspringen stiller Reserven zwischen den Gesellschaftern. Allerdings ist aufgrund der Aufstockung der Buchwerte des Teilbetriebes 1 über die Ausgleichszahlung hinaus zu prüfen, ob sich gegebenenfalls die stillen Reserven in den Wirtschaftsgütern verändern.

$$\begin{aligned} \Delta\, stR_{Tb1} &= stR_{Tb1}^{SS} - stR_{Tb1}^{AS} \\ &= gW_{Tb1} - Bw_{Tb1}^{SS} - gW_{Tb1} + Bw_{Tb1} \\ &= Bw_{Tb1} - \alpha\cdot\left(Bw_{Tb1} + Bw_{Tb2}\right) - Az \\ &= (1-\alpha)\cdot Bw_{Tb1} - \alpha\cdot Bw_{Tb2} - Az \\ &= Ap_A^{(1.Stufe)} - Az \\ &= AK_{AL} - Az \\ &= -VG_{AL} \end{aligned} \tag{71a}$$

Das Ergebnis verwundert zunächst nicht. Denn durch die Aufstockung der Buchwerte des Teilbetriebes 1 kommt es zwangsläufig zu einer Reduzierung der stillen Reserven in Höhe des Veräußerungsgewinns. Allerdings führt das im Fall negativer Anschaffungskosten zu einer Aufstockung, die höher ist als die geleistete Ausgleichszahlung und damit zu einer Art Buchwertanpassung. Die Buchwerte des übernommenen Vermögens werden unabhängig von den tatsächlich geleisteten Anschaffungskosten aufgestockt.

Solange der Aufstockungsbetrag niedriger ist, als die vorhandenen stillen Reserven, könnte man die Aufstockung insoweit rechtfertigen. Der Buchwert des aufstockenden Teilbetriebes nach abgeschlossener Realteilung darf niemals höher sein, als der vorhandene gemeine Wert.

$$Bw_{Tb1}^{SS} \leq gW_{Tb1} \tag{72}$$

$$\Leftrightarrow$$

$$Bw_{Tb1} + VG_{AL} \leq gW_{Tb1}$$

$$\Leftrightarrow$$

$$VG_{AL} \leq gW_{Tb1} - Bw_{Tb1}$$

$$\Leftrightarrow$$

$$Az - AK_{AL} \leq gW_{Tb1} - Bw_{Tb1}$$

$$\Leftrightarrow$$

$$(1-\alpha) \cdot gW_{Tb1} - \alpha \cdot gW_{Tb2} - (1-\alpha) \cdot Bw_{Tb1} + \alpha \cdot Bw_{Tb2} \leq gW_{Tb1} - Bw_{Tb1}$$

$$\Leftrightarrow$$

$$-\alpha \cdot gW_{Tb1} - \alpha \cdot gW_{Tb2} + \alpha \cdot Bw_{Tb1} + \alpha \cdot Bw_{Tb2} \leq 0$$

$$\Leftrightarrow$$

$$\alpha \cdot \left(Bw_{Tb1} + Bw_{Tb2}\right) \leq \alpha \cdot \left(gW_{Tb1} + gW_{Tb2}\right)$$

Solange also der Buchwert des Eigenkapitals des ausgleichsverpflichteten Realteilers kleiner oder gleich den anteiligen gemeinen Werten ist, führt der Aufstockungsbetrag des Teilbetriebes 1 stets zu einem Buchwert, der kleiner oder gleich dem gemeinen Wert des übernommenen Teilbetriebes ist. Trotz der Verletzung des Anschaffungskostenprinzips im Fall negativer Anschaffungskosten wäre die Buchwertaufstockung insoweit zu rechtfertigen, als der Aufstockungsbetrag, also der Veräußerungsgewinn, kleiner ist, als die stillen Reserven des aufstockenden Teilbetriebes.[441]

Für den Teilbetrieb 2 kommt es mangels Veränderung des Buchwertes bei der Realteilung nicht zu einer Veränderung der stillen Reserven.

cc) Methodenkombination

Es ist zu prüfen, ob diese Vorgehensweise im Fall negativer Anschaffungskosten mit den Grundsätzen ordnungsmäßiger Buchführung, insbesondere dem Realisations- und Anschaffungswertprinzip als elementare bilanzrechtliche Grundsätze, vereinbar ist, denn der ausgleichsverpflichtete Mitunternehmer stockt seine Buchwerte über seine in Form des Spitzenausgleichs geleisteten Anschaffungskosten auf.

Bei wirtschaftlicher Betrachtungsweise haben die Realteiler jeweils einen Anteil an den gesamten stillen Reserven. Zur Kompensation von Wertunterschieden bei der Verteilung des Vermögens wird im Regelfall eine Ausgleichszahlung zwischen den Gesellschaftern vereinbart. Insoweit führt der Spitzenausgleich zu einem Veräußerungsgeschäft zwischen den Realteilern. Der Ausgleichsberechtigte veräußert anteilig den Wert an den Vermögensgegenständen, die der Ausgleichsverpflichtete übernommen hat. Unter Zugrundelegung der zutreffenden Anschaf-

441 Vgl. C. III. 4. e) S. 130 ff.

fungskosten realisiert der Ausgleichsberechtigte durch den Veräußerungsvorgang stille Reserven. Der Ausgleichsverpflichtete hat in Höhe des Veräußerungsgewinns Anschaffungskosten, die im Fall negativer Anschaffungskosten größer sind als der von ihm zu leistende Spitzenausgleich.

Im Gegensatz zu dem Fall positiver Anschaffungskosten veräußert der ausgleichsberechtigte Gesellschafter bei negativen Anschaffungskosten keinen Buchwertanteil, sondern er erhält bei der Realteilung mehr Buchwerte als seinem Anteil entsprechen.

$$Bw_{Tb2} > (1-\alpha)\cdot(Bw_{Tb1} + Bw_{Tb2})$$

Es wurde gezeigt, dass es im Fall negativer Anschaffungskosten bei dieser Buchwertkonstellation nicht zu einem Überspringen stiller Reserven zwischen den Gesellschaftern kommt. Da sich bei Gesellschafter B weder die Buchwerte der übernommenen Wirtschaftsgüter noch die stillen Reserven verändern, wird für ihn das gewünschte Ziel auch bei negativen Anschaffungskosten erreicht.

Der ausgleichsverpflichtete Gesellschafter erhält dagegen zu wenig Buchwerte, obwohl er einen Spitzenausgleich leistet.

$$Bw_{Tb1} < \alpha\cdot(Bw_{Tb1} + Bw_{Tb2})$$

Das bedeutet, dass der ausgleichsverpflichtete Gesellschafter zur Herstellung seines bilanziellen Gleichgewichts seine Buchwerte um mehr als die Ausgleichsleistung aufstocken muss. Durch den Veräußerungsvorgang stockt er die Buchwerte von Teilbetrieb 1 um den zu wenig erhaltenen Betrag auf, den der Ausgleichsberechtigte zu viel erhalten hat.

Der Veräußerungsgewinn beträgt:

$$VG_{AL} = Az - AK_{AL}$$

Bei negativen Anschaffungskosten ist der Veräußerungsgewinn offensichtlich um die Anschaffungskosten größer als die Ausgleichszahlung, da gilt: $Az > 0$. Dieser Unterschiedsbetrag entspricht wiederum exakt der Buchwertdifferenz, die in der alternativen Lösung als Anschaffungskosten zu Grunde gelegt wurde. Folglich stockt der ausgleichsverpflichtete Gesellschafter seine übernommenen Buchwerte in Höhe der negativen Anschaffungskosten auf und gleicht somit seine Buchwertdifferenz aus. Die Besonderheit liegt darin, dass der andere Gesellschafter dagegen keine Buchwerte abgibt. Der ausgleichsverpflichtete Gesellschafter stockt im Ergebnis seine Buchwerte um den zu wenig erhaltenen Betrag auf, um diese entsprechend seinem Kapitalkonto anzupassen. Damit liegt hier eine Buchwertanpassung vor.

Der Ausgleichsverpflichtete hat durch den Spitzenausgleich lediglich den Wertunterschied kompensiert. Durch die – zufällige – Buchwertkonstellation vor

Realteilung hat er aber gleichzeitig mehr stille Reserven übernommen, als ihm nach dem Spitzenausgleich zustehen. Durch den Veräußerungsvorgang verliert er bei negativen Anschaffungskosten mehr stille Reserven, als er als Wertausgleich geleistet hat. Dies ist zwar wirtschaftlich zutreffend, durchbricht aber durch eine zusätzliche Aufstockung der Buchwerte das Anschaffungskostenprinzip. Es kommt also im Fall negativer Anschaffungskosten im Ergebnis zu einer Methodenkombination durch anteilige Buchwertanpassung und damit auch zu einem Verstoß gegen das Anschaffungskosten- und Realisationsprinzip.[442]

Die zutreffende Verteilung der stillen Reserven zwischen den Gesellschaftern bei Anwendung der modifizierten Kapitalkontenanpassungsmethode lässt aber die Verletzung des Anschaffungskosten- und Realisationsprinzips für diesen Fall in den Hintergrund treten. Die Zielerreichung ist bei der modifizierten Kapitalkontenanpassungsmethode unter Berücksichtigung der gesetzlichen Buchwertfortführung und Beachtung elementarer bilanzrechtlicher Grundsätze am höchsten, was der nachfolgende Vergleich mit der Buchwertanpassungsmethode zeigen wird.[443]

Beispiel 14:

Die Realteilungsbilanz der OHG hat folgendes Aussehen:

AB-OHG: Schlussbilanz vor Realteilung

	Bw	*gW*	*stR*		*Bw*	*gW*	*stR*
Teilbetrieb 1	140	2.000	1.860	Kapital A	150	1.800	1.650
Teilbetrieb 2	160	1.600	1.440	Kapital B	150	1.800	1.650
	300	3.600	3.300		300	3.600	3.300

Der einzige Unterschied zum bisherigen Ausgangsbeispiel[444] besteht darin, dass der Buchwert von Teilbetrieb 1 nicht 200, sondern 140 beträgt. Die stillen Reserven erhöhen sich bei gleich bleibenden Verkehrswerten um 100 und betragen somit für jeden Realteiler 1.650. Der zu zahlende Spitzenausgleich von A an B beträgt weiterhin 200.

Die erforderlichen Anpassungsbeträge (Aufstockungs- und Abstockungsbeträge) der 1. Stufe ergeben sich wie folgt:

442 Vgl. C. III. 4. e) S. 130 ff.

443 Vgl. C. IV. 5. S. 226 ff.

444 Vgl. das Beispiel 10 auf S. 165.

Gesellschafter A:

- Allgemein:

$$Ap_A^{(1.Stufe)} = (1-\alpha) \cdot Bw_{Tb1} - \alpha \cdot Bw_{Tb2} \quad (8a)$$

- im Zahlenbeispiel:

$$Ap_A^{(1.Stufe)} = 0,5 \cdot 140 - 0,5 \cdot 160 = -10$$

Gesellschafter B:

- Allgemein:

$$Ap_B^{(1.Stufe)} = -(1-\alpha) \cdot Bw_{Tb1} + \alpha \cdot Bw_{Tb2} \quad (8b)$$

- im Zahlenbeispiel:

$$Ap_B^{(1.Stufe)} = -0,5 \cdot 140 + 0,5 \cdot 160 = 10$$

Die Fortführungsbilanzen ohne Spitzenausgleich ergeben sich wie folgt:

Bilanz des Einzelunternehmens des A *ohne* Spitzenausgleich

	Bw	*gW*	*stR*		*Bw*	*gW*	*stR*
Teilbetrieb 1	140	2.000	1.860	Kapital A	150		
				–Ab-	–10		
				stockung	140	2.000	1.860
	140	2.000	1.860		140	2.000	1.860

Bilanz des Einzelunternehmens des B *ohne* Spitzenausgleich

	Bw	*gW*	*stR*		*Bw*	*gW*	*stR*
Teilbetrieb 2	160	1.600	1.440	Kapital B	150		
				+Auf-	+10		
				stockung	160	1.600	1.440
	160	1.600	1.440		160	1.600	1.440

Die Anschaffungskosten des ausgleichsberechtigten Gesellschafters B betragen:

- Allgemein:

$$AK_{AL} = (1-\alpha) \cdot Bw_{Tb1} - \alpha \cdot Bw_{Tb2} = Ap_A^{(1.Stufe)} \quad (56)$$

- im Zahlenbeispiel:

$$AK_{AL} = 0,5 \cdot 140 - 0,5 \cdot 160 = -10$$

Für den ausgleichberechtigten Realteiler ergibt sich folgender Veräußerungsgewinn:

- Allgemein:
$$VG_{AL} = Az - AK_{AL} \tag{57}$$
- im Zahlenbeispiel:
$$VG_{AL} = 200 + 10 = 210$$

Der neue (zutreffende) Buchwert des Kapitals von B lässt sich wie folgt darstellen:

- Allgemein:
$$\begin{aligned} EK_B^{SS} &= Bw_{Tb2} + AK_{AL} = Bw_{Tb2} - Ap_B^{(1.Stufe)} \\ &= (1-\alpha)\cdot\left(Bw_{Tb1} + Bw_{Tb2}\right) \\ &= EK_B^{AS} \end{aligned} \tag{59b}$$
- im Zahlenbeispiel:
$$\begin{aligned} EK_B^{SS} &= 160 - 10 \\ &= 0{,}5\cdot(140+160) \\ &= 150 \end{aligned}$$

Der neue Buchwert des Teilbetriebes 1 beträgt somit:

- Allgemein:
$$Bw_{Tb1}^{SS} = \alpha\cdot\left(Bw_{Tb1} + Bw_{Tb2}\right) + Az = EK_A^{AS} + Az \tag{60}$$
- im Zahlenbeispiel:
$$Bw_{Tb1}^{SS} = 0{,}5\cdot(140+160) + 200 = 150 + 200 = 350$$

und der neue Buchwert des Kapitals des A beträgt:

- Allgemein:
$$\begin{aligned} EK_A^{SS} &= Bw_{Tb1} - AK_{AL} = Bw_{Tb1} - Ap_A^{(1.Stufe)} \\ &= \alpha\cdot\left(Bw_{Tb1} + Bw_{Tb2}\right) \\ &= EK_A^{AS} \end{aligned} \tag{59a}$$
- im Zahlenbeispiel:
$$EK_A^{SS} = 140 + 10$$

$$= 0{,}5 \cdot (140 + 160)$$
$$= 150$$

Die Fortführungsbilanzen der Realteiler nach Abschluss der 2. Stufe ergeben sich wie folgt:

Bilanz des Einzelunternehmens des A *mit* Spitzenausgleich

	Bw	*gW*	*stR*		*Bw*	*gW*	*stR*
Teilbetrieb 1	140	2.000	1.650	Kapital A	140		
+Aufstockung	+210			+Auf-	+10		
	350			stockung	150	1.800	1.650
				Verbind-lichkeit	200	200	–
	350	2.000	1.650		350	2.000	1.650

Bilanz des Einzelunternehmens des B *mit* Spitzenausgleich

	Bw	*gW*	*stR*		*Bw*	*gW*	*stR*
Teilbetrieb 2	160	1.600	1.440	Kapital B	160		
Forderung	200	200	–	–Ab-	–10		
				stockung	150	1.590	1.440
				Gewinn	210	210	–
	360	1.800	1.440		360	1.800	1.440

Nach Abschluss der Realteilung verfügen die Gesellschafter nunmehr über die folgenden stillen Reserven:

Gesellschafter A:

- Allgemein:

$$stR_A^{SS} = gW_{Tb1} - Bw_{Tb1}^{SS} = gW_{Tb1} - EK_A^{AS} - Az \tag{63a}$$

- im Zahlenbeispiel:

$$stR_A^{SS} = 2.000 - 150 - 200 = 1.650$$

Gesellschafter B:

- Allgemein:

$$stR_B^{SS} = gW_{Tb2} - Bw_{Tb2} + VG_{AL} \tag{63b}$$

- im Zahlenbeispiel:

$$stR_B^{SS} = 1.600 - 160 + 210 = 1.650$$

Gesellschafter A verfügt nun über stille Reserven in Höhe von 1.650, was wiederum exakt der Ausgangssituation entspricht. Auf Gesellschafter B entfallen nach abgeschlossener Realteilung stille Reserven in Höhe von 1.440. Unter Berücksichtigung der in Form des Veräußerungsgewinns aufgedeckten stillen Reserven in Höhe von 210 betragen für Gesellschafter B seine stillen und aufgedeckten Reserven damit insgesamt 1.650, was ebenfalls der Ausgangssituation entspricht. Die gesamten stillen Reserven betragen – einschließlich der durch die Ausgleichszahlung aufgedeckten stillen Reserven – weiterhin 3.300 (davon A = 1.650; B = 1.650).

e) Zusammenfassendes Ergebnis

Die Analyse der Methode der Kapitalkontenanpassung hat gezeigt, dass sowohl die durch die aktuelle Rechtsprechung des BFH als auch durch die Finanzverwaltung vorgeschlagenen Lösungen zur einkommensteuerrechtlichen Behandlung der Realeilung mit Spitzenausgleich nicht zum gewünschten Ergebnis führen, weil sie ein Überspringen stiller Reserven nicht grundsätzlich verhindern und damit gegen das Subjektsteuerprinzip verstoßen. Das Problem liegt in der Definition der Anschaffungskosten des ausgleichsberechtigten Gesellschafters für das von ihm an den ausgleichsverpflichteten Gesellschafter entgeltlich veräußerte Vermögen. Es wurde eine alternative Lösung vorgestellt, die dieses Problem verhindert.

Der BFH präferiert die Kapitalkontenanpassungsmethode und akzeptiert das Überspringen stiller Reserven. Dabei verkennt er lediglich, dass der ausgleichsverpflichtete Realteiler durch die Aktivierung des Spitzenausgleichs in voller Höhe einen zu hohen Wert bilanziert und damit gegen das Anschaffungskostenprinzip verstößt. Durch die fehlende Buchwertgegenrechnung ist der (neue) Buchwert des Ausgleichsverpflichteten in Höhe des Anpassungsbetrages der Kapitalangleichung der 1. Stufe zu hoch. Dadurch kommt es bei der BFH-Lösung i.d.R. zu einem Überspringen stiller Reserven vom aufstockenden auf den abstockenden Realteiler in dieser Höhe.

Die BFH-Lösung verhindert lediglich in solchen Fällen ein Überspringen stiller Reserven zwischen den beteiligten Mitunternehmern, wenn gilt:

$$(1-\alpha)\cdot Bw_{Tb1} - \alpha \cdot Bw_{Tb2} = 0$$

$$\Leftrightarrow$$

$$\frac{Bw_{Tb1}}{Bw_{Tb2}} = \frac{\alpha}{(1-\alpha)} \text{ und } \frac{gW_{Tb1}}{gW_{Tb2}} = \frac{\alpha}{(1-\alpha)} \qquad \text{(5) und (11)}$$

d.h. wenn das Verhältnis der Buchwerte der beiden Teilbetriebe dem Verhältnis der Beteiligungsquoten der Gesellschafter entspricht. Diese Voraussetzung ist höchstens zufällig erfüllt.

Die Finanzverwaltung folgt zwar auch dem Ansatz der Kapitalkontenanpassung, der entscheidende Unterschied zur BFH-Lösung liegt in der Ermittlung des Veräußerungsgewinns für den ausgleichsberechtigten Realteiler durch anteilige Buchwertgegenrechnung. Sie ermittelt den auf den entgeltlich erworbenen Teil entfallenden anteiligen Buchwert als Quotient aus dem Spitzenausgleich und dem gemeinen Wert des dem anderen Realteiler überlassenen Teilbetriebes. Sie teilt damit den vom ausgleichsverpflichteten Realteiler A erhaltenen Teilbetrieb in einen unentgeltlich und einen entgeltlich erworbenen Teil auf. Das BMF ermittelt den Veräußerungsgewinn als Differenz aus der Ausgleichszahlung und dem so ermittelten Buchwert. Der Ausgleichsverpflichtete hat den Buchwert seines übernommenen Vermögens nur in Höhe des Veräußerungsgewinns des ausgleichsberechtigten Realteilers aufzustocken.

Es wurde gezeigt, dass ein Überspringen stiller Reserven bei der BMF-Lösung nur vermieden wird, wenn gilt:

$$\frac{gW_{Tb1}}{gW_{Tb2}} = \frac{Bw_{Tb1}}{Bw_{Tb2}}$$

$$\Leftrightarrow$$

$$\frac{Bw_{Tb1}}{gW_{Tb1}} = \frac{Bw_{Tb2}}{gW_{Tb2}} \qquad (54)$$

Die Lösung des BMF führt also nur dann nicht zu einem Überspringen stiller Reserven, wenn in der Ausgangssituation vor Realteilung zufällig das Verhältnis der gemeinen Werte beider Teilbetriebe dem Verhältnis ihrer Buchwerte bzw. das Verhältnis der Buchwerte zu ihren gemeinen Werten beider Teilbetriebe entspricht. Genau dieser Sonderfall liegt jedoch den BMF-Schreiben[445] und auch bei Brönner[446] vor. Es wurde gezeigt, dass der Ausgleich unterschiedlicher Steuerhypotheken eher ein verunglückter Versuch ist, die Folgen unterschiedlicher Steuerbelastungen der Gesellschafter aufgrund des Überspringens stiller Reserven zu beseitigen. Der Lösungsansatz der Finanzverwaltung ist zwar im Ansatz richtig, führt aber aufgrund einer unzutreffenden Definition der Anschaffungskosten zu einer – bisher wohl unentdeckten – falschen Lösung. Im Ergebnis ist somit auch die

445 BMF-Schreiben vom 11.01.1993, a.a.O. Tz. 19 – ersetzt durch BMF-Schreiben vom 14.03.2006, a.a.O.; BMF-Schreiben vom 28.02.2006, a.a.O.

446 Brönner, Die Besteuerung der Gesellschaften, S. 528 ff.

von der Finanzverwaltung vorgeschlagene Vorgehensweise der Realteilung mit Spitzenausgleich abzulehnen.

Im Rahmen der Entwicklung einer alternativen Lösung konnte gezeigt werden, dass der Schlüssel zu einer richtigen Verteilung der stillen Reserven nach der Realteilung mit Spitzenausgleich in der Definition der Anschaffungskosten des ausgleichsberechtigten Gesellschafters für das von ihm an den ausgleichsverpflichteten Gesellschafter veräußerte Vermögen liegt.

Der ausgleichsberechtigte Realteiler bekommt einen Spitzenausgleich, da der ausgleichsverpflichtete Realteiler gemessen an den gemeinen Werten beider Teilbetriebe einen zu hohen Wert erhält. Der Ausgleichsberechtigte veräußert dem Ausgleichsverpflichteten also die Differenz zwischen dem Buchwert, den er hätte erhalten müssen, und dem tatsächlich erhaltenen Buchwert. Der Ausgleichsverpflichtete erwirbt mit Zahlung des Spitzenausgleichs vom Ausgleichsberechtigten Buchwerte in Höhe dieser Buchwertdifferenz. Und genau diese Differenz entspricht den Anschaffungskosten des an den ausgleichverpflichteten Realteiler veräußerten Vermögens. Durch die Aufstockung des Buchwertes des vom Ausgleichsverpflichteten übernommenen Vermögens um den zutreffenden Veräußerungsgewinn konnte gezeigt werden, dass es generell nicht zu einem Überspringen stiller Reserven zwischen den Realteilern kommt.

In der Realität lassen sich Fälle nicht ausschließen, in denen Mitunternehmer A zwar wie bisher ausgleichsverpflichtet ist, die Buchwerte seiner übernommenen Wirtschaftsgüter aber niedriger als sein Eigenkapitalkonto sind, so dass der ausgleichsverpflichtete Gesellschafter A sein Kapitalkonto abstocken und der ausgleichsberechtigte Gesellschafter B sein Kapitalkonto aufstocken muss. In diesem Fall sind die Anschaffungskosten negativ.

Auch für diesen Fall konnte gezeigt werden, dass es bei Anwendung der modifizierten Kapitalkontenanpassungsmethode generell nicht zu einem Überspringen stiller Reserven zwischen den Gesellschaftern kommt.

Negative Anschaffungskosten führen bei sonst unveränderter Anwendung der Kapitalkontenanpassungsmethode allerdings zu den folgenden Konsequenzen:

- Der Veräußerungsgewinn des ausgleichsberechtigten Realteilers ist höher als die Ausgleichszahlung.
- Der Buchwert des Teilbetriebs des ausgleichsverpflichteten Realteilers ist dementsprechend um mehr als die Ausgleichszahlung aufzustocken, was wiederum durch eine Aufstockung seines Kapitalkontos auszugleichen ist.
- Dagegen hat der ausgleichsberechtigte Realteiler sein Kapitalkonto in Höhe des Betrags seiner Anschaffungskosten abzustocken.

Es kommt im Ergebnis zu einer Methodenkombination durch anteilige Buchwertanpassung im Fall negativer Anschaffungskosten und damit auch zu einem

Verstoß gegen das Anschaffungskosten- und Realisationsprinzip. Wie nachfolgend gezeigt wird, führt die alternative Lösung dennoch zu dem höchsten Zielerreichungsgrad.[447]

4. Buchwertanpassungsmethode

a) Die Buchwertanpassung als alternative Methodik

Im Gegensatz zur Kapitalkontenanpassung gleicht die Buchwertanpassungsmethode den bilanziellen Unterschied bei der Realteilung durch Anpassung der Buchwerte der übernommenen Wirtschaftsgüter an die fortgeführten Eigenkapitalkonten der Gesellschafter an. Die Buchwertanpassungsmethode wurde in der Literatur und Rechtsprechung allerdings bisher konkret nur für den Fall der Realteilung ohne Spitzenausgleich bzw. ohne explizite Einbeziehung der Wirkungsweise einer Ausgleichszahlung diskutiert. Vor diesem Hintergrund wird nachfolgend untersucht, wie sich die bilanzielle Behandlung des Spitzenausgleichs nach dem Ansatz des BFH und BMF im Rahmen der Buchwertanpassungsmethode auf die Verteilung der stillen Reserven nach der Realeilung verhält und ob hierin gegebenenfalls eine alternative Methodik gesehen werden kann.

Es gibt bisher keine besondere Variante der Buchwertanpassungsmethode für die Realteilung mit Spitzenausgleich. Deshalb werden nachfolgend die Ansätze des BFH und des BMF bei der Buchwertanpassung als fiktive Kombination untersucht.

b) Der Ansatz des BFH

aa) Vorgehensweise

Nachfolgend wird die Methode der Buchwertanpassung bei der Realteilung mit Spitzenausgleich nach dem Ansatz des BFH[448], den Spitzenausgleich in voller Höhe als Gewinn zu erfassen, analysiert. Dabei werden die Auswirkungen der Buchwertanpassung im Hinblick auf die Verteilung der stillen Reserven zwischen den Realteilern und zwischen den einzelnen Wirtschaftsgütern untersucht.

Die Buchwertanpassung würde analog der Kapitalkontenanpassungsmethode in zwei Stufen erfolgen. In der 1. Stufe würden die Buchwerte den Eigenkapitalkonten der Realteiler angepasst, während in der 2. Stufe der Spitzenausgleich entsprechend bilanziert würde.

---

447 Vgl. unter C. IV. 5. S. 226 ff.
448 Vgl. unter C. IV. 3. a) S. 161 ff.

Bezogen auf die grundsätzliche Vorgehensweise hätte dies folgende Konsequenzen:

Die Realteilung wäre in der 1. Stufe ohne einen etwaigen Spitzenausgleich durchzuführen. Gesellschafter A und B hätten ihre Buchwerte der übernommenen Wirtschaftsgüter durch Abstockung bzw. Aufstockung in Höhe der Differenz zwischen dem Buchwert des übernommenen Teilbetriebes und dem Buchwert ihrer Eigenkapitalkonten anzupassen.

In der 2. Stufe der Behandlung der Ausgleichszahlung hätte der Ausgleichsverpflichtete

- in Höhe des gesamten Spitzenausgleichs eine Verbindlichkeit gegenüber dem Ausgleichsberechtigten zu passivieren,
- den Buchwert seines übernommenen Vermögens in Höhe des Ausgleichszahlung aufzustocken.

Der die Ausgleichszahlung empfangene Realteiler hätte

- in Höhe des gesamten Spitzenausgleichs eine Forderung gegenüber dem ausgleichsverpflichteten Realteiler zu aktivieren und
- den Veräußerungsgewinn in Höhe der Ausgleichzahlung zu passivieren.

Bei der Realteilung mit Spitzenausgleich gelten in der 1. Stufe der Buchwertanpassung zur Herstellung des bilanziellen Gleichgewichts die gleichen Bedingungen wie bei der Realteilung ohne Spitzenausgleich.[449]

bb) Überspringen stiller Reserven zwischen den Gesellschaftern

Es wurde bei der Analyse der Buchwertanpassungsmethode im Rahmen der Realteilung ohne Spitzenausgleich gezeigt, dass es bei der Anpassung der Buchwerte (1. Stufe) zu folgender Verlagerung der stillen Reserven kommt.[450]

$$\Delta\, stR_A^{(1.Stufe)} = (1-\alpha)\cdot gW_{Tb1} - \alpha \cdot gW_{Tb2} = Az \tag{12a}$$

$$\Delta\, stR_B^{(1.Stufe)} = -(1-\alpha)\cdot gW_{Tb1} + \alpha \cdot gW_{Tb2} = -Az \tag{12b}$$

Im Fall der Realteilung ohne Spitzenausgleich springen also keine stillen Reserven zwischen den Realteilern über, da $Az = 0$.

Nachfolgend wird der Betrag der übergegangenen stillen Reserven der 2. Stufe betrachtet – also die Auswirkung der Bilanzierung des Spitzenausgleichs nach BFH-Ansicht nach erfolgter Buchwertanpassung. Die Veränderung der stillen Reserven in der 2. Stufe bei der Buchwertanpassungsmethode entspräche

449 Vgl. unter C. III. 4. b) S. 124 ff.

450 Zur Herleitung siehe unter C. III. 4. c) S. 127 ff.

exakt der Veränderung bei der Kapitalkontenanpassungsmethode, da der ausgleichsverpflichtete Gesellschafter seine Buchwerte in beiden Methoden in Höhe der Ausgleichszahlung erhöht und dadurch stille Reserven in gleicher Höhe verliert, während Gesellschafter B in gleicher Höhe stille Reserven gewinnt.[451]

$$
\begin{aligned}
\Delta\, stR_A^{(2.Stufe)} &= stR_A^{SS} - stR_A^{(1.Stufe)} \qquad (73a)\\
&= \left(gW_{Tb1} - Bw_{Tb1}^{SS}\right) - \left(gW_{Tb1} - Bw_{Tb1}^{(1.Stufe)}\right)\\
&= Bw_{Tb1}^{(1.Stufe)} - Bw_{Tb1}^{SS}\\
&= \alpha\cdot\left(Bw_{Tb1} + Bw_{Tb2}\right) - \alpha\cdot\left(Bw_{Tb1} + Bw_{Tb2}\right) - Az\\
&= -Az
\end{aligned}
$$

Durch die Bilanzierung des Spitzenausgleichs in voller Höhe käme es auch in der 2. Stufe zu einer Verlagerung stiller Reserven in derselben Höhe mit umgekehrtem Vorzeichen. Hieraus ist leicht erkennbar, dass es bei der Buchwertanpassungsmethode in Kombination mit dem BFH-Ansatz im Ergebnis gegenüber der Ausgangssituation nicht zu einer interpersonellen Verlagerung der stillen Reserven zwischen den Gesellschaftern kommen würde, denn es gilt:

$$
\begin{aligned}
\Delta\, stR_A^{(1.Stufe)} &= Az\\
\Delta\, stR_A^{(2.Stufe)} &= -Az\\
\Delta\, stR_A^{(gesamt)} &= Az - Az = 0
\end{aligned}
$$

Entsprechend würde für Gesellschafter B gelten:

$$
\begin{aligned}
\Delta\, stR_B^{(2.Stufe)} &= stR_B^{SS} - stR_B^{(1.Stufe)} \qquad (73b)\\
&= \left(gW_{Tb2} - Bw_{Tb2} + VG_{BMF}\right) - \left(gW_{Tb2} - Bw_{Tb2}\right)\\
&= VG_{BMF} = Az
\end{aligned}
$$

Hieraus würde folgen:

$$
\begin{aligned}
\Delta\, stR_B^{(1.Stufe)} &= -Az\\
\Delta\, stR_B^{(2.Stufe)} &= Az\\
\Delta\, stR_B^{(gesamt)} &= -Az + Az = 0
\end{aligned}
$$

Der Buchwert des Teilbetriebes 1 würde durch Bilanzierung des Spitzenausgleichs in voller Höhe in der 2. Stufe so angepasst, dass er immer die stillen

451 Vgl. unter C. IV 3. a) bb) S. 162 ff.

Reserven in der zutreffenden Höhe für A wiedergeben würde. Die Verlagerung der stillen Reserven in der 1. Stufe in Höhe des Spitzenausgleichs würde durch die Aktivierung der Ausgleichzahlung als Anschaffungskosten des Ausgleichsverpflichteten wieder neutralisiert. Die stillen Reserven in Teilbetrieb 1 entsprächen dem Anteil des A an den stillen Reserven vor Realteilung und damit dem gewünschten Ergebnis. Auch für Gesellschafter B entsprächen die stillen Reserven nach der Realteilung mit Spitzenausgleich der gewünschten Verteilung in der Ausgangssituation. Die Buchwertanpassungsmethode verhindert also generell ein Überspringen stiller Reserven zwischen den Gesellschaftern – das gilt sowohl bei der Realteilung ohne als auch mit Spitzenausgleich.

cc) Überspringen stiller Reserven zwischen den Wirtschaftsgütern

Im Folgenden wird untersucht, ob stille Reserven zwar nicht zwischen den Realteilern, dagegen aber möglicherweise durch die Anpassung der Buchwerte der übernommenen Wirtschaftsgüter an die Kapitalkonten zwischen den übertragenen Wirtschaftsgütern überspringen.

Es wurde bei der Analyse der Buchwertanpassungsmethode im Rahmen der Realteilung ohne Spitzenausgleich gezeigt, dass es bei der Anpassung der Buchwerte (1. Stufe) zu folgender Verlagerung der stillen Reserven kommt.[452]

$$\Delta\, stR_{Tb1}^{(1.Stufe)} = -Ap_{A}^{BwAp} \qquad (23a)$$

$$\Delta\, stR_{Tb2}^{(1.Stufe)} = -Ap_{B}^{BwAp} \qquad (23b)$$

In der 2. Stufe der Buchwertanpassungsmethode würde bei dem ausgleichverpflichteten Mitunternehmer A unter Berücksichtigung des Ansatzes des BFH der Spitzenausgleich in voller Höhe bei Teilbetrieb 1 als Anschaffungskosten aktiviert. Der Unterschiedsbetrag der stillen Reserven der 2. Stufe lässt sich durch Bildung der Differenz der stillen Reserven nach Abschluss der Realteilung und Anpassung der Buchwerte an die Eigenkapitalkonten ermitteln.

$$\begin{aligned} \Delta\, stR_{Tb1}^{(2.Stufe)} &= stR_{Tb1}^{SS} - stR_{Tb1}^{(1.Stufe)} \qquad (74) \\ &= \left(gW_{Tb1} - Bw_{Tb1}^{SS}\right) - \left(gW_{Tb1} - Bw_{Tb1}^{(1.Stufe)}\right) \\ &= \alpha \cdot \left(Bw_{Tb1} + Bw_{Tb2}\right) - \alpha \cdot \left(Bw_{Tb1} + Bw_{Tb2}\right) - Az \\ &= -Az \end{aligned}$$

452 Zur Herleitung siehe unter C. III. 4. d) S. 129 ff.

Hieraus würde folgen:

$$\Delta\, stR_{Tb1}^{(gesamt)} = \Delta\, stR_{Tb1}^{(1.Stufe)} + \Delta\, stR_{Tb1}^{(2.Stufe)} \qquad (75a)$$

$$= -Ap_A^{BwAp} - Az$$

Für Teilbetrieb 2 folgt hieraus unmittelbar:[453]

$$\Delta\, stR_{Tb2}^{(gesamt)} = -Ap_B^{BwAp} \qquad (75b)$$

Erkennbar würde also die Buchwertanpassungsmethode bei der Realteilung mit Spitzenausgleich i.d.R. für den Ausgleichsverpflichteten zu einer Veränderung stiller Reserven in Höhe des Unterschiedsbetrages der Buchwertanpassung der 1. Stufe und der Ausgleichszahlung führen. Es sei denn, es gilt $Ap_A^{BwAp} = -Az$, was in der Realität eher unwahrscheinlich sein dürfte.

Für die Ausgangssituation würde $Ap_A^{BwAp} = -Az$ bedeuten, dass gilt:

$$\alpha \cdot Bw_{Tb2} - (1-\alpha) \cdot Bw_{Tb1} = \alpha \cdot gW_{Tb2} - (1-\alpha) \cdot gW_{Tb1}$$

$$\Leftrightarrow$$

$$(1-\alpha) \cdot (gW_{Tb1} - Bw_{Tb1}) = \alpha \cdot (gW_{Tb2} - Bw_{Tb2})$$

$$\Leftrightarrow$$

$$\frac{(1-\alpha)}{\alpha} = \frac{(gW_{Tb2} - Bw_{Tb2})}{(gW_{Tb1} - Bw_{Tb1})} \qquad (76)$$

Das bedeutet, dass es bei der Buchwertanpassungsmethode nicht zu einem Überspringen stiller Reserven im Teilbetrieb 1 kommt, wenn das Verhältnis der Beteiligungsquoten dem Verhältnis der stillen Reserven der beiden Teilbetriebe entspricht.

Die ursprüngliche Verteilung der stillen Reserven bliebe unverändert.[454] Je nach bilanzieller Ausgangssituation kann die Aufstockung durch die Aktivierung der Ausgleichszahlung als Anschaffungskosten zu folgenden Konstellationen führen.

Wenn Gesellschafter A ausgleichspflichtig ist, gilt:

$$Bw_{Tb1}^{SS} = Bw_{Tb1} + Ap_A^{BwAp} + Az$$

$$Bw_{Tb2}^{SS} = Bw_{Tb2} + Ap_B^{BwAp}$$

453 Vgl. hierzu unter C. III. 4. d) S. 122 ff.

454 Vgl. unter C. III. 3 c) S. 105 ff.

Ist Gesellschafter B ausgleichpflichtig, gilt umgekehrt:

$$Bw_{Tb1}^{SS} = Bw_{Tb1} + Ap_{A}^{BwAp}$$

$$Bw_{Tb2}^{SS} = Bw_{Tb2} + Ap_{B}^{BwAp} + Az$$

Das Ergebnis zeigt, dass die Buchwertanpassungsmethode unter Berücksichtigung der fiktiven Kombination mit dem Ansatz des BFH dann nicht zu einem Überspringen stiller Reserven zwischen den Wirtschaftsgütern führen würde, wenn in der Ausgangssituation das Verhältnis der stillen Reserven der Teilbetriebe dem Beteiligungsverhältnis der Gesellschafter entspricht.[455]

Beispiel 15:

Die Ausgangssituation entspricht dem Beispiel 10.[456]

In der 1. Stufe werden die Buchwerte der übernommenen Wirtschaftsgüter den Eigenkapitalkonten der Gesellschafter ohne Berücksichtigung des Spitzenausgleichs angepasst.

Die erforderlichen Anpassungsbeträge (Aufstockungs- und Abstockungsbeträge) ergäben sich wie folgt:

Gesellschafter A:

- Allgemein:

$$Ap_{A}^{BwAp} = -\left[(1-\alpha)\cdot Bw_{Tb1} - \alpha \cdot Bw_{Tb2}\right] \tag{17a}$$

- im Zahlenbeispiel:

$$Ap_{A}^{BwAp} = -\left[0{,}5\cdot 200 \ - 0{,}5\cdot 160\right] = -20$$

Gesellschafter A hätte zur Herstellung des bilanziellen Gleichgewichts den Buchwert des übernommenen Teilbetriebes 1 um 20 abzustocken.

Gesellschafter B:

- Allgemein:

$$Ap_{B}^{BwAp} = (1-\alpha)\cdot Bw_{Tb1} - \alpha \cdot Bw_{Tb2} \tag{17b}$$

- im Zahlenbeispiel:

$$Ap_{B}^{BwAp} = 0{,}5\cdot 200 - 0{,}5\cdot 160 = 20$$

Gesellschafter B hätte dagegen zur Herstellung des bilanziellen Gleichgewichts den Buchwert des übernommenen Teilbetriebes 2 um 20 abzustocken.

---

455 Eine vergleichende Gegenüberstellung der Methoden der Buchwertanpassung und der alternativen Lösung erfolgt unter Punkt C. IV. 5. S. 226 ff.

456 Vgl. das Beispiel 10 auf S. 165.

Es ergäben sich entsprechend der Vorgehensweise der BFH-Lösung im ersten Schritt folgende Fortführungsbilanzen für die Realteiler.

Bilanz des Einzelunternehmens des A *ohne* Spitzenausgleich

	Bw	*gW*	*stR*		*Bw*	*gW*	*stR*
Teilbetrieb 1	200			Kapital A	180	2.000	1.820
–Abstockung	–20						
	180	2.000	1.820				
	180	2.000	1.820		180	2.000	1.820

Bilanz des Einzelunternehmens des B *ohne* Spitzenausgleich

	Bw	*gW*	*stR*		*Bw*	*gW*	*stR*
Teilbetrieb 2	160			Kapital B	180	1.600	1.420
+Aufstockung	+20						
	180	1.600	1.440				
	180	1.600	1.440		180	1.600	1.420

Die Auffassung des BFH führt zu einem Veräußerungsgewinn in Höhe des gesamten Spitzenausgleichs und damit zu Anschaffungskosten des ausgleichsberechtigten Gesellschafters B.

Gesellschafter A würde in seiner Fortführungsbilanz eine Verbindlichkeit in Höhe der von ihm an B zu leistenden Ausgleichszahlung von 200 passivieren. In gleicher Höhe hätte er bei dem von ihm übernommenen Teilbetrieb 1 Anschaffungskosten zu aktivieren. Daraus würde die folgende Bilanz resultieren:

Bilanz des Einzelunternehmens des A *mit* Spitzenausgleich

	Bw	*gW*	*stR*		*Bw*	*gW*	*stR*
Teilbetrieb 1	180			Kapital A	180	1.800	1.620
+Aufstockung	+200						
	380	2.000	1.620	Verbindlichkeit	200	200	–
	380	2.000	1.620		380	2.000	1.620

Der ausgleichsberechtigte Gesellschafter B würde den Ausgleichsanspruch gegenüber A in Höhe des Spitzensausgleichs aktivieren und einen Veräußerungsgewinn in gleicher Höhe passivieren, so dass sich die folgende Fortführungsbilanz ergibt:

Bilanz des Einzelunternehmens des B *mit* Spitzenausgleich

	Bw	*gW*	*stR*		*Bw*	*gW*	*stR*
Teilbetrieb 2	180	1.600	1.420	Kapital B	180	1.600	1.420
Forderung	200	200	–				
				Gewinn	200	200	–
	380	1.800	1.420		380	1.800	1.420

Gesellschafter A würde nach der Realteilung über 1.620 und Gesellschafter B unter Berücksichtigung der realisierten Reserven ebenfalls über 1.620 entsprechend der Ausgangssituation verfügen.

Teilbetrieb 1 würde nach abgeschlossener Realteilung über stille Reserven von 1.620 gegenüber der Ausgangssituation von 1.800 verfügen. Die stillen Reserven hätten also nach abgeschlossener Realteilung um 180 abgenommen. Dies entspräche der Differenz aus dem Anpassungsbetrag der Buchwerte und dem Spitzenausgleich des Gesellschafters B. Auf Teilbetrieb 2 würden stille Reserven von 1.420 gegenüber der Ausgangssituation von 1.440 entfallen. Die Buchwertanpassungsmethode würde im Ergebnis unter Berücksichtigung des Ansatzes des BFH zwar ein Überspringen stiller Reserven zwischen den Gesellschaftern, nicht jedoch zwischen den Wirtschaftsgütern verhindern.

c) Der Ansatz der Finanzverwaltung

aa) Vorgehensweise

Die Finanzverwaltung verfolgt bei der Anwendung der Kapitalkontenanpassungsmethode den Ansatz der anteiligen Buchwertgegenrechnung bei der Ermittlung des Veräußerungsgewinns des ausgleichsberechtigten Gesellschafters. Der Unterschied zur BFH-Lösung liegt nur in der 2. Stufe bei der Anpassung der Buchwerte durch den Spitzenausgleich.

Nachfolgend wird die Buchwertanpassungsmethode unter Berücksichtigung des Ansatzes des BMF in Bezug auf das Verhalten der stillen Reserven untersucht. In der 1. Stufe der Anpassung der Buchwerte der übernommenen Wirtschaftsgüter gäbe es keinen Unterschied zur Realteilung ohne Spitzenausgleich und zur BFH-Lösung. Die unterschiedlichen Ansätze würden sich hierbei auf die 2. Stufe der Bilanzierung des Spitzenausgleichs beziehen.

Bezogen auf die grundsätzliche Vorgehensweise hätte dies folgende Konsequenzen:

Die Realteilung wäre in der 1. Stufe ohne einen etwaigen Spitzenausgleich durchzuführen. Gesellschafter A und B hätten ihre Buchwerte der übernommenen

Wirtschaftsgüter durch Abstockung bzw. Aufstockung in Höhe der Differenz zwischen dem Buchwert des übernommenen Teilbetriebes und dem Buchwert ihrer Eigenkapitalkonten anzupassen.

In der 2. Stufe der Behandlung der Ausgleichszahlung hätte der Ausgleichsverpflichtete

- in Höhe des gesamten Spitzenausgleichs eine Verbindlichkeit gegenüber dem Ausgleichsberechtigten B zu passivieren,
- den Buchwert seines übernommenen Vermögens in Höhe des Veräußerungsgewinns des ausgleichsberechtigten Gesellschafters B aufzustocken und
- in Höhe der ggf. gegen zurechnenden Anschaffungskosten des ausgleichsberechtigten Realteilers B für die abgegebenen Vermögenswerte sein Eigenkapitalkonto abzustocken.

Der die Ausgleichszahlung empfangene Gesellschafter B hätte

- in Höhe des gesamten Spitzenausgleichs eine Forderung gegenüber dem ausgleichsverpflichteten Realteiler A zu aktivieren,
- den Veräußerungsgewinn in Höhe der Differenz zwischen der erhaltenen Ausgleichszahlung und den Anschaffungskosten des an den Ausgleichsverpflichteten veräußerten Vermögens zu passivieren und
- in Höhe dieser Anschaffungskosten sein Eigenkapitalkonto aufzustocken.

Bei der Realteilung mit Spitzenausgleich gelten in der 1. Stufe der Buchwertanpassung zur Herstellung des bilanziellen Gleichgewichts die gleichen Bedingungen wie bei der Realteilung ohne Spitzenausgleich.[457]

bb) Überspringen stiller Reserven zwischen den Gesellschaftern

Der Buchwert des von Gesellschafter A übernommenen Teilbetriebes würde sich in der 1. und 2. Stufe wie folgt entwickeln:

1. Stufe: $$Bw_{Tb1}^{(1.Stufe)} = \alpha \cdot \left(Bw_{Tb1} + Bw_{Tb2} \right) \quad (77)$$

2. Stufe: $$Bw_{Tb1}^{SS} = Bw_{Tb1}^{(1.Stufe)} + VG_{BMF} = \alpha \cdot \left(Bw_{Tb1} + Bw_{Tb2} \right) + Az - AK_{BMF} \quad (78)$$

Bereits hier ist der Unterschied zur BFH-Lösung erkennbar, bei der sich in der 2. Stufe der Buchwert in Höhe der vollen Ausgleichszahlung erhöht, während bei der BMF-Lösung die Anschaffungskosten gegen gerechnet werden. Die Lösung des BMF würde folglich nicht zu dem gleichen Ergebnis führen, es sei denn, es ergäben sich hier grundsätzlich Anschaffungskosten von Null.

---

457 Vgl. unter C. III. 4. b) S. 124 ff.

Es wurde bei der Analyse der Buchwertanpassungsmethode im Rahmen der Realteilung ohne Spitzenausgleich gezeigt, dass es bei der Anpassung der Buchwerte (1. Stufe) zu folgender Verlagerung der stillen Reserven kommt.[458]

$$\Delta\, stR_A^{(1.Stufe)} = (1-\alpha)\cdot gW_{Tb1} - \alpha\cdot gW_{Tb2} = Az \qquad \text{(14a) und (36a)}$$

$$\Delta\, stR_B^{(1.Stufe)} = -(1-\alpha)\cdot gW_{Tb1} + \alpha\cdot gW_{Tb2} = -Az \qquad \text{(14b) und (36b)}$$

Die Verlagerung der stillen Reserven in der 2. Stufe würde sich ergeben aus:

$$\begin{aligned}\Delta\, stR_A^{(2.Stufe)} &= stR_A^{SS} - stR_A^{(1.Stufe)} \qquad \text{(79a)}\\ &= \left(gW_{Tb1} - Bw_{Tb1}^{SS}\right) - \left(gW_{Tb1} - Bw_{Tb1}^{(1.Stufe)}\right)\\ &= Bw_{Tb1}^{(1.Stufe)} - Bw_{Tb1}^{SS}\\ &= \alpha\cdot\left(Bw_{Tb1} + Bw_{Tb2}\right) - \alpha\cdot\left(Bw_{Tb1} + Bw_{Tb2}\right) - Az + AK_{BMF}\\ &= -Az + AK_{BMF} = -VG_{BMF}\end{aligned}$$

Hieraus ist leicht erkennbar, dass es bei der Buchwertanpassungsmethode in Kombination mit dem BMF-Ansatz im Ergebnis gegenüber der Ausgangssituation zu einer Verlagerung der stillen Reserven kommen würde, denn es gilt:

$$\begin{aligned}\Delta\, stR_A^{(gesamt)} &= \Delta\, stR_A^{(1.Stufe)} + \Delta\, stR_A^{(2.Stufe)} \qquad \text{(80a)}\\ &= Az - Az + AK_{BMF}\\ &= AK_{BMF}\end{aligned}$$

Für Gesellschafter B würde sich ergeben:

$$\begin{aligned}\Delta\, stR_B^{(2.Stufe)} &= stR_B^{SS} - stR_B^{(1.Stufe)} \qquad \text{(79b)}\\ &= \left(gW_{Tb2} - Bw_{Tb2}^{SS} + VG_{BMF}\right) - \left(gW_{Tb2} - Bw_{Tb2}^{(1.Stufe)}\right)\\ &= gW_{Tb2} - Bw_{Tb2}^{(1.Stufe)} + VG_{BMF} - gW_{Tb2} + Bw_{Tb2}^{(1.Stufe)}\\ &= VG_{BMF} = Az - AK_{BMF}\end{aligned}$$

Hieraus würde folgen:

$$\begin{aligned}\Delta\, stR_B^{(gesamt)} &= \Delta\, stR_B^{(1.Stufe)} + \Delta\, stR_B^{(2.Stufe)} \qquad \text{(80b)}\\ &= -Az + Az - AK_{BMF}\\ &= -AK_{BMF}\end{aligned}$$

458 Zur Herleitung siehe unter C. III. 4. c) 127 ff.

Bei der Buchwertanpassungsmethode unter Berücksichtigung des Ansatzes des BMF würden sich nach Abschluss der Realteilung mit Spitzenausgleich gegenüber der Ausgangssituation stille Reserven in Höhe der Anschaffungskosten zwischen den Realteilern verschieben.

Der Veräußerungsgewinn beträgt:

$$VG_{BMF} = Az - AK_{BMF} \tag{47}$$

$$\Leftrightarrow$$

$$AK_{BMF} = Az - VG_{BMF}$$

Daraus folgt:

$$AK_{BMF} \overset{>}{\underset{<}{=}} 0 \text{ für } Az \overset{>}{\underset{<}{=}} VG_{BMF} \tag{81}$$

Die Anschaffungskosten des BMF können allerdings nicht negativ und nur für den besonderen Fall mit $Az = 0$ Null betragen. Das folgt unmittelbar aus

$$AK_{BMF} = \delta \cdot Bw_{Tb1} = \frac{Az}{gW_{Tb1}} \cdot Bw_{Tb1} > 0 \text{ für } Az, Bw_{Tb1} > 0 \tag{82}$$

Wären die Anschaffungskosten des ausgleichsberechtigten Gesellschafters gleich Null, dann wäre der Betrag der übergesprungenen stillen Reserven gegenüber der Ausgangssituation Null. Dieses Ergebnis entspräche exakt der Buchwertanpassung nach der BFH-Lösung, da der BFH genau diese Annahme zugrunde legt, so dass gilt: $AK_{BMF} = 0$ und $Az = VG_{BMF}$. Da diese Voraussetzung nur den Fall der Realteilung ohne Spitzenausgleich betrifft, würde dieser Lösungsansatz nicht grundsätzlich – wie gewünscht – ein Überspringen stiller Reserven verhindern.

cc) Überspringen stiller Reserven zwischen den Wirtschaftsgütern

Im Folgenden wird untersucht, ob stille Reserven durch die Anpassung der Buchwerte der übernommenen Wirtschaftsgüter an die Kapitalkonten zwischen den übertragenen Wirtschaftsgütern überspringen.

Es wurde bei der Analyse der Buchwertanpassungsmethode im Rahmen der Realteilung ohne Spitzenausgleich gezeigt, dass es bei der Anpassung der Buchwerte (1. Stufe) zu folgender Verlagerung der stillen Reserven kommt.[459]

$$\Delta\, stR_{Tb1}^{(1.Stufe)} = -Ap_{A}^{BwAp} \tag{23a}$$

$$\Delta\, stR_{Tb2}^{(1.Stufe)} = -Ap_{B}^{BwAp} \tag{23b}$$

459 Zur Herleitung siehe unter C. III. 4. d) S. 129 ff.

In der 2. Stufe der Buchwertanpassungsmethode würde bei dem ausgleichverpflichteten Mitunternehmer A unter Berücksichtigung des Ansatzes des BMF der Veräußerungsgewinn bei Teilbetrieb 1 als Anschaffungskosten aktiviert. Der Unterschiedsbetrag der stillen Reserven der 2. Stufe lässt sich durch Bildung der Differenz der stillen Reserven nach Abschluss der Realteilung und Anpassung der Buchwerte an die Eigenkapitalkonten ermitteln.

$$\begin{aligned}\Delta\, stR_{Tb1}^{(2.Stufe)} &= stR_{Tb1}^{SS} - stR_{Tb1}^{(1.Stufe)} \\ &= \left(gW_{Tb1} - Bw_{Tb1}^{SS}\right) - \left(gW_{Tb1} - Bw_{Tb1}^{(1.Stufe)}\right) \\ &= Bw_{Tb1}^{(1.Stufe)} - Bw_{Tb1}^{SS} \\ &= \alpha \cdot \left(Bw_{Tb1} + Bw_{Tb2}\right) - \alpha \cdot \left(Bw_{Tb1} + Bw_{Tb2}\right) - VG_{BMF} \\ &= -VG_{BMF}\end{aligned} \tag{83}$$

Hieraus würde folgen:

$$\begin{aligned}\Delta\, stR_{Tb1}^{(gesamt)} &= \Delta\, stR_{Tb1}^{(1.Stufe)} + \Delta\, stR_{Tb1}^{(2.Stufe)} \\ &= -Ap_A^{BwAp} - VG_{BMF}\end{aligned} \tag{84a}$$

Für Teilbetrieb 2 folgt hieraus unmittelbar:[460]

$$\Delta\, stR_{Tb2}^{(gesamt)} = -Ap_B^{BwAp} \tag{84b}$$

Erkennbar würde also die Buchwertanpassungsmethode i.d.R. zu einer Veränderung stiller Reserven zwischen den Wirtschaftsgütern führen. Es sei denn, es gilt $-Ap_A^{BwAp} = VG_{BMF}$, was in der Realität eher unwahrscheinlich sein dürfte.

Für die Ausgangssituation würde $-Ap_A^{BwAp} = VG_{BMF}$ bedeuten, dass gilt:

$$(1-\alpha) \cdot Bw_{Tb1} - \alpha \cdot Bw_{Tb2} = (1-\alpha) \cdot gW_{Tb1} - \alpha \cdot gW_{Tb2} - AK_{BMF}$$

$$\Leftrightarrow$$

$$AK_{BMF} = (1-\alpha) \cdot \left(gW_{Tb1} - Bw_{Tb1}\right) - \alpha \cdot \left(gW_{Tb2} - Bw_{Tb2}\right)$$

$$\Leftrightarrow$$

$$AK_{BMF} = (1-\alpha) \cdot stR_{Tb1} - \alpha \cdot stR_{Tb2} \tag{85}$$

---

460 Vgl. hierzu auch unter C. III. 4. d) S. 129 ff.

Im Ergebnis würde die Buchwertanpassungsmethode unter Berücksichtigung des Ansatzes der Finanzverwaltung nur für den besonderen Fall $-Ap_A^{BwAp} = -Ap_B^{BwAp} = Az = VG_{BMF}$ zu dem gewünschten Ergebnis führen, d.h. für den Fall, dass die Anschaffungskosten des ausgleichsberechtigten Gesellschafters für den an den ausgleichsverpflichteten Gesellschafter übergegangenen Vermögens gleich Null sind $(AK_{BMF} = 0)$. Diese Voraussetzung wäre jedoch höchstens zufällig erfüllt, so dass bei diesem Lösungsansatz im Regelfall sowohl stille Reserven zwischen den Realteilern und den übernommenen Wirtschaftsgütern überspringen würden. Im Gegensatz dazu würde der Ansatz des BFH bei der Buchwertanpassung regelmäßig ein Überspringen zwischen den Gesellschaftern verhindern, was aufgrund der mathematischen Herleitung im Vergleich auch logisch ist. Die Methode der Buchwertanpassung unter Berücksichtigung der Anschaffungskosten nach dem Ansatz des BMF ist für die Praxis ungeeignet, da sowohl stille Reserven zwischen den übernommenen Wirtschaftsgütern als auch zwischen den Realteilern überspringen könnten.

Beispiel 16:

Die Ausgangssituation entspricht dem Beispiel 10.[461]

In der 1. Stufe werden die Buchwerte der übernommenen Wirtschaftsgüter den Eigenkapitalkonten der Gesellschafter ohne Berücksichtigung des Spitzenausgleichs angepasst, so dass sich hier die gleichen Anpassungsbeträge wie bei der BFH-Lösung ergeben. Aus diesem Grunde wird auf eine nochmalige Darstellung der Ermittlung der Aufstockungs- und Abstockungsbeträge hier verzichtet. Es ergäben sich entsprechend der Vorgehensweise der BFH-Lösung im ersten Schritt die gleichen Fortführungsbilanzen für die Realteiler.[462]

Der wesentliche Unterschied besteht in der 2. Stufe der Bilanzierung des Spitzenausgleichs. Im Unterschied zum BFH, der die Ausgleichszahlung in voller Höhe als Anschaffungskosten aktiviert, legt die Finanzverwaltung zur Ermittlung des Veräußerungsgewinns eine anteilige Buchwertgegenrechnung zu Grunde.

Die Anschaffungskosten des Gesellschafters B betragen:[463]

$$AK_{BMF} = \frac{Az}{gW_{Tb1}} \cdot Bw_{Tb1}^{(1.Stufe)} = \frac{200}{2.000} \cdot 180 = 18 \qquad (46)$$

461 Vgl. das Beispiel 10 auf S. 165.
462 Vgl. das Beispiel 15 auf S. 216.
463 Vgl. unter C. IV. 3. b) bb) S. 169.

Die Fortführungsbilanzen der Realteiler ergäben sich nach dem Ansatz des BMF wie folgt: Gesellschafter A würde in seiner Fortführungsbilanz eine Verbindlichkeit in Höhe der von ihm an B zu leistenden Ausgleichszahlung von 200 passivieren. In Höhe des Veräußerungsgewinns von 182 hätte er bei dem von ihm übernommenen Teilbetrieb 1 Anschaffungskosten zu aktivieren. In Höhe der Anschaffungskosten des ausgleichsberechtigten Gesellschafters B für die abgegebenen Vermögenswerte hätte er sein Eigenkapitalkonto abzustocken. Daraus würde die folgende Bilanz resultieren:

Bilanz des Einzelunternehmens des A *mit* Spitzenausgleich

	Bw	*gW*	*stR*		*Bw*	*gW*	*stR*
Teilbetrieb 1	180			Kapital A	180		
+Aufstockung	+182			–Ab-	–18		
	362	2.000	1.638	stockung	162	1.800	1.638
				Verbindlichkeit	200	200	–
	362	2.000	1.638		362	2.000	1.638

Der ausgleichsberechtigte Gesellschafter B würde den Ausgleichsanspruch gegenüber A in Höhe des gesamten Spitzensausgleichs aktivieren und den Veräußerungsgewinn in Höhe der Differenz zwischen der erhaltenen Ausgleichszahlung und den Anschaffungskosten des an den ausgleichverpflichteten Gesellschafter A veräußerten Vermögens passivieren. In Höhe dieser Anschaffungskosten hätte er sein Eigenkapitalkonto aufzustocken, so dass sich die folgende Fortführungsbilanz ergeben würde:

Bilanz des Einzelunternehmens des B *mit* Spitzenausgleich

	Bw	*gW*	*stR*		*Bw*	*gW*	*stR*
Teilbetrieb 2	180	1.600	1.420	Kapital B	180		
Forderung	200	200	–	+Auf-	+18		
				stockung	198	1.618	1.420
				Gewinn	182	182	–
	380	1.800	1.420		380	1.800	1.420

Gesellschafter A würde nach abgeschlossener Realteilung über stille Reserven von 1.638 gegenüber der Ausgangssituation von 1.620 verfügen. Die stillen Reserven hätten also nach abgeschlossener Realteilung um 18 zugenommen. Dies entspräche der Differenz aus der Ausgleichszahlung und dem Veräußerungsgewinn des Gesellschafters B, somit den Anschaffungskosten des an den

Ausgleichsverpflichteten veräußerten Vermögens. Auf Gesellschafter B würden stille Reserven von 1.420 gegenüber der Ausgangssituation von 1.620 entfallen. Unter Berücksichtigung der in Form des Veräußerungsgewinns aufgedeckten stillen Reserven in Höhe von 182 würden die stillen und aufgedeckten Reserven damit insgesamt 1.602 betragen. Gesellschafter B hätte nach abgeschlossener Realteilung stille Reserven von 18 verloren.

Teilbetrieb 1 würde nach abgeschlossener Realteilung über stille Reserven von 1.638 (BFH-Lösung 1.620) gegenüber der Ausgangssituation von 1.800 verfügen. Die stillen Reserven hätten also nach abgeschlossener Realteilung um 162 (BFH-Lösung 180) abgenommen. Dies entspräche der Differenz aus dem Anpassungsbetrag der Buchwerte und dem Veräußerungsgewinn des Gesellschafters B. Auf Teilbetrieb 2 würden stille Reserven von 1.420 gegenüber der Ausgangssituation von 1.440 (wie BFH-Lösung) entfallen.

d) Zusammenfassendes Ergebnis

Die Analyse der Buchwertanpassungsmethode unter der fiktiven Kombination der Ansätze des BFH und BMF haben gezeigt, dass beide Ansätze bei der Realeilung mit Spitzenausgleich nicht zum gewünschten Ergebnis führen, weil sie ein Überspringen stiller Reserven nicht grundsätzlich verhindern.

Es konnte gezeigt werden, dass bei der Buchwertanpassungsmethode unter Berücksichtigung des Ansatzes des BFH ein Überspringen der stillen Reserven zwischen den Realteilern generell verhindert würde. Dagegen würde dieser Ansatz ein Überspringen stiller Reserven zwischen den Wirtschaftsgütern nicht verhindern.

Gleichwohl könnte die Buchwertanpassungsmethode unter Berücksichtigung des Ansatzes des BFH eine alternative Methode zur Kapitalkontenanpassung sein, wenn man berücksichtigt, dass zwischen den Realteilern keine stillen Reserven überspringen und die Verlagerung stiller Reserven zwischen den Wirtschaftsgütern sowie der Verstoß gegen das Anschaffungskostenprinzip insoweit toleriert wird, als dass der Aufstockungsbetrag kleiner ist, als die enthaltenen stillen Reserven.

Hinsichtlich des Ansatzes des BMF zeigt die Analyse dagegen, dass es bei diesem Lösungsansatz auch zu einem Überspringen der stillen Reserven zwischen den Realteilern kommen würde. Ein Überspringen der stillen Reserven würde nur verhindert, wenn die Anschaffungskosten des ausgleichsberechtigten Gesellschafters gleich Null sind. Da diese Voraussetzung höchstens zufällig erfüllt ist, verhindert dieser Lösungsansatz nicht grundsätzlich – wie gewünscht – ein Überspringen stiller Reserven zwischen den Gesellschaftern. Die Analyse zeigt, dass sich zusätzlich stille Reserven zwischen den übernommenen Wirtschaftsgütern verlagern würden. Die Methode der Buchwertanpassung unter Berücksichtigung der Anschaffungskosten nach dem Ansatz des BMF ist damit abzulehnen.

5. Die Synthese der Buchwertanpassung

Die Analyse der beiden Methoden zur Kapitalkonten- und Buchwertanpassung hat gezeigt, dass die unterschiedlichen Ansätze zu verschiedenen Ergebnissen führen. Bei der Kapitalkontenanpassung konnte aufgezeigt werden, dass der alternative Lösungsansatz als modifizierte Methode eine sinnvolle Behandlung der Realteilung mit Spitzenausgleich darstellt. Bei der weitergehenden Untersuchung der Buchwertanpassungsmethode wurde schließlich die Buchwertanpassung unter Berücksichtigung des Ansatzes des BFH als eine Methode identifiziert, bei der es auch bei der Realteilung mit Spitzenausgleich nicht zu einem Überspringen stiller Reserven zwischen den Gesellschaftern kommt.

Im Folgenden wird das Verhältnis beider Ergebnisse zueinander untersucht, um herauszufinden, welche der beiden Alternativen vorzuziehen ist. Denn bei beiden Methoden springen zwar stille Reserven nicht zwischen den Realteilern, dagegen verändern sich aber möglicherweise durch Anpassung der Buchwerte der übernommenen Wirtschaftsgüter die stillen Reserven in den übertragenen Wirtschaftgütern.

Hierzu werden zunächst die Buchwerte der übernommenen Wirtschaftsgüter in den Fortführungsbilanzen der Gesellschafter nach abgeschlossener Realteilung mit Spitzenausgleich betrachtet.

Buchwertanpassungsmethode:

Der Buchwert von Teilbetrieb 1 wird durch eine zweistufige Anpassung wie folgt verändert:

$$\begin{aligned} Bw_{Tb1}^{SS} &= Bw_{Tb1} + Ap_A^{BwAp} + Az \\ &= Bw_{Tb1} - (1-\alpha) \cdot Bw_{Tb1} + \alpha \cdot Bw_{Tb2} + Az \\ &= \alpha \cdot (Bw_{Tb1} + Bw_{Tb2}) + Az \\ &= EK_A + Az \end{aligned} \tag{86}$$

Der Buchwert von Teilbetrieb 2 wird dagegen nur in der 1. Stufe dem Eigenkapitalkonto des Gesellschafters B angepasst:

$$Bw_{Tb2}^{SS} = Bw_{Tb2} + Ap_B^{BwAp} \tag{87}$$

$$= Bw_{Tb2} + (1-\alpha) \cdot Bw_{Tb1} - \alpha \cdot Bw_{Tb2}$$

$$= (1-\alpha) \cdot (Bw_{Tb1} + Bw_{Tb2})$$

$$= EK_B$$

Kapitalkontenanpassungsmethode:

Der Buchwert von Teilbetrieb 1 wird nur in der 2. Stufe um den Veräußerungsgewinn erhöht:

$$\begin{aligned} Bw_{Tb1}^{SS} &= Bw_{Tb1} + VG_{AL} \\ &= Bw_{Tb1} + Az - AK_{AL} \\ &= Bw_{Tb1} - (1-\alpha) \cdot Bw_{Tb1} + \alpha \cdot Bw_{Tb2} + Az \\ &= \alpha \cdot (Bw_{Tb1} + Bw_{Tb2}) + Az \\ &= EK_A + Az \end{aligned} \tag{60a}$$

Der Buchwert von Teilbetrieb 2 bleibt unverändert:

$$Bw_{Tb2}^{SS} = Bw_{Tb2} \tag{60b}$$

Erkennbar führen beide Methoden hinsichtlich des von dem ausgleichsverpflichteten Gesellschafter A übernommenen Teilbetriebes 1 exakt zu dem gleichen Buchwert nach abgeschlossener Realteilung. Die Ursache für die Buchwertidentität von Teilbetrieb 1 liegt darin, dass die Definition der Anschaffungskosten bei der Kapitalkontenanpassung dem Anpassungsbetrag bei der Buchwertanpassung mit umgekehrtem Vorzeichen entspricht $\left(-AK_{AL} = Ap_A^{BwAp}\right)$. In der Summe kommt es bei beiden Methoden zum gleichen Anpassungsbetrag für den vom ausgleichsverpflichteten Gesellschafter übernommenen Teilbetrieb 1. Ein Unterschied verbleibt offensichtlich nur bei Teilbetrieb 2, der sich bei der modifizierten Kapitalkontenanpassungsmethode nicht verändert. Je nach bilanzieller Ausgangssituation wird der Buchwert von Teilbetrieb 2 bei der Buchwertanpassung dagegen aufgestockt oder abgestockt.

Bezüglich der durch die Anpassung der Buchwerte veränderten stillen Reserven lässt sich folgendes zeigen:

Buchwertanpassungsmethode:[464]

$$\Delta\, stR_{Tb1} = -Ap_A^{BwAp} - Az \tag{75a}$$

$$\Delta\, stR_{Tb2} = -Ap_B^{BwAp} \tag{75b}$$

Kapitalkontenanpassungsmethode:[465]

$$\Delta\, stR_{Tb1} = Ap_A^{KapAp} - Az \tag{71a}$$

$$\Delta\, stR_{Tb2} = 0 \tag{71b}$$

Aus $-Ap_A^{BwAp} = Ap_A^{KapAp}$ folgt unmittelbar, dass die Beträge der Veränderung der stillen Reserven bezüglich des Teilbetriebes 1 in beiden Methoden gleich hoch sind.[466] Entscheidend ist die Erkenntnis, dass es bei beiden Methoden zu einer Veränderung in Höhe des Veräußerungsgewinns der modifizierten Kapitalkontenanpassungsmethode kommt, denn es gilt:

$$\begin{aligned} \Delta\, stR_{Tb1} &= -Ap_A^{BwAp} - Az \\ &= Ap_A^{KapAp} - Az \\ &= AK_{AL} - Az \\ &= -VG_{AL} \end{aligned} \tag{88}$$

Es kommt bei beiden Methoden zu einer Anpassung des Buchwertes des Teilbetriebes 1 in Höhe des zutreffenden Veräußerungsgewinns der alternativen Lösung. Das heißt im Allgemeinen, dass die Buchwerte des von dem ausgleichsverpflichteten Gesellschafter übernommenen Teilbetriebes bei beiden Methoden nach abgeschlossener Realteilung stets identisch sind. Das gilt unabhängig von der bilanziellen Ausgangssituation, da bei beiden Methoden gilt: $Bw_{Tb1}^{SS} = EK_A + Az$.

Im Fall negativer Anschaffungskosten würde der ausgleichsberechtigte Gesellschafter B bei der Buchwertanpassungsmethode die Buchwerte des übernommenen Teilbetriebes 2 abstocken, was zumindest aus bilanzrechtlicher Sicht unkritisch ist. Das hat zur Folge, dass in diesem Fall beide Methoden zu einem vergleichbaren Ergebnis führen – mit Verstoß gegen das Anschaffungskostenprinzip bezüglich des Teilbetriebes 1. Die Buchwertanpassungsmethode führt also im Vergleich nur im Fall positiver Anschaffungskosten zu einer nicht unkritischen (zusätzlichen) Aufstockung des Buchwertes des Teilbetriebes 2.

---

464 Vgl. unter C. IV. 4. b) cc) S. 214 ff.

465 Zur Herleitung siehe unter C. IV. 3. d) bb) S. 200 ff.

466 Vgl. unter C. III. 4. b) S. 124 ff.

Die Analyse zeigt also, dass im Vergleich beider Methoden lediglich ein Unterschied in dem von dem ausgleichsberechtigten Gesellschafter übernommenen Teilbetrieb 2 zu finden ist. Während sich bei der Buchwertanpassung die stillen Reserven in Teilbetrieb 2 durch Aufstocken oder Abstocken stets verändern, bleiben diese bei der Kapitalkontenanpassungsmethode mangels Anpassung des Buchwertes von Teilbetrieb 2 unverändert. Während die Abstockung des Buchwertes des Teilbetriebes 2 insoweit unproblematisch ist, ist die Aufstockung des Buchwertes insbesondere wegen des Verstoßes gegen das Anschaffungskostenprinzip nicht unkritisch.[467] Bei der modifizierten Kapitalkontenanpassungsmethode stellt sich diese Frage bezüglich des Teilbetriebes 2 nicht.

Des Weiteren ergeben sich bei beiden Methoden unterschiedliche Veräußerungsgewinne und damit unterschiedliche Steuerzahlungen für den ausgleichberechtigten Gesellschafter. Während bei der Buchwertanpassungsmethode nach dem Ansatz des BFH ein Veräußerungsgewinn in Höhe der Ausgleichzahlung zu versteuern wäre, entsteht bei der alternativen Lösung durch die Buchwertgegenrechnung ein entsprechend niedrigerer Veräußerungsgewinn. Dies kann einen nicht unbedeutenden Liquiditätsvorteil für den Ausgleichsberechtigten zur Folge haben.

Vor diesem Hintergrund ist der modifizierten Kapitalkontenanpassungsmethode als alternative Lösung eindeutig der Vorzug zu geben, auch wenn sie im Fall negativer Anschaffungskosten nicht allen bilanzrechtlichen Grundsätzen genügt und eine Mischform zur Buchwertanpassungsmethode darstellt. Sie ist aber von allen Methoden die praktikabelste und vor allem die einzige, die dem gewünschten Ergebnis einer Gleichverteilung der stillen Reserven bei Realteilungen mit Spitzenausgleich am nächsten kommt und hat damit den höchsten Grad der Zielerreichung. Das Überspringen stiller Reserven zwischen den Realteilern wird generell vermieden, die Buchwertfortführung nahezu vollständig erreicht. Die Entscheidung des BFH – und diesem folgend auch des BMF – gegen die Buchwertanpassungsmethode zugunsten der Kapitalkontenanpassung ist im Ergebnis auch im Fall der Realteilung mit Spitzenausgleich richtig.

6. Zusammenfassung

Die modelltheoretische Analyse der Kapitalkontenanpassungsmethode zeigt, dass es unter den von der Rechtsprechung und Finanzverwaltung zugrunde gelegten Prämissen der angewendeten Methodik grundsätzlich zu dem bei der steuerneutralen Realteilung unerwünschten Überspringen stiller Reserven zwischen den Gesellschaftern kommt. Die Vorgehensweise der Kapitalkontenanpassungsmethode

467 Vgl. die Ausführungen zu C. III. 4. e) S. 130 ff. – Rechtfertigung der Buchwertanpassung.

ist zwar unbestritten. Es konnte aber gezeigt werden, dass der Fehler in der Ermittlung des Veräußerungsgewinns für den ausgleichsberechtigten Gesellschafter und damit in der Definition der Anschaffungskosten liegt.

Nach der Auffassung des BFH hat der ausgleichsverpflichtete Gesellschafter seine übernommenen Buchwerte in Höhe der Ausgleichsleistung aufzustocken. Die BFH-Lösung führt im Regelfall zu einem Überspringen stiller Reserven in Höhe des Anpassungsbetrages vom aufstockenden auf den abstockenden Realteiler. Sie verhindert lediglich ein Überspringen stiller Reserven zwischen den Mitunternehmern, wenn das Verhältnis der Buchwerte dem Verhältnis der Beteiligungsquoten entspricht, also eine Kapitalkontenanpassung unnötig wäre. Der BFH gibt dieser Methode zwar konsequent den Vorzug, verkennt aber die Verletzung des Anschaffungskostenprinzips, da in dem vom Ausgleichsverpflichteten übernommenen Buchwerten ein von dem ausgleichsberechtigten Gesellschafter an den ausgleichsverpflichteten Gesellschafter veräußerter anteiliger Buchwert enthalten ist. Durch die unzutreffende Aktivierung dieses Mehrbetrages kommt es in dieser Höhe zu einem Überspringen stiller Reserven. Der BFH hat diesen Fehler nicht erkannt. Die Lösung ist damit unbrauchbar.

Entgegen der Rechtsprechung des BFH folgt die Finanzverwaltung dieser Auffassung nicht und legt bei der Realteilung mit Spitzenausgleich unter Bezugnahme auf die Vorgehensweise bei der Erbauseinandersetzung eine anteilige Buchwertgegenrechnung zur Ermittlung des Veräußerungsgewinns zugrunde. Sie ermittelt den durch den ausgleichsberechtigten Realteiler veräußerten anteiligen Buchwert als Quotient aus dem Spitzenausgleich und dem gemeinen Wert des dem anderen überlassenen Vermögens. Sie teilt damit den vom ausgleichsverpflichteten Realteiler erhaltenen Teilbetrieb in einen unentgeltlich und einen entgeltlich erworbenen Teil auf. Für den ausgleichsberechtigten Gesellschafter ergeben sich die Anschaffungskosten dann durch Multiplikation dieses Anteils mit dem Buchwert des (teilweise) veräußerten Teilbetriebes. Für den ausgleichsberechtigten Realteiler ergibt sich im Allgemeinen ein Veräußerungsgewinn in Höhe der Differenz zwischen der Ausgleichszahlung und den Anschaffungskosten.

Die Analyse zeigt, dass es im Regelfall auch hier zu einem Überspringen stiller Reserven zwischen den Realteilern kommt. Das gewünschte Ergebnis wird nur in einem besonderen Fall erreicht, nämlich wenn der Anpassungsbetrag der Kapitalkonten den Anschaffungskosten des ausgleichsberechtigten Gesellschafters entspricht, bzw. die Verhältnisse zwischen Buchwerten und gemeinen Werten der beiden Teilbetriebe identisch sind. Die BMF-Lösung ist deshalb nicht uneingeschränkt nutzbar. Die Methodik zielt zwar in die richtige Richtung, dürfte aber für die Praxis unbrauchbar sein. Der Fehler liegt in einer unzutreffenden Definition der Anschaffungskosten des die Ausgleichsleistung empfangenden Gesellschafters.

Im Rahmen der alternativen Lösung wurde gezeigt, dass der Ausgleichsberechtigte die Differenz zwischen dem Buchwert, den er hätte erhalten müssen, und dem Buchwert, den er tatsächlich erhalten hat, veräußert. Und genau diese Differenz entspricht den Anschaffungskosten des an den ausgleichsverpflichteten Realteiler veräußerten Vermögens. Es wurde bewiesen, dass bei der modifizierten Kapitalkontenanpassungsmethode die Anschaffungskosten exakt dem Anpassungsbetrag des ausgleichsverpflichteten Gesellschafters entsprechen. Ein Überspringen stiller Reserven wird damit generell vermieden.

Die Alternativlösung führt auch für den Fall negativer Anschaffungskosten zu dem gewünschten Ergebnis mit der Einschränkung, dass die Anpassung der Buchwerte über die Höhe der Ausgleichszahlung entsprechend der Buchwertanpassungsmethode wegen des Verstoßes gegen das Anschaffungskostenprinzip nicht unkritisch zu betrachten ist.

Die Analyse der Buchwertanpassungsmethode unter fiktiver Kombination der Ansätze des BFH und BMF zeigt, dass in dieser Methode unter Berücksichtigung des Ansatzes des BFH eine alternaive Methodik gesehen werden kann. Es kommt bei der Buchwertanpassungsmethode unter Berücksichtigung des Ansatzes des BFH bei der Realteilung mit Spitzenausgleich nicht zu einem Überspringen stiller Reserven zwischen den Gesellschaftern. Es verlagern sich aber stille Reserven zwischen den übernommenen Wirtschaftsgütern in den Fortführungsbilanzen der Realteiler. Ein Vergleich der Buchwertanpassungsmethode unter Berücksichtigung des Ansatzes des BFH und der modifizierten Kapitalkontenanpassungsmethode hat gezeigt, dass die Veränderung der stillen Reserven bei von dem ausgleichsverpflichteten Gesellschafter übernommenen Teilbetrieb bei beiden Methoden identisch ist und die Anpassung zum gleichen Buchwert führt. Der Unterschied liegt nur bei dem Buchwert des von dem anderen Gesellschafter übernommenen Teilbetriebes, der sich bei der modifizierten Kapitalkontenanpassungsmethode nicht verändert sowie in der unterschiedlichen Höhe des für den ausgleichsberechtigten Gesellschafter entstehenden Veräußerungsgewinns. Die alternative Lösung ist damit von allen denkbaren Methoden die praktikabelste und beweist trotz der einschränkenden Beurteilung im Falle negativer Anschaffungskosten den höchsten Zielerreichungsgrad.

Die Entscheidung des BFH und BMF gegen die Buchwertanpassungsmethode zugunsten der Kapitalkontenanpassungsmethode ist letztlich richtig, nur die zugrunde liegenden Denkansätze sind fehlerhaft. Der Gesetzgeber hätte jedoch die Reform des Bilanzrechts nutzen können, im Rahmen einer Fair Value-Bewertung der Vermögensgegenstände die Buchwertanpassung zuzulassen, da dem Fair Value als aktuellem Zeitwert eine höhere Aussagekraft beigemessen wird als den historischen Anschaffungskosten.

Die gefundenen Ergebnisse basieren auf der Annahme einer zweigliedrigen Personengesellschaft. Daraus könnte sich ein weiterer Forschungsbedarf bezüglich der modelltheoretischen Analyse bei mehrgliedrigen Mitunternehmerschaften ergeben, um zu prüfen, ob die hier getroffenen Feststellungen auch in diesen Fällen Bestand haben.

Es bleibt abzuwarten, ob sich die Finanzverwaltung der alternativen Lösung anschließt und damit eine für den Steuerpflichtigen zielgerichtete und sachgerechte Methode der Kapitalkontenanpassung zulässt oder ob die Problematik der interpersonellen Verlagerung von stillen Reserven bei Realteilungen mit Spitzenausgleich schlichtweg hingenommen wird – wenn sie denn bisher überhaupt erkannt wurde. Ersteres ist wünschenswert, letzteres ist zu befürchten.

Literaturverzeichnis

Bauschatz, Peter, Realteilung mitunternehmerischer Besitzgesellschaften, in: Finanz-Rundschau 86 (2004), 10, S. 571-575.

Bordewin, Arno, Neues von der Realteilung, in: Deutsche Steuer-Zeitung 80 (1992), 12, S. 353-358.

Brandenberg, Bernwart, Personengesellschaftsbesteuerung nach dem Unternehmenssteuerfortentwicklungsgesetz – Teil I, II und III, in: Deutsche Steuer-Zeitung 90 (2002), 15, S. 511-518, S. 551-559 und 594-598.

Brönner, Herbert, Die Besteuerung der Gesellschaften, 18. Auflage, Stuttgart 2007.

Döllerer, Georg, Zur Realteilung bei Personenhandelsgesellschaften – Anmerkungen zu dem BFH-Urteil vom 19. Januar 1982 VIII R 21/77 –, in: Deutsche Steuerzeitung 70 (1982), 13, S. 267-272.

Düll, Alexander / Fuhrmann, Gerd / Eberhard, Martin, Unternehmenssteuerreform 2001: Die Neuregelung des § 6 Abs. 5 Satz 3 EStG – sog. Wiedereinführung des Mitunternehmererlasses, in: Deutsches Steuerrecht 38 (2000), 41, S. 1713-1718.

Engl, Richard L., Realteilung auch mit Einzelwirtschaftsgütern rückwirkend ab 1.1.2001 nach UntStFG ohne Behaltefrist steuerneutral möglich, in: Deutsches Steuerrecht 40 (2002), 4, S. 119-122.

Fasold, Frauke, Die einkommensteuerliche Problematik der Buchwertfortführung. Übertragung stiller Reserven und Gewinnrealisierung im Einkommensteuerrecht (Schriften zum Wirtschaftsrecht, Steuerrecht und Zivilprozeßrecht, 17), Frankfurt/M. u.a. 2005.

Felix, Günther / Strahl, Martin, Realteilung von Mitunternehmerschaften mit realgeteilten Mitunternehmeranteilen, in: Betriebs-Berater 51 (1996), 43, S. 2221-2223.

Fellmeth, Peter, Spitzenausgleich bei der Realteilung einer Personengesellschaft im Bilanzsteuerrecht, in: Betriebs-Berater 46 (1991), 31, S. 2184-2192.

–, Neue Erkenntnisse zur Realteilung von Personengesellschaften. Anmerkungen zum BFH-Urteil vom 1.12.1992 – VIII R 57/90, in: Betriebs-Berater 48 (1993), 31, S. 2192-2196.

Fromm, Rüdiger, Realteilung mit Spitzenausgleich und Reinvestitionsrücklage, in: Betriebs-Berater 49 (1994), 15, S. 1042-1045.

Gragert, Katja, Die ertragsteuerliche Behandlung der Realteilung, in: NWB, Nr. 10 vom 06.03.2006, Fach 3, S. 13887.

Groh, Manfred, Realteilung von Personengesellschaften, in: Die Wirtschaftsprüfung 44 (1991), 19/20, S. 620-626.

Heidelberger Kommentar zum Handelsgesetzbuch, Handelsrecht, Bilanzrecht, Steuerrecht, 5. Aufl., Heidelberg 1999.

Heß, Ines, Die Realteilung einer Personengesellschaft. Anmerkungen zum BMF-Schreiben vom 28.2.2006, in: Deutsches Steuerrecht 44 (2006), 18, S. 777-782.

Höreth, Ulrike / Schiegl, Brigitte / Zipfel, Lars, Wesentliche Änderungen der Steuergesetze durch das Unternehmenssteuerfortentwicklungsgesetz (UntStFG), in: Betriebs-Berater 57 (2002), 10, S. 485-492.

Hubert, Tina, Die Realteilung von Mitunternehmerschaften bei Beteiligung von natürlichen Personen, in: Steuer- und Bilanzpraxis (2005), 24, S. 1041-1044.

–, Die Realteilung von Mitunternehmerschaften bei Beteiligung von juristischen Personen, in: Steuer- und Bilanzpraxis (2006), 1, S. 12-16.

Jakob, Wolfgang / Gies, Reinhold, Die bilanzielle Durchsetzbarkeit der (gewinnneutralen) Realteilung von Mitunternehmerschaften, in: Betriebs-Berater 42 (1987), 35/36, S. 2400-2412.

Kleineidam, Hans-Jochen, Optimale Wahlrechtsausübung bei der Realteilung von Personengesellschaften, in: Der Betrieb 39 (1986), 35, S. 1783-1790.

Knobbe-Keuk, Brigitte, Bilanz- und Unternehmenssteuerrecht, 8. Aufl., Köln 1991.

Kungl, Wilhelm, Die Realteilung von Mitunternehmerschaften. Gewinnverwirklichung und Bilanzierung, Diss. München 1971.

Lehmann, Matthias, Die Rechtsfolge der Realteilung des gesamthänderischen Betriebsvermögens einer Personengesellschaft. Ein Beitrag zur konzeptionellen Rechtsanwendung (Arbeitspapier des Schwerpunktes Finanzwissenschaft, Betriebswirtschaftliche Steuerlehre / Universität Trier, 8), Trier 1986.

Leingärtner, Wilhelm, Einkommensteuerliche Fragen beim Ausscheiden von Gesellschaftern aus Personengesellschaften, insbesondere im Falle der Sachwertabfindung und der Realteilung, Vortrag, geh. am 21.3.1975, München, in: Finanz-Rundschau 30 (1975), 8, S. 181-188.

Melchior, Jürgen, Übersicht über die Änderungen durch das Gesetz zur Fortentwicklung des Unternehmenssteuerrechts (Unternehmenssteuerfortentwicklungsgesetz), in: Deutsches Steuerrecht 40 (2002), 1-2, S. 1-10.

Meynert, Guido, Die einkommensteuerrechtliche Behandlung der Realteilung von Personengesellschaften, Augsburg 1970 (= Diss. jur. Münster 1970).

Musil, Andreas, Die Realteilung von Personengesellschaften. Eine problematische Rechtsfigur, in: Der Betrieb 58 (2005), 24, S. 1291-1295.

Ostermayer Franz / Riedel, Hannspeter, Übertragung von Einzelwirtschaftsgütern einschließlich Schulden zwischen Schwestergesellschaften – Anwendung der Realteilung als „Königsweg“?, in: Betriebs-Berater 58 (2003), 25, S. 1305-1309.

Palandt, Bürgerliches Gesetzbuch, 65. Aufl., München 2006.

Paus, Bernhard, Der rückwirkende Ansatz des gemeinen Werts im Rahmen der Realteilung, in: Finanz-Rundschau Ertragssteuerrecht 84 (2002), 16, S. 866-874.

–, Realteilung einer Personengesellschaft bei vermögensmäßiger Beteiligung einer GmbH, in: Finanz-Rundschau Ertragssteuerrecht 84 (2002), 22, S. 1217-1220.

–, Offene Fragen bei der Realteilung von Personengesellschaften. Anmerkungen zum BMF-Schreiben vom 28.2.2006, IV B2 – S 2242-6/06, BStBl 2006, 228, in: Deutsche Steuer-Zeitung 94 (2006), 9, S. 285-290.

Reiss, Wolfram, Die einkommensteuerliche Behandlung der Realteilung gewerblich tätiger Personengesellschaften, in: Steuer und Wirtschaft 72 (1995), 3 = Jg. 25, Nr. 3, S. 199-212.

–, Zweifelsfragen zur Realteilung mit Spitzenausgleich, in: Deutsches Steuerrecht 33 (1995), 30, S. 1129-1134.

Röhrig, Alfred P., Die „neue“ Realteilung nach dem UntStFG – Änderungen und Zweifelsfragen auf Grund der Neufassung, in: Ertragssteuern kompakt (EStB) (2002), S. 231-235.

Rogall, Matthias – Ingo Stangl, Die Realteilung einer Personengesellschaft, in: Finanz-Rundschau Ertragssteuerrecht 88 (2006), 8, S. 345-357.

Sauter, Thomas / Heurung, Rainer / Oblau, Markus, Probleme bei der Realteilung nach der Neuregelung durch die Unternehmenssteuerreform, in: Finanz-Rundschau 84 (2002), 20, S. 1101-1109.

Schell, Matthias, Realteilung i.S.d. § 16 Abs. 3 Satz 2 bis 4 EStG. Anmerkung zum BMF-Schreiben vom 28.2.2006, in: Betriebs-Berater 61 (2006), 19, S. 1026-1030.

Schmidt, Christian, Die Realteilung von Mitunternehmerschaften im Einkommensteuerrecht (Europäische Hochschulschriften, R. 2, 279), Frankfurt/M., Bern 1982.

Schmidt, Ludwig, Einkommensteuergesetz. Kommentar, 25. Aufl., München 2006.

Schmitt, Michael / Franz, Roland, Die Umstrukturierung von Personenunternehmen im Lichte des Berichts zur Fortentwicklung des Unternehmenssteuerrechts, in: Betriebs-Berater 56 (2001), 25, S. 1278-1287.

Schoor, Hans Walter, Die Neuregelung der Realteilung von Mitunternehmerschaften ab 1.1.2001, in: INF. Die Information über Steuer und Gesellschaft 56 (2002), 6, S. 173-178.

Schulze zur Wiesche, Dieter, Realteilung einer Personengesellschaft und Sachwertabfindung an ausscheidende Gesellschafter nach dem Steuerentlastungsgesetz, in: Deutsche Steuer-Zeitung 87 (1999), 12, S. 425-431.

–, Die steuerliche Behandlung von Spaltungs- und Ausgliederungsvorgängen im Rahmen von Personengesellschaften, in: Deutsche Steuer-Zeitung 92 (2004), 11, S. 366-372.

–, Die Realteilung einer Personengesellschaft unter Berücksichtigung des BMF-Schreibens vom 28.2.2006, in: Der Betrieb 59 (2006), 17, S. 921-923.

–, Ausscheiden eines Gesellschafters aus einer Personengesellschaft gegen Sachwertabfindung, in: Die Steuerberatung (2006), S. 374-379.

Seitz, Werner, Realteilung von Personengesellschaften im Ertragssteuerrecht, in: Steuerberater-Jahrbuch 2004/2005 (2005), S. 201-226.

Sonneborn, Andrea, Realteilung einer Personengesellschaft nach dem Steuersenkungsgesetz, in: Deutsche Steuer-Zeitung 89 (2001), 16, S. 579-585.

Stuhrmann, Gerd, Zur Realteilung durch Bar- und Sachwertabfindung, in: Deutsches Steuerrecht 43 (2005), 32, S. 1355-1357.

Tipke, Klaus / Lang, Joachim, Steuerrecht, 19. Aufl., Köln 2008.

Wacker, Roland, Die Realteilung von Personengesellschaften nach dem Steuerentlastungsgesetz 1999, 2000, 2002. Versuch einer ersten Grobskizze (Betriebs-Berater Jg. 54, Beil. 5 zu Heft 16/1999), Heidelberg 1999.

–, Die Realteilung von Personengesellschaften nach dem Steuerentlastungsgesetz 1999, 2000, 2002 (Der @Steuerberater, 50, Beil. 2 zu Heft 5/1999), Heidelberg 1999.

–, Realteilung einer Personengesellschaft. Überblick und Grundfragen zum Ertragssteuerrecht (§ 16 Abs. 3 Sätze 2 bis 4 EStG i.d.F. UntStG), in: Steuerberater-Jahrbuch 2003/2004 (2004), S. 81-100.

Wellisch, Dietmar, Besteuerung von Erträgen, München 2002.

Wiesler, Reiner, Spitzenausgleich bei Realteilung Gewinnrealisierungstatbestand?, in: Der Betrieb 1988, S. 2589-2592.

Winkemann, Thomas, Die Realteilung – eine Zwischenbilanz, in: Betriebs-Berater 59 (2004), 3, S. 130-136.

Peter Lang · Internationaler Verlag der Wissenschaften

Michael Schulze

Das Besteuerungsverfahren der Personengesellschaft bei Insolvenz

Frankfurt am Main, Berlin, Bern, Bruxelles, New York, Oxford, Wien, 2010.
XXVIII, 475 S.
Schriften zum Verfahrensrecht.
Herausgegeben von Peter Gottwald und Ulrich Haas. Bd. 37
ISBN 978-3-631-60996-5 · geb. € 90,80*

Das Insolvenzrecht hat Einfluss auf das (formelle) Besteuerungsverfahren, insbesondere auf das steuerliche Ermittlungsverfahren. Um möglichen Haftungsansprüchen vorzubeugen, muss die Frage geklärt werden, wer bei Insolvenz über das Vermögen einer Personengesellschaft die steuerlichen Mitwirkungspflichten zu erfüllen hat. Im Fokus der Betrachtung steht dabei die Funktionsteilung zwischen dem Insolvenzverwalter, den Gesellschaftsorganen und den Gesellschaftern. In diesem Kontext wurden insbesondere die Bilanzierungs- sowie die Steuererklärungspflichten bei Insolvenz der Personengesellschaft untersucht. In Folge dessen wird der Umfang der Bilanzierungspflicht, sowie die Zuständigkeit für die Aufstellung der Gesamthands-, Ergänzungs- und Sonderbilanz beleuchtet. Hinsichtlich der Steuererklärungspflicht greift die Arbeit u. a. die teilweise in der Literatur geäußerte Kritik an der finanzgerichtlichen Rechtsprechung zur gesonderten und einheitlichen Gewinnfeststellungserklärung bei Insolvenz der Personengesellschaft auf, zeichnet die Entwicklung nach und erörtert ausführlich die Argumentationsstränge.

Aus dem Inhalt: Auswirkungen der Insolvenz auf das Besteuerungsverfahren · Allgemeine und steuerliche Auswirkungen der Insolvenz auf die Personengesellschaft · Rechnungslegungspflichten des Insolvenzverwalters · Umfang der Bilanzierungspflicht bei Insolvenz · Zuständigkeit für die Aufstellung der Ergänzungsbilanz und Sonderbilanz bei Insolvenz der Personengesellschaft · Steuererklärungspflichten bei Insolvenz der Personengesellschaft

Frankfurt am Main · Berlin · Bern · Bruxelles · New York · Oxford · Wien
Auslieferung: Verlag Peter Lang AG
Moosstr. 1, CH-2542 Pieterlen
Telefax 0041 (0) 32 / 376 17 27

*inklusive der in Deutschland gültigen Mehrwertsteuer
Preisänderungen vorbehalten

Homepage http://www.peterlang.de

For the avoidance of doubt, input of the whole or any part of this publication into any generative artificial intelligence model, chatbot, program, software or technology is expressly prohibited without the prior written consent of the publisher.